손자병법

손자(孫子, 기원전 545년경-기원전 470년경)
(명나라 시대의 초상화, 작자 미상)

현대지성 클래식 69

손자병법

孫子兵法

손자 | 소준섭 옮김

현대
지성

춘추전국시대 지도

춘추오패 중국 춘추시대에 제후국의 회맹을 이끌던 5대 패자를 이르는 말로, 5대 강국을 가리키기도 한다.
전국칠웅 중국 전국시대에 패권을 다투던 7개의 나라를 가리킨다.

일러두기

1. 번역 대본으로는 『십일가주손자』(十一家注孫子)를 저본으로 하되, 다양한 해석을 아우르기
   위해 여러 판본을 함께 참고했다.

2. 한자 독음은 우리말 한자음을 따랐다.

3. 본문의 각주는 모두 옮긴이가 붙인 것이다.

4. 별도 출처 표기가 없는 도판 자료는 퍼블릭 도메인에서 가져온 것이다.

이겨놓고 싸우라
– 전쟁터에서 인생까지, 2,500년의 통찰

지금으로부터 2,500년 전, 기원전 5세기에 세계는 새로운 변혁의 진통을 겪고 있었다. 중국의 춘추전국시대에는 백 개가 넘는 제후국이 난립하여 패권을 다투었고, 고대 그리스는 밖으로는 페르시아의 침략을 막아내는 한편, 안으로는 아테네와 스파르타 동맹으로 갈라져 펠로폰네소스 전쟁을 벌여야 했다. 크고 작은 전쟁이 끊이지 않던 이 혼란스러운 시기에 인류의 모습을 영원히 뒤비꾼 위대한 사상들이 단생했다.

그중 빼놓을 수 없는 걸작이 바로 세계 최초의 체계적 병법서 『손자병법』(孫子兵法)이다. 손자가 등장하기 이전의 병법이란 그저 기존 전쟁 경험의 파편적 축적에 불과했다. 그러나 손자는 대규모 군사를 다루는 용병(用兵) 전쟁의 원리를 지형과 형세, 전략과 심리, 경제와 시간 요소까지 아울러 체계적으로 집대성했다. 수많은 나라와 사상이 역사의 뒤안길로 사라졌지만, 총 13편 6천여 자로 이루어진 『손자병법』은 전 세계에서 찾아 읽는 불멸의 고

전으로 살아남았다.

춘추오패 오나라의 병법가 손자(孫子, 기원전 545년경-기원전 470년경)의 본래 이름은 무(武)이고, 손자는 그를 높여 이르는 말이다. 그의 조상은 대대로 용병에 능했다고 전해지는데, 손자 또한 마찬가지였다. 제나라에서 태어나 오나라로 망명한 그는 오나라 재상 오자서의 추천으로 오왕 합려를 모시게 되었다. 합려를 처음 만나는 자리에서 손자는 병법 13편을 선보였고, 이후 상장군 자리까지 오르며 오나라가 대국 초나라를 점령하고 위세를 떨치는 데 크게 공헌했다.

세계적인 외교가이자 국제정치학자인 미국의 헨리 키신저(Henry Alfred Kissinger, 1923-2023)는 『손자병법』을 두고 "중국의 직관과 통찰을 집약한 텍스트"라고 극찬하며, 이 책이 손자를 세계에서 가장 탁월한 전략 사상가의 반열에 올려놓았다고 평가했다. 특히 그는 손자가 말한 '세'(勢)의 개념, 즉 정세와 흐름을 읽고 유리하게 활용해야 한다는 통찰에 매료되었다고 밝혔다.

『손자병법』을 비롯한 고전 관련 저서를 여러 권 집필할 때마다 옛 성현들이 도달한 사유의 깊이에 경탄하지 않을 수 없었다. 오늘날 우리는 시시각각 다양한 방식으로 쏟아지는 정보의 홍수 속에서 살아간다. 더는 수백 개의 연락처를 외울 필요도, 자료를 찾기 위해 책을 수십 권씩 뒤적거릴 필요도 없다. 수백 년 전 다른 언어로 쓰인 정보까지 순식간에 찾아낼 수 있는 세상이다. 그만큼 생활은 편해졌지만, 두뇌와 정신 활동에 미치는 부정적 영향을 피하기는 어렵다. 깊이를 요하는 사고는 뒤로 제쳐둔 채, 자기 주관을 잃고 흐름에 휩쓸리기 십상이다.

반면 옛사람들은 모든 정보를 직접 확인하고 기억해야 했으며, 끊임없는 관찰과 사유를 통해 진리를 탐구하고 오늘날까지 통용되는 지혜를 집대성했다. 이들은 밤하늘의 별을 세심하게 관찰하며 우주의 원리를 궁구했고, 심도 있는 독서를 거듭하며 인간과 우주를 깊숙이 탐구했다.

예컨대 땅 위의 인간이 어떻게 살아가야 하는지 성찰한 공자는 『주역』(周易)을 얼마나 많이 읽었던지, 죽간(竹簡, 대나무 조각)을 묶은 가죽끈이 세 번이나 끊어질 정도였다. 인간을 자연과 우주 속 존재로 바라본 노자는 풀리지 않는 문제가 생기면 일월성신을 관찰하며 천상의 하늘이 과연 무엇을 뜻하는가 숙고하느라 잠을 이루지 못했다. 세상의 이치를 깨닫고 백성의 길을 물으려 한 세종대왕은 독서를 좋아하여 세자 시절에 『좌전』(左傳)과 『초사』(楚辭)를 백 번씩 읽고 또다시 백 번을 읽었다고 전한다. 심지어 병이 나도 책 읽기를 멈출 줄 모르자 세자의 건강을 걱정한 부왕 태종이 책을 모두 치우도록 했는데, 세종은 병풍 사이에 남겨진 송나라의 명신(名臣) 구양수와 소동파 사이에 오간 편지 모음집을 발견하고 이를 선 번 넘게 읽었다고 한다.

옛 성현들은 이처럼 인간이 만들어가는 역사를 반추하고 자연을 관조하면서 오늘과 내일의 교훈으로 삼고자 최선을 다해 정진했다. 그러한 과정을 통하여 만물의 원리를 터득하고 통달하는 경지에 이를 수 있었던 것이다.

기술은 과거에는 상상할 수조차 없었을 정도로 발전했지만, 우리 삶의 근본 원리는 크게 달라지지 않았다. 하나의 생명체로서 인간이 지닌 본성이라는 큰 틀은 예나 지금이나 변함없기 때문이

 머리말

죽간본『손자병법』 18세기에 만들어진 『손자병법』의 죽간본이다. 죽간은 중국에서 종이가 발명되기 전에 사용하던 대나무 조각으로, 글자를 기록한 죽간 여러 개를 끈으로 이어 책처럼 만들었다.

다. 고전이 중요한 가치를 지니는 이유가 여기에 있다. 인간 본성과 삶의 본질을 꿰뚫는 사유의 힘은 시대를 뛰어넘어 오늘을 살아가는 우리에게 절실히 필요한 지혜를 담고 있다.

'슬기로운 인간생활'의 지침서

시공을 초월한 고전, 『손자병법』의 열렬한 독자로 알려진 인물은 셀 수 없이 많다. 이 책의 가장 권위 있는 주석서를 집필한 조조를 비롯해 직접 전장을 누빈 이순신과 맥아더 같은 명장은 물론, 도널드 트럼프, 빌 게이츠, 마크 저커버그 등 국가와 기업을 이끄는 리더들 또한 예외가 아니다. 세계의 흐름을 주도하는 인물들이 아직도 2,500년 전에 쓰인 이 책을 찾는 이유는 무엇일까?

『손자병법』은 전쟁 전반에 대한 통찰과 용병 기술을 두루 담아낸 병학성전(兵學聖典)으로 불려왔지만, 비단 군사 분야의 명저에 그치지 않는다. 중국의 근현대 대표 철학자인 펑유란(馮友蘭, 1895-1990)은 『손자병법』을 "전쟁의 일반 규율을 과학적으로 총결산한 우수한 병법서이자, 풍부하고 생동감 있는 변증법 사상으로 가득 찬 뛰어난 철학서"라고 평가했다. 중국의 계몽주의를 이끈 현대 철학자 리쩌허우(李澤厚, 1930-2021)는 "중국의 변증법적 사고방식은 『손자병법』에서 비롯되었다"라고 분석하기도 했다.

또한 『손자병법』은 문체가 간결하면서도 치밀한 논리를 갖추었으며, 소박하지만 적확하고 함축미로 충만한 묘사와 구체적인 비유를 구사해 문학으로서도 높은 평가를 받는다. 중국 문학평론서

 머리말

의 최고봉으로 불리는『문심조룡』(文心雕龍)은 "『손자병법』의 문장은 마치 주옥과 같다"라고 평했다.

　사실 인간 사회에서 벌어지는 갖가지 경쟁은 모두 일종의 연성(軟性), 즉 소프트(soft)한 전쟁이다. 정치는 더 말할 나위 없이 치열한 전쟁이며, 경제 분야 역시 마찬가지다.『손자병법』이 제시하는 기본과 원칙, 방법론 그리고 그 사유 방식은 현대 사회의 정치나 기업 경영, 상업 등 사회 제 분야에서 적확하게 적용할 수 있는 바이블로 정평이 나 있다. 비즈니스 전쟁에서 승리하기 위한 최고의 지침서로 인정받아 '상전성경'(商戰聖經)이라 칭해지기도 한다.

　『손자병법』은 무엇보다 인생에 대한 뿌리 깊은 지혜, 삶에 대해 가질 수 있는 실천적 태도가 담긴 지침서이기도 하다. 수천 년 세월에 걸쳐 살아남은 이 고전은 직장 생활을 비롯하여 개인 사업과 스포츠, 각종 시험과 면접 그리고 연애에 이르기까지, 극심한 경쟁 속에서 고단한 현실을 살아가는 이에게 믿고 따를 만한 지침을 제시해준다. 특히 오늘날 많은 이가 마주하는 난제인 "인간관계를 어떻게 하면 잘 맺을 수 있는가"라는 고민에 대해서도 많은 영감을 얻을 수 있다. 그런 면에서『손자병법』은 '슬기로운 인간생활'을 위한 지혜의 보고이자 삶의 길을 밝혀주는 지침서인 셈이다.

　동양 사상의 정수를 담은 탁월한 고전, 유가(儒家)의『논어』(論語), 도가(道家)의『도덕경』(道德經)과 병가(兵家)의『손자병법』을 함께 읽어보는 것도 참으로 뜻깊은 일이다. 유가로부터는 한 인간으로서 지켜야 할 기본 원칙과 성실한 삶의 철학을 배우고, 도가로부터는 번잡한 현실에서 한 걸음 물러나 삶을 총체적으로 바라보는 시각을 얻을 수 있다. 병가로부터는 현실 세계에 유연하게 적응하고, 실제 상황에 효과적으로 대응하는 사고방식과 실천적 지혜를 익힐 수 있다.

이처럼 3가의 철학과 가르침을 두루 익히고, 이상과 현실, 정의와 효율, 유연함과 결단력이라는 서로 다른 덕목을 조화롭게 키워나간다면, 복잡하고도 미묘한 이 세상을 살아가는 데 커다란 보탬이 될 오래도록 빛을 발할 지혜를 얻을 수 있으리라 믿는다.

몇 해 전, 국내에서 출간된 『손자병법』의 여러 판본을 살펴볼 기회가 있었다. 나의 생각과는 다른 해석도 적잖이 눈에 띄었고, 언젠가 기회가 닿으면 손자의 본의에 충실하면서도 오늘의 독자에게 와닿는 책을 써보자고 마음먹었다. 다행히 이번에 집필 기회를 얻어, 원문을 올바르게 해석하고 역사 속 다양한 사례를 곁들여 인생의 지혜를 어렵지 않게 전하고자 노력했다.

손자는 전쟁을 지휘하는 전략가였으나, 무엇보다 싸움을 피하는 길을 우선하라고 가르쳤다. 그러나 살다 보면 누구에게나 싸움을 피할 수 없는 순간이 찾아오기 마련이다. 바로 그때 손자의 진정한 가르침이 빛을 발한다. 그는 말한다. 싸움을 피할 수 없나면, 반드시 이겨놓고 싸워야 한다고. 인생이라는 전쟁터를 온전히 건너가기 위해서는, 필승이 아닌 불패의 전략을 이야기하는 손자의 지혜가 필요하다.

아무쪼록 이 책이 독자 여러분께 거친 세상 풍파를 슬기롭게 헤쳐갈 지혜를 안겨줄 든든한 지침서가 되기를 바란다.

소준섭

머리말

◆ 차례 ◆

제 1 편
계
計

승리를 계획하라

『손자병법』의 첫 장을 여는 「계」(計)편이다. 여기서 '계'(計)는 기기묘묘한 간계의 개념이 아니라 전쟁의 승산을 헤아리는 '계산'을 뜻한다. 손자는 첫 구절에서 전쟁이란 백성과 국가의 생사존망이 걸린 중대사이기에 반드시 신중한 태도로 임해야 한다고 천명한다. 이어서 그는 전쟁을 결정하기에 앞서 적군과 아군의 전력을 면밀히 비교하고, 승패를 좌우하는 조건을 철저히 계산한 후에야 비로소 전쟁에 임해야 한다고 설파한다.

이 과정에서 중요하게 다루는 요소가 도(道)와 궤(詭)이다. 손자는 군사 전략으로서의 도와 구체적 전술로서의 궤가 하나로 통일되어야 하고, 전쟁의 실행에는 반드시 세부 전술이 뒷받침되어야 한다는 점을 강조한다. 여기서 도는 도의나 정의가 아니라 민심이 부여하는 '정당성'에 가깝다. 손자에 따르면 먼저 도를 중심으로 한 병법의 근본 조건인 오사(五事), 오사를 바탕으로 한 비교 항목인 칠계(七計)를 통해 전쟁의 승패를 판단해야 한다. 그런 다음 승리의 조건을 갖추고 전략을 세워, 이를 구체적 전술인 궤, 즉 계략을 통해 실행하는 것이다.

『손자병법』의 핵심 사상은 "먼저 필승의 형세를 갖춘 뒤에야 싸움을 시작한다"[先勝而後求戰 선승이후구전]라는 구절에 압축되어 있다. 즉, 싸운 후 승리를 바라지 말고 '이겨놓고 싸우라'는 것이다. 손자는「계」를 비롯한 전편에 걸쳐 일관적으로 승산 없는 전쟁을 시작해서는 안 되며, 반드시 유리한 형세를 조성한 뒤에 작전을 실행해야 한다는 확고한 원칙을 제시한다.

손자가 중시하는 것은 무엇보다 패배하지 않을 조건을 마련하는 일이다. 아무리 훌륭한 계책이라도 실패하지 않을 기반이 조성된 연후에야 비로소 힘을 발휘할 수 있다. 이 순서가 뒤바뀌어 승산을 따져보지 않고 전쟁에 뛰어들어 뒤늦게 수습하려 든다면, 일시적인 효과를 얻을 수 있을지라도 결국은 패배할 수밖에 없다.

전쟁의 승패는 이미 결정되어 있다

1 손자는 말한다.

전쟁[1]이란 국가의 대사이다. 수많은 사람의 생사와 국가의 존망이 달린 일이므로, 반드시 신중하게 살피지 않으면 안 된다.

2 이를 위해서는 다섯 가지 요소[2]를 기준 삼아 적과 아군 양측의 여러 상황을 비교함으로써 승패를 파악해야 한다. 다섯 가지 요소란 첫째로 도(道), 둘째로 천(天), 셋째로 지(地), 넷째로 장(將), 다섯째로 법(法)이다.

3 도란 백성들로 하여금 윗사람과 한마음 한뜻이 되어 공생공사하고 두려워하거나 의심하지 않게 만드는 것이다.[3] 천은 천시(天時), 즉 기후 조건으로 밤과 낮, 맑고 흐린 날, 사계절의 변화 등을 말한다. 지는 지리(地利) 조건으로 도로의 멀고 가까움, 지세의 험

---

1 원문의 병(兵)은 본서의 제목이 손자'병'법인 데서도 알 수 있듯이, 『손자병법』의 중심 개념이다. 손자는 이 책에서 '병'을 크게 '전쟁', '군대 혹은 군인', '병기'(兵器)라는 세 가지 의미로 사용했다.

2 이를 오사(五事)라 한다. 전쟁의 승패를 결정하는 다섯 가지 요소를 말한다.

3 손자가 말하는 '도'(道)는 노자가 『도덕경』에서 논한 '도'(道)와 연결되는 개념이다. 『손자병법』주석서를 저술한 당나라 시인 두목(杜牧)은 이 도를 '인의'(仁義)로 해석했다.

준함과 평탄함, 지역의 넓고 좁음 그리고 사지(死地)와 생지(生地)[4] 등을 말한다. 장은 장수(將帥)의 덕목으로 지모(智謀)가 뛰어난가, 충신(忠信)을 지녔는가, 부하를 인애(仁愛)하는가, 용맹하고 과단성이 있는가, 군령을 엄격히 다스리는가를 살펴야 한다. 마지막으로 법은 군대의 조직 편제, 직책과 관리 제도 그리고 군수물자 제도를 가리킨다. 장수는 이 다섯 가지 요소를 모두 깊이 파악해야 한다. 오직 이를 파악한 자만이 전쟁에서 승리를 획득할 수 있다.

4 또한 이것을 일곱 가지 항목[5]과 비교하여 적군과 아군의 정황을 탐색해야 한다. 일곱 가지 항목이란 어느 쪽 군주가 도의(道義)를 지녔는가, 어느 쪽 장수가 현명하고 유능한가, 어느 쪽이 좋은 기후와 지리 조건을 차지했는가, 어느 쪽이 군기가 엄정하고 법령을 엄격히 집행하는가, 어느 쪽 병력이 더 강대한가, 어느 쪽 병사가 더 잘 훈련되어 있는가, 어느 쪽 군대가 체계적으로 관리되고 상벌이 분명한가를 말한다. 나는 이러한 정황으로 누가 이기고 누가 패배할지 예측할 수 있다.

5 만약 나의 계책을 받아들이고 그로써 승리하면 나는 이곳에 남을 것이다. 그러나 만약 나의 계책을 받아들이지 않고 그로써 실패하면 나는 이곳을 떠날 것이다.

---

4 사지(死地)란 나아가지도 물러서지도 못하는 지형을 가리키며, 신속하게 싸워야만 살아남고 늦어지면 전멸할 수밖에 없는 곳이다. 생지(生地)란 수비와 방어에 유리한 지형을 가리키며, 더욱 광범위하게는 생명을 보장할 수 있는 안전한 지대를 말한다.

5 이를 칠계(七計)라 한다. 오사를 바탕으로, 적군과 아군의 정황을 비교해 헤아리는 일곱 가지 요소를 말한다.

① 孫子曰: 兵者, 國之大事, 死生之地¹⁾, 存亡之道²⁾, 不可不察也.
손자왈 병자 국지대사 사생지지 존망지도 불가불찰야

② 故經之以五事, 校之以計, 而索其情: 一曰道, 二曰天, 三曰地,
고경지이오사 교지이계 이색기정 일왈도 이왈천 삼왈지

四曰將, 五曰法.
사왈장 오왈법

③ 道者, 令民與上同意, 可與之死, 可與之生, 而不畏危也. 天者, 陰
도자 영민여상동의 가여지사 가여지생 이불외위야 천자 음

陽·寒暑·時制也. 地者, 高下·遠近·險易·廣狹·死生也. 將者, 智·信·
양 한서 시제야 지자 고하 원근 험이 광협 사생야 장자 지신

仁·勇·嚴也. 法者, 曲制³⁾·官道⁴⁾·主用⁵⁾也. 凡此五者, 將莫不聞,
인 용 엄야 법자 곡제 관도 주용 야 범차오자 장막불문

知之者勝, 不知者不勝.
지지자승 부지자불승

④ 故校⁶⁾之以計, 而索其情, 曰: 主孰有道? 將孰有能? 天地孰得?
고교 지이계 이색기정 왈 주숙유도 장숙유능 천지숙득

法令孰行? 兵衆孰強? 士卒孰練? 賞罰孰明? 吾以此知勝負矣.
법령숙행 병중숙강 사졸숙련 상벌숙명 오이차지승부의

⑤ 將聽吾計, 用⁷⁾之必勝, 留之; 將不聽吾計, 用之必敗, 去之.
장청오계 용 지필승 유지 장불청오계 용지필패 거지

※ 한자 풀이

1) 地(지) '영역'을 뜻한다.

2) 道(도) '근본 도리'라는 의미이다.

3) 曲制(곡제) '군대 편제'라는 뜻이다.

4) 官道(관도) '직책 및 관리 제도'라는 뜻이다.

5) 主用(주용) '군수(軍需) 관리'라는 뜻이다.

6) 校(교) '비교할 교(較)'의 뜻으로 쓰였다.

7) 用(용) '사용하다'라는 뜻이 아니라 '그로써'(以), '그로 인하여'(因)라는 뜻으로 쓰였다.

싸우고 이기려 하지 말고, 이겨놓고 싸워라
– 맹자와 두보가 그린 전쟁의 참상

불멸의 병법서, 『손자병법』이 첫 장에서 가장 먼저 강조한 일성(一聲)은 바로 전쟁의 엄중함이다. 실로 전쟁처럼 인간을 깊숙한 고통 속으로 몰아넣는 일도 없다. 따라서 전쟁을 함부로 일으켜서는 안 되며, 불가피한 경우에도 신중하고 또 신중히 임해야 한다.

『맹자』에는 전쟁의 참상이 가감 없이 묘사되어 있다.

> 영토를 빼앗기 위해 벌이는 전쟁으로 들판에는 시체가 가득하고,
> 성을 빼앗기 위해 벌이는 전쟁으로 성안에는 시체가 즐비하다
> 爭地以戰, 殺人盈野. 爭城以戰, 殺人盈城

시성(詩聖)으로 추앙되는 당나라의 시인 두보도 전쟁 통에 먹을 것이 없어 초근목피로 연명해야 했고, 끝내 아들이 굶어 죽는 비극을 겪었다. 그는 장강 중류 지역을 방랑하다가 59세의 나이에 호남성 악양 부근의 강에 떠 있는 낡은 배 안에서 세상을 떠났다. 나라가 전쟁으로 어지럽던 무렵 쓴 그의 시에는 비참한 심경이 고스란히 담겨 있다.

> 국경에서 흘린 피가 바다를 이루었건만
> 황제는 국경 확장의 뜻을 굽힐 줄 모른다네
> 邊庭流血成海水, 武皇開邊意未已

...

그대 보지 못했는가, 청해 호수 근처에는
예부터 쌓인 백골을 거둘 사람조차 없음을
새 귀신은 원통해 울고 옛 귀신도 통곡하니
날 흐리고 비 내리는 날 울음소리 처량하네
君不見青海頭, 古來白骨無人收
新鬼煩冤舊鬼哭, 天陰雨濕聲啾啾

전쟁은 이처럼 국민의 생사를 뒤흔들고 국가의 존속과 멸망을
좌우하는 중대한 일이다. 그러므로 전쟁에 나서기 전에는 반드시
그 승패를 면밀히 따져보아야만 한다. 삶에서도 마찬가지이다.
되도록 전쟁에 나서지 말되, 피치 못할 순간에는 싸움을 시작한
후 이기려 하지 말고 이겨놓고 싸워야 한다.

전쟁의 정당성은 어디서 오는가
– 명분이 아닌 마음의 힘

손자는 전쟁의 승패를 반드시 신중하게 살펴야 한다며, 이를 가
늠할 수 있는 다섯 가지 기준을 제시한다. 그 첫 번째가 바로
'도'(道)이다. 『손자병법』에서 말하는 도란 흔히 떠올리는 도의나
정의와 같은 추상적 개념이 아니라 "백성들로 하여금 윗사람과
한마음 한뜻이 되게 만드는 것"[令民與上同意 영민여상동의]이라는 구체
적 의미를 담고 있다.

기존에는 전쟁이란 반드시 의로운 명분을 지닌 '정의로운 전쟁'이어야 한다는 개념이 자리하고 있었다. 그러나 앞의 구절은 이른바 정의로운 전쟁이 먼저 존재하는 것이 아니라, 백성이 뜻을 함께하고 힘을 실어줄 때 전쟁은 비로소 정의로워진다는 손자의 인식을 보여준다. 즉, 전쟁의 정당성은 명분이 아닌 민심에 달려 있다는 것이다.

손자가 다섯 가지 항목 가운데 도를 가장 먼저 내세우고 법(法)을 마지막에 언급하는 것 또한 흥미로운 대목이다. 여기서도 제도나 규율보다 백성의 동의가 핵심이라는 입장이 드러난다.

마음을 얻는 자가 승리를 얻는다
– 유방과 항우의 결정적 차이

『초한지』(楚漢志)에는 같은 일을 하며 전혀 다른 길을 택한 유방(劉邦)과 항우(項羽)의 이야기가 실려 있다. 유방은 진나라 수도 함양에 먼저 입성했지만, 보물이나 궁녀에는 전혀 손을 대지 않았다. 또한 진시황의 악법에 시달리던 백성의 고통을 덜어줄 '약법삼장'(約法三章)을 선포해 번잡한 법을 모조리 없애고 살인, 폭력, 절도 등 세 가지 죄만을 처벌했다.

반면 뒤늦게 도착한 항우는 진나라 보물과 미녀를 약탈하고 궁궐을 모조리 불태웠다. 불길은 3개월이 지나도록 꺼지지 않았고 보물과 미녀를 실어 나르는 마차가 줄을 이었다. 그뿐 아니라 항우는 이미 항복한 진나라 병사 20만 명을 생매장하고, 심지어 유

유방과 항우 왼쪽은 유방, 오른쪽은 항우의 초상화다. 백성의 마음을 어루만질 줄 알았던 유방은 한나라의 초대 황제가 되었다. 반면 스스로 서초의 패왕을 자처했으나 민심을 잃은 항우는 전세가 기운 끝에 비참한 최후를 맞았다.

방이 살려두었던 진 황제 자영까지 참살했다.

천하 사람들이 이렇듯 극명히 다른 항우와 유방의 행동을 보며 어떠한 생각을 가졌겠는가? 민심은 필연적으로 유방에게 기울 수밖에 없었다. 항우는 전쟁에서 거듭 승리를 거두었지만 민심을 잃었고, 유방은 전투에서는 종종 밀렸으나 백성의 지지를 끝내 놓치지 않았다. 결국 항우는 한나라 군에 포위되어 오강에서 자결했고, 유방은 끝내 천하를 통일하고 한나라의 초대 황제가 되었다.

이는 손자가 말한 '도'의 원칙이 역사 속에서 그대로 드러난 사례다. 도는 결국 민심의 향방에 달려 있으며, 정의로운 전쟁은 민심 위에 세워질 때 비로소 완성된다.

사람의 뜻이 곧 하늘의 뜻이다
– 민심으로 천하를 얻은 성탕

성탕(成湯)은 고대 중국의 성군(聖君)으로, 폭정을 펼치던 하나라의 걸왕(桀王)을 무너뜨리고 상나라를 세운 인물이다.

상나라를 건국하기 전, 성탕이 민정을 살피려 나섰을 때였다. 한 사람이 사방에 그물을 펼쳐놓고 새가 걸려들기를 기다리며 이렇게 중얼거렸다.

"하늘에서 내려오든, 땅에서 솟아나든, 사방에서 날아오는 새는 모두 내 그물에 걸려라."

이 말을 들은 성탕은 곧바로 한쪽 그물만 남기고 나머지 그물을 거두고는 말했다.

"왼쪽으로 가려는 새는 왼쪽으로 가고, 오른쪽으로 가려는 새는 오른쪽으로 가라. 다만 하늘의 뜻을 따르지 않는 새만 그물에 걸려라."

이 일화가 널리 퍼지자 온 백성이 "탕왕의 덕이 저렇듯 짐승에게까지 미치니, 하물며 사람에게는 오죽하겠는가!" 하며 너 나 할 것 없이 성탕의 인자한 덕을 칭송했다.

언젠가는 성탕이 집을 수리하다 흙 속에 묻힌 사람의 인골을 발견했다. 일꾼들이 이를 쓰레기로 치우려 하자, 성탕은 "반드시 예의를 갖춰 장례를 치러야 한다"라고 말하고는 정식으로 장례를 치러주었다. 이 이야기 또한 "탕왕의 덕이 저렇게 죽은 사람에게까지 미치니, 하물며 살아 있는 사람에게는 오죽하겠는가!" 하는 칭송을 자아냈다.

그물을 거두는 성탕 상나라를 건국한 성탕이 백성의 생활을 살피러 나갔다가 새를 잡기 위해 무분별하게 설치해둔 그물을 거두어 들이는 장면을 묘사한 그림이다. 고대 중국의 성군이라 불리는 성탕의 면모가 잘 드러난다.

이처럼 성탕은 백성을 존중하고 그 뜻을 살피는 통치를 이어갔다. 결국 그가 하나라 걸왕을 토벌하자 천하 제후가 모두 그를 천자로 추대했다. 성탕은 무력으로 걸왕을 타도했지만, 그것은 백성을 위하고 하늘의 뜻에 맞는 전쟁이었기에 천하를 얻을 수 있었다.

제1편 × 계

성탕이 천자(天子)가 되어 백성을 위한 정치를 펼치자 천하는 태평성대를 맞았다. 그런데 가뭄이 7년 동안 계속되었다. 태사[太史, 천문(天文)을 맡는 관리]에게 그 까닭을 점치게 하니, 그는 이렇게 말했다.

"사람을 바쳐 제사를 지내지 않으면 비가 오지 않을 것입니다."

하지만 탕왕은 단호히 고개를 가로저었다.

"내가 비가 오기를 바라는 것은 모두 백성을 위함이다. 단 한 사람의 백성도 희생시킬 수는 없다. 사람을 바쳐야만 한다면, 내가 그 희생자가 될 것이다."

그렇게 말한 탕왕은 목욕을 하고 손톱을 깎고 머리털을 잘랐다. 그리고 흰 머리띠를 두른 채 흰 말이 끄는 아무 장식 없는 흰 수레에 올라 들판으로 나갔다. 그런 다음 제단을 쌓고 엄숙하게 꿇어앉아 여섯 가지 일에 대해 스스로를 꾸짖으며 하늘에 아뢰었다.

"지금 백성이 이렇듯 고통받는 것은 무능하고 부덕한 제가 정치를 하며 절제하지 못하고 문란해졌기 때문입니까? 또는 제가 미처 다 살피지 못하여 백성이 생업을 잃고 곤궁해졌기 때문입니까? 아니면 저의 궁궐이 너무 화려하기 때문입니까? 여자의 청탁 때문에 정치가 어지럽혀졌기 때문입니까? 뇌물이 성하여 도덕이 무너졌기 때문입니까? 그것도 아니면 아부하는 말을 듣고 어진 사람을 배척했기 때문입니까?"

탕왕이 말을 마치기가 무섭게 하늘에서 억수 같은 비가 쏟아지기 시작했다. 이 비는 가뭄으로 허덕이던 세상을 흠뻑 적셨다.

고대 중국에서 하늘은 정치에 정당성을 부여하는 최고 권위였다. 성탕이 백성을 위해 스스로 제물이 되어 나서자 비가 내렸다는 이 고사는, 그가 하늘의 뜻을 얻은 천자임을 보여준다. 백성은 언제나 백성을 최우선으로 생각하는 성탕을 진심으로 지지했고, 성탕은 결국 천하를 얻었다. 민심이야말로 하늘의 뜻이자 도의 출발점인 것이다.

맹자는 왕도(王道)와 패도(覇道)를 구별한다. 패도는 인의를 저버리고 힘으로 다스리는 방식이며, 왕도는 덕으로 다스리는 방식이다. 패도를 유지하려면 강력한 무력과 그 바탕이 되는 넓은 영토가 필요하지만, 왕도는 소국에서도 충분히 펼칠 수 있다. 성탕의 영토는 70리 남짓에 불과했으나 능히 왕도를 구현해냈다. 이처럼 왕도는 왕자라는 지위에 그저 주어지는 것이 아니라, 왕자가 되기 위해 반드시 애써 갖춰야 할 자격이었다.

결국 성탕이 천하의 지지를 얻은 것은 전쟁에서 승리했기 때문이 아니라 백성의 마음을 얻었기 때문이었다. 그의 정벌은 민심과 하늘의 뜻이 함께했기에 정의로운 전쟁으로 기억될 수 있었다.

치밀한 계산이 승리를 부른다

① 적에게 승리를 거둘 수 있는 계책을 채택해 세(勢)를 갖추면, 작전에 유리한 조건이 마련된다. 세란 유리한 원칙에 따라 적절히 대응함으로써 전략적 주도권을 유지하는 것이다.

② 무릇 전쟁이란 궤도(詭道)[6], 즉 계략[속임수]이다. 전쟁에 능한 자는 무능한 것처럼 꾸민다. 용병할 준비를 갖추고도 갖추지 못한 것처럼 속인다. 가까운 곳을 공격하고자 하면서도 먼 곳을 공격한다고 믿게 만들고, 먼 곳을 공격하고자 하면서도 가까운 곳을 공격하려는 것처럼 위장한다. 적이 이익을 탐할 때는 이익으로써 유인하여 속인다. 적이 혼란에 빠지면 그 기회에 제압한다. 적의 실력이 상당할 때는 신중하게 방비한다. 적이 강력할 때는 잠시 예봉(銳鋒)을 피한다. 적이 쉽게 분노하면 화를 돋워 이성을 잃게 만든다. 스스로 비천하게 보임으로써 적을 교만하게 만들어 경계심을 잃게 한다. 적이 충분히 휴식하여 정돈되어 있으면 수를 내어 피로하게 만든다. 적이 단결해 있다면 이간책으로써 분열시킨다. 적이 방비하지 않은 곳을 공격하고, 적이 예측하지 못

---

6 우리나라에서는 흔히 쓰이지 않는 한자어로, 계략 또는 계책이라는 용어로 대체할 수 있다.

한 곳으로 출격한다. 이 모든 것이 군사 용병에서 승리의 묘계(妙計)이다.[7] 이는 오직 상황에 따라 기민하게 운용하는 것으로서 미리 정해 전할 수는 없다.

3　　전쟁을 시작하기 전에 치밀한 묘산(廟算)[8]으로 유리한 조건과 불리한 조건을 충분히 평가하면 전쟁에서 승리하고, 반대로 전쟁을 시작하기 전에 묘산을 충분히 진행하지 않으면 실패한다. 계획[계산]이 치밀하면 승리할 수 있고, 계획이 치밀하지 못하면 실패할 것이다. 그럴진대 계획이 전혀 없다면 어떠하겠는가? 이러한 관찰에 근거하여 누가 승리하고 누가 패할 것인가를 명백히 알 수 있다.

1　計利以聽, 乃爲之勢, 以佐其外. 勢者, 因利而制權也.
　　계 리 이 청　내 위 지 세　이 좌 기 외　세 자　인 리 이 제 권 야

2　兵者, 詭道也. 故能而示[1)]之不能, 用而示之不用, 近而示之遠,
　　병 자　궤 도 야　고 능 이 시　지 불 능　용 이 시 지 불 용　근 이 시 지 원
　　遠而示之近. 利而誘之, 亂而取之, 實而備之, 強而避之, 怒而撓
　　원 이 시 지 근　이 이 유 지　난 이 취 지　실 이 비 지　강 이 피 지　노 이 요
　　之, 卑而驕之, 佚[2)]而勞之, 親而離之. 攻其無備, 出其不意. 此兵
　　지　비 이 교 지　일　이 로 지　친 이 리 시　공 기 무 비　출 기 불 의　차 병
　　家之勝, 不可先傳也.
　　가 지 승　불 가 선 전 야

3　夫未戰而廟算勝者, 得算多也; 未戰而廟算不勝者, 得算少也. 多
　　부 미 전 이 묘 산 승 자　득 산 다 야　미 전 이 묘 산 불 승 자　득 산 소 야　다
　　算勝, 少算不勝, 而況於無算乎? 吾以此觀之, 勝負見矣.
　　산 승　소 산 불 승　이 황 어 무 산 호　오 이 차 관 지　승 부 현 의

7　「계」편에서 묘사한 12가지 계략을 12궤계(十二詭計) 혹은 궤도12술(詭道十二術)이라고 한다.

8　고대에 전쟁을 하기 앞서 종묘사직을 모시는 종묘에서 제왕이 참여한 가운데 양측의 정황을 비교 분석하고 전략을 상의하는 일을 묘산(廟算)이라 했다.

※ **한자 풀이**

1) 示(시) 모습을 드러낸다[示形], 위장한다는 뜻이다.
2) 佚(일) '편안할 일(逸)'과 같은 뜻으로 쓰였다.

전쟁은 계략이다
- 손자의 과감한 선포

『손자병법』은 전쟁이란 궤도, 즉 계략이라고 과감하게 선포한다. 궤도는 『손자병법』의 주요 개념으로, 권모 또는 모략의 운용을 일컫는다. 문자 그대로는 사기(詐欺), 속임수라는 뜻이지만 손자가 말하는 궤도는 도덕적 관점의 사기나 기만과는 본질적으로 다르다. 그것은 지략과 정보 그리고 인간 심리를 정밀히 활용하는 전략의 수단이다.

춘추전국시대 이전, 중국의 지배 질서는 '덕'(德)과 '예'(禮)를 중심으로 이루어졌다. 따라서 궤도와 같은 개념을 공개적으로 내세우기 어려웠다. 용병과 전쟁에서조차도 '의로운 전쟁', '예를 갖춘 전쟁'을 표방해야 했다. 하지만 춘추 중엽에 이르러 전쟁은 이전과 달리 대규모 집단 전투와 치열한 국력 다툼으로 변화했다. 이에 따라 계책과 기만 전술의 필요성이 커지고 필사적인 전술이 구사되기 시작했다.

춘추시대 말 오나라와 월나라의 전쟁에서 보이듯, 전쟁은 덕과 예로 포장한 형식적 대결이 아닌 복수와 생존을 건 전략의 각축

장으로 변했다. 특히 와신상담(臥薪嘗膽) 고사처럼 월왕 구천과 오왕 부차가 오랜 세월에 걸쳐 치욕을 견디며 전략을 다듬는 모습은, 전쟁의 양상이 이미 달라졌음을 보여준다.

손자의 "전쟁은 계략이다"라는 선언은 단순한 수사가 아니라 전쟁이 더 이상 명분만으로 수행되지 않고, 정보와 심리를 기반으로 운영된다는 냉철한 인식을 반영한 것이다.

「계」에서 손자는 전쟁 수행에 활용할 수 있는 대표적 궤도 12가지, 즉 12계궤를 소개한다. 이는 모두 자신의 의도를 숨기고 적을 속여 판단을 흐리게 만드는 방법이다. 예컨대 힘을 감춘 채 약한 척하고, 비천함을 자처해 적을 교만하게 만들며, 출병하면서도 마치 출병하지 않은 것처럼 위장하는 전술 등이 있다. 이런 행위는 적에게 허상을 제공하고 착오를 일으켜 결정적 타격을 입힐 수 있도록 만든다.

여기서 궤도가 성립하는 전제 조건은 바로 '지'(知)이다. 지는 단순한 정보나 지식이 아닌 상황에 대한 총체적 인식을 의미한다. 이는 아군과 적군의 전력, 지형, 기후, 민심 등을 아우르는 입체적 판단 능력이다. 지를 바탕으로 궤도를 설계하고 적의 인식을 통제하며 전장을 지배할 수 있는 것이다.

결국 『손자병법』에서 말하는 궤도는 얄팍한 속임수가 아니다. 정확하고 예리한 지를 기반으로 설계한 전략적 장치이고, 전쟁에서 벌어지는 정보전의 핵심이자 인식의 싸움이다. 먼저 알고, 더 깊이 꿰뚫어 보고, 적보다 한 수 앞서 생각한 자만이 궤도를 활용해 승리를 거머쥘 수 있다.

「계」 첫머리에서 손자는 전쟁 전에 승패를 파악해야 한다고 천

명하고, 끝머리에서 다시금 '묘산'을 언급하며 계산의 중요성을
강조한다. 그는 전쟁을 시작하기도 전에 이미 승패가 결정되며,
그 승패는 계략을 얼마나 정밀하게 세웠느냐에 달려 있다고 말한
다. 결국 '계산의 우위'가 '전쟁의 승리'로 이어진다. 이러한 계산
을 구체적으로 실행하는 방도가 바로 12계궤이다.

　이처럼 손자가 서술한 궤도는 이론에 머물지 않고 실제 전쟁터
에서 실현되며 탁월한 효과를 발휘해왔다.

실력을 숨겨 판을 흔들어라
– 무능을 가장한 장군 이목

조나라의 장군 이목(李牧)[9]은 전국시대에 북쪽 국경을 수비하며
흉노의 침입을 막은 훌륭한 전략가였다. 그는 대(代)와 안문(雁門)
에 주둔하며 흉노의 침략에 철저히 대비했다.

　그는 지역 형편에 맞추어 관리를 배치하고, 징수한 세금은 모
두 막부(幕府)[10]로 옮겨 군자금과 식량을 충당했다. 매일같이 소를
잡아 병사들을 먹여가며 활쏘기와 기마 훈련을 시켰고, 전사(戰
士)를 후하게 대접했다. 또한 경보 체계를 정비하고 많은 첩자를
풀어 정보를 수집했다. 그는 한 가지 특별한 군령을 내렸다.

9　진나라의 백기(白起)와 왕전(王翦), 조나라의 염파(廉頗)와 함께 전국시대 4대 장
　군으로 꼽히는 인물이다.
10　장군이 전쟁터에서 지휘할 때 장막을 치고 그 안에서 사무를 보았기에, 이를 장
　막으로 된 관아라 하여 막부(幕府)라 불렀다.

"흉노가 쳐들어와 도둑질을 하면 곧바로 성안으로 들어와 수비하라. 만일 적을 사로잡는 자가 있다면 사형에 처할 것이다!"

그러자 흉노가 침입할 때마다 엄밀한 경보 체계가 발령되었고, 병사들은 재빨리 성안으로 들어와 수비하며 맞붙지 않았다. 아무런 손해를 입지 않고 몇 해가 지났다. 흉노는 이목을 겁쟁이라 여겼고, 조나라 군사들 역시 마찬가지로 전면전을 금하고 방어만 지시하는 장군을 겁쟁이라고 생각했다.

이에 조나라 왕이 이목을 질책했지만, 그는 여전히 자신의 방식을 고수했다. 마침내 왕은 크게 노하여 그를 해임하고 다른 사람을 대신 임명했다.

그때부터 조나라는 흉노가 쳐들어올 때마다 맞서 싸웠다. 그러나 소득은 없었고, 사상자가 많아지는 바람에 농사와 목축을 할 수 없게 되었다. 병사들은 이목을 다시 기용해달라고 간청했지만, 이목은 문을 닫아걸고 출사하지 않으며 병이 들었다고 답했다.

조나라 왕이 다시 그에게 군을 통솔하라고 명하자 이목은 한 가지 조건을 걸었다.

"폐하께서 굳이 신으로 하여금 변방을 지키게 하신다면, 예전에 신이 했던 그대로 할 수 있게 해주십시오. 그렇게 해주시면 명령을 받들겠습니다."

왕은 이를 허락하자, 군중으로 돌아온 이목은 다시 전과 같은 방식으로 군을 운영했다. 흉노는 아무런 이익을 얻지 못하면서도 그를 무능한 장군이라 생각했다. 한편 변방의 장병은 비록 후한 대접을 받았지만 어서 전투를 할 수 있게 되기를 바랐다.

그러던 어느 날, 이목은 튼튼한 수레 1천3백 대와 말 1만 3천 마리, 능히 적진을 돌파할 수 있는 용감한 전사 5만 명과 활을 잘 쏘는 궁수 10만 명을 선발했다. 그러고는 백성들에게 가축을 들판에 방목하도록 조치했다.

흉노가 먼저 소수 병력을 보내자 이목은 거짓으로 패해 달아나는 척하며 군대를 물렸고, 그들이 약탈하는 것을 막지 않고 내버려두었다.[11] 흉노의 수장인 선우(單于)가 이 소식을 듣고는 곧장 대군을 총동원하여 쳐들어왔다. 이에 이목은 갖가지 변화무쌍한 전술을 펼쳐 미리 준비된 부대를 좌우 양쪽으로 배치해 흉노를 포위했고, 일거에 흉노족 기병 10만여 명을 전사시키는 대승을 거두었다.

이 전쟁으로 이목은 흉노의 담람(襜襤) 부족을 멸망시킨 후, 동호(東胡)[12]를 공략하고 임호(林胡)[13]를 복속시켰다. 선우는 패배 후 달아났고, 그 뒤 10여 년 동안 흉노는 조나라 국경 근처에 얼씬도 하지 못했다.

이는 손자가 말한 "전쟁에 능한 자는 무능한 것처럼 꾸민다"[能而示之不能 능이시지불능]라는 계략에 정확히 들어맞는다. 이목은 실력을 숨기고 무능한 척하며 적의 경계를 풀고, 때를 철저히 계산하여 단번에 전세를 역전시켰다.

---

11 백성의 가축을 약탈할 대상으로 풀어놓아 적을 유인한 것이다.
12 북방 유목 민족으로 선비족의 전신(前身)이다. 흉노[胡]의 동쪽[東]에 살았으므로 동호(東胡)라 했다.
13 북방의 유목 민족.

자신을 낮춰 방심을 유도하라
- 오왕 부차와 월왕 구천의 복수혈전

오나라의 왕 합려(闔閭)는 한때 초나라를 치고 중원까지 위세를 떨쳤으나, 월나라를 공격하다 월왕 구천(句踐)에게 목숨을 잃었다. 합려의 아들 부차(夫差)는 아버지의 복수를 맹세하고 매일 장작더미 위에서 잠을 자며 원한을 되새겼다. 결국 그는 월나라를 침공해 회계산에서 승리를 거두어 복수에 성공했다. 구천은 오나라의 신하가 되기를 자처하며 겨우 목숨을 부지했다. 이때부터 그는 매 끼니마다 집에 걸어둔 쓸개를 맛보며 자신에게 "회계산의 치욕을 잊은 것이냐?" 묻고는 복수를 다짐하고 또 다짐했다.

구천은 손수 밭에 나가 일했고, 그의 아내도 물레질로 옷감을 짜며 백성과 다름없는 생활을 했다. 그는 고기를 먹지 않고 수수한 옷을 입었으며, 유능한 신하에게는 스스로 고개를 숙여 가르침을 청했다.

반면 부차는 복수를 이룬 후 북쪽의 제나라까지 원정하는 등 정벌을 일삼으며 세력을 과시했다. 구천은 이 기회를 놓치지 않았다. 부차가 제나라를 공격할 때 자진하여 병력을 이끌고 오나라를 돕는 한편, 갖은 보물을 헌상했다. 특히 미녀 서시(西施)를 바쳐 그의 환심을 샀다.[14]

---

14 이러한 관계를 오나라와 월나라 사람이 한 배를 탔다는 의미의 오월동주(吳越同舟)라고 일컫는다. 서로 적의를 품은 상대끼리 한자리에 모이거나 서로 협력해야만 하는 상황을 가리키는 표현이다.

부차와 구천의 '와신상담' 왼쪽은 오왕 부차, 오른쪽은 월왕 구천을 묘사한 그림이다. 두 사람의 복수혈전에서 와신상담(臥薪嘗膽)이라는 고사성어가 유래했다. 이는 부차가 장작더미 위에 누워 복수를 다짐하고[臥薪] 구천이 쓸개를 맛보며 치욕을 되새긴[嘗膽] 데서 비롯된 표현으로, 목표를 이루기 위해 온갖 괴로움을 견딘다는 의미로 쓰인다.

서시를 총애한 부차는 뱃놀이를 좋아하는 그녀를 위해 대운하를 건설했고, 이 때문에 오나라의 국력이 극도로 소모되었다. 백성은 강제 노역과 높은 세금으로 고통을 겪어야 했다. 그 사이 부차는 서시에게 넋을 빼앗겨 정사를 돌보지 않고 사치와 환락에 빠져 세월을 보냈다.

오나라의 충신 오자서(伍子胥)는 월나라가 모든 일의 화근이라고 거듭 충고했지만, 부차는 듣지 않았다. 오자서를 차츰 멀리하던 그는 급기야 분기탱천하여 오자서에게 자결을 명하여 오나라에서 가장 유능한 전략가를 스스로 제거했다.

그로부터 2년 후, 부차는 노나라 왕과 위나라 왕을 탁고(橐皋)

지방에 불러 모아 회맹(會盟)[15]했고, 이듬해에는 북쪽 황지(黃池) 지방에서 제후들과 회맹하는 등 스스로 천하의 패자(覇者)로 군림하려 했다. 회맹 의식에서는 제물로 바친 소의 귀를 먼저 잡는 사람을 패자로 인정했다. 부차가 이를 두고 진나라 왕과 신경전을 벌이다가 군사를 부르겠다고 위협하자 비로소 진나라 왕이 포기한 일도 있었다.

하지만 이렇게 얻은 패자의 기쁨은 오래가지 않았다. 황지에서 회맹하며 위엄을 과시하던 바로 그때, 월나라 구천은 비어 있는 오나라 수도를 급습했다. 십여 년을 벼르고 별러 준비한 복수전이었다. 구천은 정예병 4만 명, 장교 6천 명, 공정부대 2천 명, 군속 1천 명 등 잘 훈련된 군대 5만 명을 이끌고 오나라를 기습했다. 오나라의 군대는 대부분 부차와 함께 황지에 있었기에 장정은 거의 남아 있지 않았다. 구천은 손쉽게 오나라 수도를 장악하고 부차의 아들인 태자를 잡아 처형했다. 그로부터 4년 뒤, 구천은 다시 총공세를 펼쳐 마침내 부차를 사로잡아 처형하고 오나라를 멸망시켰다.

이는 "스스로 비천하게 보임으로써 적을 교만하게 만든다"[卑而驕之 비이교지]는 『손자병법』의 전술이 그대로 실현된 대표적 사례이다. 더욱이 손자가 자신의 병법서를 바친 합려의 죽음에서 기나긴 복수혈전이 시작되었기에, 이 일화는 손자와도 깊은 연관이 있다. 구천은 철저히 자신을 낮추어 부차의 경계심을 허물고 은

---

15 춘추전국시대에 제후나 사신이 서로 만나 맹약하는 것을 말한다. 맹(盟)은 소의 귀를 잘라 피로 조약서를 쓰고 제후가 피를 마시는 의식이다.

밀하게 힘을 키워나갔다. 반면 부차는 승리에 고취되어 교만해져 점차 판단력을 잃었다. 공들여 항복을 받아낸 월나라는 안중에도 없었다. 미인계에 빠져 사치와 향락을 일삼았고, 천하에 자신의 권세를 과시하는 데만 열중하다가 가장 유능한 명장 오자서를 스스로 제거하기에 이르렀다. 그러는 사이 국력은 쇠했고 민심은 이반했다.

항룡유회(亢龍有悔), 지나치게 높이 오른 용은 결국 후회하는 법이다. 지(知)를 확보하고 형세를 읽은 구천은 마침내 궤도를 실행하며 반격했고, 교만에 취한 부차는 모든 것을 잃고 말았다.

감정을 파고들어 균열을 만들어라
- 유방의 책사 진평의 이간책

진평(陳平)은 한고조 유방의 모신(謀臣)으로, 유방이 항우를 꺾고 천하를 차지하게 하는 데 큰 공을 세운 인물이다.

진평은 유방의 허락을 얻어 황금을 아낌없이 풀면서 초나라 군대에 첩자를 대규모로 파견하고 공공연히 유언비어를 퍼뜨렸다. 진평이 퍼뜨린 소문은 이랬다. 범증과 종리매 같은 장수들이 항우를 위해 큰 공을 세웠으나, 항우가 끝내 그들에게 영토를 떼어 주어 왕으로 봉하지 않았다는 것이다. 이 때문에 그들이 한나라와 내통해 항우를 제거하고, 그 공으로 땅을 나누어 각자 왕이 되려 한다는 말이었다.

이 소문은 치명적이었다. 항우는 종리매 등을 의심하기 시작했고 진위를 파악하기 위하여 한나라로 사신을 보냈다. 그러자 유방은 사람을 시켜 풍성한 태뢰(太牢)[16]를 마련해 가지고 들어가게 했다. 그러고는 초나라 사신을 보고 짐짓 놀라는 척하며 "나는 범증 선생의 사신인 줄 알았는데, 알고 보니 항우의 사신이었구려!" 하고는 풍성한 음식을 물리고 평범한 음식을 내주게 했다.

초나라 사신이 돌아가 항우에게 모든 사실을 보고하자, 그는 범증을 깊이 의심하게 되었다. 그 무렵 범증은 한나라의 형양성을 급히 공격하여 항복시키려 했으나, 항우는 그를 의심하며 그의 말을 듣지 않았다.

범증은 크게 분노하여 이렇게 말했다.

"천하의 대사는 이미 확정되었으니, 이제 대왕께서 직접 경영하십시오! 오직 원컨대 이 늙은 몸은 집으로 돌아갈 수 있도록 해주십시오."

범증은 본거지인 팽성(彭城)으로 돌아가는 길에 화병으로 등에 종기가 나서 앓다가 세상을 떠났다. 이로써 항우는 가장 신뢰할 수 있는 유능한 책사를 스스로 없애고 말았다.

유방이 천하를 통일한 이후에도 진평은 여전히 그를 보좌했다. 특히 유방이 흉노 정벌에 나섰다가 백등산에서 포위되어 절체절명의 상황에 몰렸을 때, 진평의 계교가 빛을 발했다.

진평은 화공에게 절세의 미녀도를 그리게 하고, 사신을 시켜 선물과 함께 그 그림을 흉노의 왕 묵돌선우(冒頓單于)의 부인에게

---

16 풍성한 연회 음식을 가리킨다. 원래는 제왕이나 제후가 제사를 모실 때 소, 양, 돼지 등 세 가지 희생양을 모두 갖춘 음식을 지칭했다.

  제1편×계

보냈다. 그러면서 이러한 편지를 동봉했다.

"지금 어려움에 처한 한나라 황제께서 이 절세의 미녀를 선우께 몰래 바치고자 하십니다."

이 편지를 본 선우의 부인은 선우의 총애를 잃을까 봐 두려워했다. 그녀는 선우에게 애원했다.

"지금 우리가 한나라 땅을 얻는다 해도 거기에서 살 수는 없잖아요. 서로 괴롭히면서 살 필요는 없지 않을까요?"

결국 묵돌선우는 포위를 풀고 철수했다. 그리하여 유방은 간신히 목숨을 건질 수 있었다.

"적이 단결해 있다면 이간책으로써 분열시켜라"[親而離之 친이리지]라는 『손자병법』의 가르침대로, 적의 장수와 병사 간의 유대가 두터워 굳게 결속되어 있을 때는 그 틈을 가르는 이간책을 활용해야 한다.

인간관계에는 단순한 적대보다 복잡한 감정, 이른바 은혜와 원한을 뜻하는 은원(恩怨)이 얽혀 있기 마련이다. 오히려 가까운 사이일수록 이해관계와 감정이 충돌하기 쉽고, 때로는 원수가 되기도 한다. 반대로 적과는 단순한 이해관계만 존재하므로 오히려 타협이나 협상이 가능하기도 하다.

이처럼 관계의 미묘한 균열을 읽고 활용할 수 있다면, 이간책은 강력한 전략이 된다. 손자는 감정과 서로 간의 신뢰를 재료로 삼아 전쟁 없는 승리를 열어젖히는 전술을 제시한 것이다.

상대의 예측을 설계하라
– 묵돌선우의 심리전

묵돌선우는 흉노의 세력을 크게 떨친 영걸이다. 그는 태자일 때부터 비범한 전략과 냉혹한 판단력을 드러냈다.

어느 날 묵돌은 부하들에게 활 쏘는 법을 가르치며 명령했다.

"내가 소리 나는 화살을 쏘거든, 모두 내가 쏜 표적에 활을 쏘아라. 따르지 않는 자는 목을 베겠다."

이후 묵돌은 전군을 이끌고 사냥을 나가, 소리 나는 화살로 새나 짐승을 쏘아 맞히고는 자기 명에 따르지 않는 자는 그 자리에서 베었다. 그 다음 번에는 자기의 애마를 향해 화살을 날렸다. 부하 가운데 망설이는 자가 나오자 묵돌은 즉석에서 그들을 처형했다. 얼마쯤 지나자 묵돌은 자기가 총애하는 애첩을 쏘았다. 주위 사람 모두 크게 놀라 감히 활을 쏘지 못했고, 묵돌은 그들을 모두 베어버렸다.

얼마 뒤 또다시 사냥을 나간 묵돌은 이번에는 아버지 두만선우의 애마를 쏘았다. 이제 모든 부하가 빠짐없이 그를 따랐다. 마지막으로 그는 아버지를 따라 사냥을 나간 자리에서, 아버지를 향해 소리 나는 화살을 날렸다. 그러자 그의 곁에 있던 부하들이 일제히 화살을 퍼부었다. 두만은 결국 아들에게 죽임을 당하고 말았다. 이어서 묵돌은 계모와 이복형제를 비롯해 자신에게 복종하지 않는 중신을 모조리 죽이고, 스스로 선우의 자리에 즉위했다.

묵돌이 선우에 즉위할 무렵에는 동호족이 매우 강성한 세력을 자랑하고 있었다. 묵돌이 부친을 죽이고 선우 자리를 빼앗았다는 소식이 곧바로 동호왕의 귀에 들어갔다.

동호왕은 사자를 보내 죽은 두만이 애지중지하던 천리마를 달라고 요구했다. 묵돌이 측근과 의논하자, 그들은 입을 모아 "천리마는 우리 흉노의 보배이오니 거절해야 합니다"라고 말했다.

그러나 묵돌은 "말 한 마리를 아끼기 위해 이웃 나라와의 우의를 저버릴 수는 없다"라며 동호의 요구에 응하여 천리마를 넘겼다.

동호는 묵돌이 자신을 두려워한다고 판단하고 얼마 후 다시 사자를 보냈다. 이번에는 묵돌의 부인 중 한 명을 달라는 요구였다. 묵돌이 측근에게 의논하자 그들은 크게 분노했다. "동호 사람은 도의가 없습니다. 이제 부인까지 요구하다니! 부디 공격 명령을 내려주시옵소서!" 그러나 묵돌은 "이웃 나라에게 어찌 계집 하나를 아낀다는 말인가!"라면서 총애하는 부인 한 명을 동호에게 보냈다.

동호는 점점 교만해지더니, 이윽고 흉노의 국경을 침범하기 시작했다. 흉노와 동호 사이에는 천여 리에 걸쳐 집 한 채 없는 황무지가 펼쳐져 있었다. 동호는 묵돌에게 사자를 파견하여 통고했다.

"그대들 흉노와 우리나라의 경계인 황무지는 그대들이 쓸 수 없는 곳이다. 그 땅을 우리에게 넘겨라."

묵돌은 또다시 측근과 의논했다. 그러자 몇몇이 이렇게 말했다.

"어차피 아무짝에도 쓸모없는 땅이니 넘겨도 무방합니다."

하지만 이번에는 묵돌의 태도가 전과 완전히 달라졌다.

"땅은 나라의 근본이다. 어찌 함부로 줄 수 있다는 말인가!"

그리고는 동호에게 땅을 주어도 좋다고 말한 자를 모조리 베어버리고, 당장 말에 오르면서 명령을 내렸다.

"행동이 늦어 뒤처지는 자는 모두 베어버릴 것이다."

그는 곧바로 군사를 이끌고 동쪽으로 진격해 동호를 기습했다.

이 무렵 동호는 묵돌을 업신여겨 방비에 소홀했다. 묵돌의 군대는 순식간에 동호를 격파하고 왕을 죽여 없앴다. 그는 곧바로 서쪽으로 진격하여 월지를 패주시켰고, 남쪽으로 누번왕, 백양하남왕을 잇달아 병탄하여 진나라 몽염(蒙恬)에게 빼앗겼던 흉노의 땅을 모조리 되찾았다.

이는 "적이 방비하지 않은 곳을 공격하고, 적이 예측하지 못한 곳으로 출격하라"[攻其無備, 出其不意 공기무비 출기불의]라는 구절을 정확히 구현한 사례다. 묵돌은 적을 뛰어넘는 인내와 심리전으로 싸움을 설계했고, 결국 여기서 승부가 갈렸다.

제2편
작 전
作 戰

전쟁에서 살아남는 법

『손자병법』의 「작전」(作戰)편에서 말하는 '작전'은 우리가 흔히 사용하는 군사 행동이나 전투 수행을 의미하는 단어와 다른 개념을 가진 용어다. 여기서 '작'(作)은 시작할 '시'(始), '기'(起)의 뜻으로 쓰였다. 곧 '작전'이란 전쟁을 실제로 수행하기 위한 준비를 뜻한다.

앞선 「계」편이 전쟁의 승산을 평가하고 싸울 것인가 말 것인가를 결정하는 기준을 다뤘다면, 「작전」편은 전쟁을 결정한 후에 자원이 얼마나 필요하고 또 어떤 준비를 갖춰야 하는지 분석한 장이다. 손자는 본 편에서 경제력과 물자 동원 능력이 전쟁의 성패를 좌우하는 핵심 조건임을 강조한다.

무엇보다 손자는 장기전이 국가 경제에 미치는 위험을 경고하며, "전쟁에서 귀중함은 신속한 승리에 있으며 결코 오래 끄는 데 있지 않다"[兵貴勝, 不貴久 병귀승 불귀구]라는 병법의 기본 원칙을 천명한다. 전쟁은 되도록 빠르게 끝내야 하는데, 장기전으로 돌입할 경우 국가 기반 자체가 흔들릴 수 있기 때문이다.

모든 전쟁에는 대가가 따른다

1 손자는 말한다.

모든 용병 작전은 전투용 전차 1천 승과 수송용 전차 1천 승 그리고 무장 병사 10만 명을 동원해야 하며, 천 리 먼 길에 군량을 운송해야 한다. 이렇듯 국내외에서 다양한 비용이 발생하고, 책사와 사절의 접대, 군용 장비 수리에 필요한 아교와 칠 같은 자재비, 전차와 갑옷을 유지하고 보수하는 비용 등으로 날마다 막대한 자금(천금)이 소모된다. 이 모든 준비를 갖춘 후에야 비로소 10만 대군이 출동할 수 있다.

2 이처럼 대군을 동원하는 전쟁은 반드시 단기간에 속승(速勝)을 거두어야 한다. 전쟁을 오래 끌면 병사는 피로해지고, 날카로운 기세[銳氣 예기]는 꺾이기 마련이다. 성을 공격하는 공성에는 군사력의 손실이 따르며, 장기간의 출정은 국가 재정에 막대한 부담을 준다. 만약 병사들이 오랜 전쟁으로 피로해지고 예기가 꺾이며, 군사력이 소모되고 재정까지 고갈되면 주변 국가들이 기회를 노려 군사를 일으킨다. 그렇게 되면, 아무리 지모가 출중한 자라도 이 위난을 해결할 수 없다. 그러므로 용병 전쟁은 마땅히 신속한 승리를 추구해야 하며, 계책이 교묘한가 졸렬한가를 따지지 않는다.[1] 오래 지속되는 전쟁이 국가에 이로웠던 적은 일찍이 없

었다. 그러므로 용병의 폐해를 모두 알지 못하는 자는 그 이로움 또한 온전히 알 수 없다.

③ 　용병에 능한 자는 병력을 여러 차례 징발하지 않으며, 군량 또한 여러 차례 운송하지 않는다. 후방에서는 보급을 받고, 전방에서는 적의 양식을 끌어다 현지 조달함으로써 군대의 군수 물자를 충족한다.

④ 　국가가 군사를 일으켜 빈곤해지는 까닭은 군사 원정에 수반되는 장거리 운송에 있다. 장거리 운송은 필연적으로 백성을 가난하게 만든다. 군대가 지나가는 지역에서는 물가가 폭등하고, 물가가 폭등하면 백성의 재물이 고갈되며, 재물이 고갈되면 세금과 노역[2]이 가중된다. 전쟁터에서 군사력의 손실이 커지고 국내의 재물이 고갈되면, 이로써 전쟁으로 인해 백성들은 열에 일곱의 재산을 잃는다. 국가의 재산 또한 파손된 전차와 지친 말, 갑옷과 의복, 화살과 활 그리고 궁노, 창과 방패 등을 보충하고 소가 끄는 큰 수레를 징발하고 유지하는 비용으로 열에 여섯을 잃는다.

① 　孫子曰: 凡用兵之法, 馳車千駟[1], 革車千乘, 帶甲十萬, 千里饋
　　손 자 왈　 범 용 병 지 법　 치 차 천 사　　 혁 차 천 승　 대 갑 십 만　 천 리 궤

糧[2], 則內外之費, 賓客之用, 膠漆之材, 車甲之奉, 日費千金,
량　　 즉 내 외 지 비　 빈 객 지 용　 교 칠 지 재　 거 갑 지 봉　 일 비 천 금

1　원문을 그대로 옮기면 "용병 전쟁에서 졸렬한 계략으로 신속한 승리를 거둔 경우는 들어봤으나, 교묘한 계략을 운용하면서도 오래 끄는 전쟁은 보지 못했다" 라는 문장이지만, 여기에서는 그 뜻을 살리되 이해하기 쉽도록 해석했다.

2　원문은 구역(丘役)으로, 전쟁 시에 백성들에게 부과하는 세금과 노역을 통칭하는 표현이다. 춘추시대의 세금은 통상 말 한 필과 소 세 마리였다.

제2편×작전

然後十萬之師擧矣.
연 후 십 만 지 사 거 의

2 其用戰也勝, 久則鈍兵挫銳, 攻城則力屈, 久暴師則國用不足.
기 용 전 야 승　구 즉 둔 병 좌 예　공 성 즉 역 굴　구 폭 사 즉 국 용 부 족

夫鈍兵挫銳, 屈力殫貨, 則諸侯乘其弊而起, 雖有智者, 不能善其
부 둔 병 좌 예　굴 력 탄 화　즉 제 후 승 기 폐 이 기　수 유 지 자　불 능 선 기

後矣. 故兵聞拙速, 未睹巧之久也. 夫兵久而國利者, 未之有也.
후 의　고 병 문 졸 속　미 도 교 지 구 야　부 병 구 이 국 리 자　미 지 유 야

故不盡知用兵之害者, 則不能盡知用兵之利也.
고 부 진 지 용 병 지 해 자　즉 불 능 진 지 용 병 지 리 야

3 善用兵者, 役³⁾不再籍⁴⁾, 糧不三載; 取用於國, 因糧於敵, 故軍食
선 용 병 자　역　부 재 적　양 불 삼 재　취 용 어 국　인 량 어 적　고 군 식

可足也.
가 족 야

4 國之貧於師者遠輸, 遠輸則百姓貧; 近於師者⁵⁾貴賣, 貴賣則百
국 지 빈 어 사 자 원 수　원 수 즉 백 성 빈　근 어 사 자　귀 매　귀 매 즉 백

姓財竭, 財竭則急於丘役. 力屈財殫⁶⁾, 中原內虛於家. 百姓之費, 十
성 재 갈　재 갈 즉 급 어 구 역　역 굴 재 탄　중 원 내 허 어 가　백 성 지 비　십

去其七; 公家之費, 破車罷馬, 甲冑矢弩, 戟楯蔽櫓, 丘牛大車,
거 기 칠　공 가 지 비　파 거 피 마　갑 주 시 노　극 순 폐 로　구 우 대 거

十去其六.
십 거 기 륙

※ 한자 풀이

¹⁾ 駟(사) 본래 하나의 마차를 이끄는 네 마리의 말이라는 뜻으로, 여기
에서는 네 마리의 말이 끄는 쾌속 전차를 의미한다.

²⁾ 饋糧(궤량) 궤(饋)는 '보내다'라는 뜻으로, 궤량은 '식량 수송'이라고
해석한다.

³⁾ 役(역) '병역'을 뜻한다.

⁴⁾ 籍(적) '징병'을 뜻한다.

⁵⁾ 近於師者(근어사자) '군대 주둔지 부근'이라는 뜻이다.

⁶⁾ 力屈財殫(역굴재탄) 탄(殫)은 '다하다'라는 의미로, '힘이 소진되고

재물이 바닥나다', 즉 극도로 빈궁한 상태를 형용하는 말이다.

전쟁의 생명은 속승이다
- 진나라 재상 범저의 실책

전국시대가 저물어갈 무렵, 진나라와 조나라는 전국시대 최대의 전투인 장평대전(長平大戰)을 벌였다. 전투가 끝나고 2년 뒤, 진나라는 다시 백기를 장군으로 삼아 조나라를 공격하려 나섰다. 그런데 당시 진나라 재상이었던 범저(范雎)는 백기의 공이 더욱 커질 것을 두려워해 이를 막으려 했다. 그는 진나라 왕에게 이렇게 진언했다.

"지금 우리 병사들은 계속되는 전쟁으로 지쳐 있습니다. 그런데 조나라가 스스로 자신의 땅을 내주겠다고 하니, 받아들이는 것이 현명하지 않겠습니까?"

그러자 왕은 그 말을 받아들여 조나라에게서 6개의 성을 받고 철수했다. 하지만 그해 9월에 진나라는 왕흘(王齕)을 장군으로 삼아 조나라를 공격했다. 백기는 병중이라 출전하지 못했고, 진나라는 장수 다섯을 잃는 등 고전을 면치 못했다. 왕은 백기에게 다시금 출전하라고 명했지만 백기는 이렇게 말하며 사양했다.

"한단(邯鄲)은 수비가 단단하여 쉽게 공략할 수 없습니다. 게다가 초나라와 위나라의 구원군이 속속 도착하고 있습니다."

거듭 요청해도 백기가 끝내 거절하자 왕은 할 수 없이 왕릉(王陵)을 대신 보내 조나라 수도 한단을 포위하게 했지만, 열 달이 지

장평대전 장평대전은 전국시대 말, 진나라와 조나라가 벌인 최대의 전투다. 진나라가 대승을 거둔 뒤, 조나라 병사 40만 명을 구덩이에 산 채로 묻었다는 기록이 잘 알려져 있다. 이 전투가 전국시대 7웅의 판도를 바꾸었다.

나도록 함락하지 못했다.

더구나 백기의 예측대로 초나라의 춘신군(春申君)과 위나라의 신릉군(信陵君)이 이끄는 구원군 수십만이 진나라 군을 기습했고, 진나라는 큰 피해를 입고 철수하고 말았다.

만약 범저가 개인의 질투심을 앞세우지 않고 계획대로 백기를 기용했더라면 전쟁은 단기간에 승리를 거두었을지도 모른다. 그러나 시간을 지체하는 사이 조나라는 전열을 정비할 기회를 얻었고, 진나라는 결정적인 기회를 놓쳤다.

전쟁이란 모름지기 속승(速勝)이 생명이다. 인류 역사상 최대 국가를 창건했던 몽골의 칭기즈 칸이 세계 제국을 건설할 수 있었던 핵심도 바로 속도에 있었다. 적이 예측할 수 없는 놀라운 속도로 기동전을 전개하는 몽골 군대에 서양의 군대는 혼비백산, 속수무책으로 연전연패할 수밖에 없었다. 전쟁을 지체하면 할수록 승리의 기회는 사라진다.

장기전은 자멸을 부른다
– 고구려 원정으로 나라를 잃은 수양제

수나라 양제(煬帝)는 고구려에게 신하의 나라로서 예를 갖추고 수나라를 섬길 것과, 사신을 보내 조정에 드는 입조(入朝)를 요구했다. 그러나 고구려는 끝내 굴복하지 않았다. 이에 양제는 고구려 정벌을 결심했다.

그는 각 지방에 명을 내려 병거(兵車) 5만 대를 만들게 하고, 백성을 무차별 징발해 군영(軍營)에서 부역하게 했다. 또 강남 지방 사람에게는 배로 창고의 곡식을 운반하게 했다. 이물과 고물이 맞닿을 정도로 빽빽하게 이어진 배가 천 리까지 뻗쳤고, 왕래하는 인원만 수십만 명에 달했다. 이 과정에서 죽는 자가 속출했고 결국 천하가 크게 소란해졌다. 백성은 괴로움에 시달리다 못해 무리를 지어 도적이 되었다.

이렇게 징집된 군사가 모두 탁군(涿郡) 지방에 집결하자, 그 수가 무려 113만 명에 이르렀다. 여기에 군량을 운반하는 자의 수는 그 갑절이 되었고, 그 행렬은 천 리 넘도록 이어졌다. 군량 운송만으로도 큰 부담이었고, 전방과 후방 간의 연락 또한 쉽지 않았다. 전력과 자원의 한계를 넘어선, 무리한 장거리 원정이었던 셈이다.

수양제는 고구려의 요동성에 이르러 성을 공격했으나 함락하지 못했다. 이때 수로군(水路軍)의 총사령관 내호아는 공을 독차지하려는 욕심에 육로군과의 협공을 포기하고 평양성을 단독으로 공격했다. 참모가 여러 차례 만류해도 소용없었다. 당시 평양성은 외성과 내성으로 이루어져 있었는데, 고구려는 수나라의 공격을 예상하고 외성 안에 있는 절을 모조리 비워 복병을 숨겨두었다. 이 사실을 모른 채 외성에 진입한 수나라 군은 무인지경이라 여겨 제멋대로 약탈을 일삼았다. 그때 고구려 복병이 쏟아져 나왔다. 기습을 당한 수나라 군사는 허둥지둥 퇴각했고, 선착장으로 살아 돌아간 병사는 수천 명에 불과했다.

패전 소식을 들은 수양제는 격노하여 "아직 공략하지 못한 성들은 내버려두고, 전군은 평양으로 직행하라!"며 총공격을 명령했다.

이에 수나라의 전군이 압록강을 건너 남하했지만, 군사들은 요동 벌판에서의 오랜 악전고투로 이미 지칠 대로 지쳐 있었다. 이를 알아차린 고구려는 싸움을 걸었다가 물러나는 전술을 반복하여 수나라 군의 체력을 소모시켰다. 수나라 군은 하루에도 일곱 차례 싸워 일곱 번 모두 승리해 승전고를 울렸지만, 살수(薩水, 청천강)를 건널 무렵에는 더 이상 싸울 기력조차 남지 않았다.

이때 고구려의 명장 을지문덕이 사신을 보내 "수나라가 군사를 물리면 곧 입조하겠다"고 전해왔다. 애초에 이번 원정은 고구려의 입조 거부에서 비롯된 것이었으므로, 군사를 물리는 것만으로

살수대첩 서기 612년(고구려 영양왕 23년)에 벌어진 살수대첩에서, 을지문덕 장군이 살수를 건너는 수나라 군사를 섬멸하는 장면을 묘사한 그림이다. ⓒ전쟁박물관

도 목표는 달성된 셈이었다. 게다가 병사들은 이미 극도로 피로한 상태였다. 이에 수양제는 을지문덕의 요구를 받아들이고 철수를 명령했다.

그러나 수나라 군이 살수를 반쯤 건넌 순간, 고구려 군사들이 급습했다. 수나라 군은 속수무책으로 무너졌고, 도망치는 데만 급급한 나머지 거의 전멸하다시피 했다. 본래 압록강을 건넌 수나라 군사 수는 30만 명이 넘었으나, 살아 돌아간 병사는 겨우 2천7백 명에 불과했다. 이것이 바로 살수대첩이다.

이 참패 이후 수나라 각지에서 반란이 잇따랐고, 국운은 급속히 기울었다. 결국 수나라는 멸망하고 말았다.

손자는 장거리 운송이 국가와 백성을 가난하게 만들고, 전력과 자원의 한계를 무시한 전쟁은 나라의 뿌리까지 흔들 수 있다고 경고했다. 대표적인 사례가 수양제의 대외 원정이다. 그는 고구려를 정벌하기 위해 수십만 대군을 동원하고 막대한 군량을 장거리로 운송하게 했으나, 보급은 점점 막히고 백성들은 세금과 부역에 시달리며 피폐해졌다. 끝없는 전쟁은 병사의 사기를 떨어뜨리고 국력을 소모했으며, 결국 군사적 실패로 이어졌다. 전쟁터에서의 패배만이 아니라, 백성의 원망과 내정의 붕괴가 겹치면서 수나라는 급속히 몰락했다.

이기는 지도자는 어떻게 다른가

① 그러므로 슬기로운 장수는 언제나 적지(敵地)에서 보급을 조달한다. 적지에서 얻은 양식 1종(鍾)은 본국에서 운송한[준비한] 양식 20종과 맞먹는 가치를 지닌다. 적지에서 얻은 사료 1석(石) 역시 본국에서 운송한[준비한] 사료 20석과 맞먹는다.[3]

② 병사가 용맹히 적을 치려면 분노가 필요하고, 적의 군수물을 빼앗게 하려면 전공에 따른 보상이 뒤따라야 한다.[4] 전차 전투에서 적의 전차를 열 대 이상 노획하면, 그 공은 가장 먼저 전차를 빼앗은 병사에게 돌아가야 한다. 노획한 전차는 아군의 깃발로 교체해 함께 운용하고, [포로로 잡은] 병사들은 잘 다스리고 후히 대우한다. 이것을 일컬어 적을 이겨 더욱 강해진다[勝敵而益強 승적이익강]고 한다.

③ 전쟁에서 귀중함은 신속한 승리에 있으며 결코 오래 끄는 데 있지 않다. 진정으로 용병의 도를 터득하고 그 이익을 통찰하는 장수야말로, 백성의 생사 운명을 결정하고 국가 안위와 존망을 주재하는 존재다.

---

3 종(鍾)과 석(石)은 춘추시대의 계량 단위이다.
4 『삼국지』의 조조는 병사들에게 이런 방식으로 상벌을 내리는 일에 특히 능했다.

① 故智將務食於敵, 食敵一鍾, 當吾二十鍾; 其稈一石¹⁾, 當吾二十
고 지 장 무 식 어 적　식 적 일 종　당 오 이 십 종　기 간 일 석　　당 오 이 십

石.
석

② 故殺敵者, 怒也; 取敵之利者, 貨²⁾也. 故車戰, 得車十乘以上, 賞
고 살 적 자　노 야　취 적 지 리 자　화　야　고 거 전　득 거 십 승 이 상　상

其先得者, 而更其旌旗. 車雜³⁾而乘之, 卒善而養之, 是謂勝敵而
기 선 득 자　이 경 기 정 기　거 잡　이 승 지　졸 선 이 양 지　시 위 승 적 이

益强.
익 강

③ 故兵貴勝, 不貴久. 故知兵之將, 生民之司命⁴⁾, 國家安危之主也.
고 병 귀 승　불 귀 구　고 지 병 지 장　생 민 지 사 명　　국 가 안 위 지 주 야

※ 한자 풀이

1) 其稈一石(기간일석) 기(其)와 간(稈)은 각각 '콩깍지'와 '볏짚'이라는
   의미를 지닌 한자어로서, '사료'라고 해석한다.

2) 貨(화) '물질적인 상을 주다'라는 뜻이다.

3) 雜(잡) '적절히 배치하다'라고 해석한다.

4) 司命(사명) 본래 별자리 이름으로서, 생명을 주재하는 신(神)을 말
   한다.

무능한 지휘관은 참패를 부른다

– 40만 명의 목숨을 앗아간 조나라의 오판

장평대전에서 진나라와 조나라가 치열하게 대치할 때의 일이다.
조나라는 염파(廉頗)를 장군으로 세워 진나라를 막으려 했다. 염
파는 초반에 잇달아 패전을 겪자 성문을 굳게 닫고 방어에만 전
념하며 맞서 싸우려 하지 않았다. 진군은 매일같이 도발했지만

염파는 끝까지 수비 태세를 고수했다.

초조해진 진나라 측은 조나라에 첩자를 보내 "진은 염파 따위는 전혀 두렵지 않다. 다만 조사(趙奢) 장군의 아들 조괄(趙括)만은 장군이 되지 않기를 바랄 뿐이다"라는 내용으로 염파를 깎아내리는 헛소문을 퍼뜨렸다.

이 소문을 들은 조나라 왕은 실제로 염파를 해임하고 조괄을 후임으로 삼으려 했다. 이에 명신 인상여(藺相如)가 간언했다.

"대왕께서는 조괄의 소문만을 들으시고 그를 장군으로 삼으시려는 듯합니다. 이는 마치 거문고 줄을 풀로 붙여 연주하려는 것과 같습니다. 조괄은 아버지가 남긴 병법서나 겨우 외우는 자일 뿐, 실전에 임하는 임기응변은 전혀 알지 못합니다."

그러나 왕은 이 말을 듣지 않고 끝내 조괄을 장군으로 임명했다.

조괄은 어릴 적부터 병법서를 공부하며 스스로가 누구보다 뛰어나다고 여겼다. 한번은 부친 조사가 그와 군사 문제로 토론을 벌였는데, 말을 주고받는 과정에서 그조차 설득당할 정도였다. 하지만 정작 조사는 아들이 장군감이라 생각하지 않았다. 아내가 그 이유를 묻자, 조사는 이렇게 답했다.

"전쟁이란 목숨을 걸고 하는 일이오. 그런데 저 아이는 너무 쉽게 말로만 결론을 내리지. 만약 나라가 조괄을 장군으로 삼지 않는다면 다행이지만, 그렇지 않다면 조나라를 망하게 할 자는 틀림없이 그 아이일 것이오."

조괄의 어머니는 아들이 염파의 후임으로 부임하여 출정한다는 소문을 듣고 왕에게 편지를 올렸다.

"제발 제 아들을 장군으로 삼지 마옵소서. 제 남편 조사와 아들 조괄은 부자지간이지만 사람됨이 전혀 다릅니다. 제 남편은 음식을 나눠 먹는 친한 벗이 수십 명이고, 벗으로 사귀는 사람이 수백 명이나 됩니다. 나라에서 받은 상금은 아끼지 않고 부하에게 나눠 주었고 전쟁에 나갈 때면 집안일을 묻지 않고 군무에 충실했습니다. 그러나 아들 괄은 장군으로 임명되자 동쪽을 향해 앉아 조회를 받고[5] 나라에서 받은 상금도 혼자 차지해 땅을 사들이기 바쁩니다. 도저히 제 아비의 그릇을 따를 수 없을 듯합니다. 그러니 대왕께서는 부디 장군의 임무를 거두어주시기 바랍니다."

그러나 왕은 끝내 임명을 강행했다.

"이미 결정된 일이니 돌이킬 수는 없소."

그러자 조괄의 어머니가 간청했다.

"기어이 제 아들을 장군으로 삼으신다면, 아들이 설사 임무를 다하지 못하더라도 이 어미를 책하지 마시기를 바랍니다."

왕은 그 부탁을 받아들였다.

한편 조괄은 염파 장군에게서 군대를 인계받자마자, 즉시 군대 체계를 전면적으로 개편하고 군리(軍吏)도 모조리 교체했다. 이 소식을 들은 진나라의 백기 장군은 조괄의 허점을 간파하고, 짐짓 패주하는 척하면서 조나라의 군량을 수송하는 보급로를 단절하고 군대를 둘로 분리시켰다.

5　과거에 황제는 남쪽으로 앉아 신하의 알현을 받고, 공후장상은 동쪽으로 앉아 인사받는 것을 존귀함의 표시로 삼았다. 즉 이 표현은 조괄이 장군이 되자 거만 해졌다는 의미이다.

이에 조나라 병사들은 크게 동요했다. 식량 보급이 끊긴 지 46일째가 되자, 성안은 서로가 서로를 잡아먹는 아비규환으로 변했다. 조나라는 활로를 뚫기 위해 여러 차례 탈출을 시도했으나 번번이 실패했다. 마침내 조괄이 정예부대를 이끌고 진나라 군대와 육박전을 전개했지만, 이 또한 성공하지 못했다. 급기야 조괄은 적의 화살을 맞고 죽고 말았다.

결국 조괄의 군대는 전의를 상실하고 항복했는데, 그 수는 자그마치 40만 명에 달했다. 장평대전에서 승리한 후 수많은 조나라 포로를 바라보며 백기가 말했다.

"전에 상당을 함락시켰을 때, 그 주민들은 진나라 백성이 되기가 싫다 하여 조나라로 도망쳤다. 조나라 포로들도 언제 변심할지 모른다. 모두 없애지 않으면 반란을 일으킬 게 틀림없다."

그러고는 포로 40만 명을 모두 구덩이에 생매장해버렸다. 이들 가운데 살아남은 자는 어린아이 240명뿐이었다. 결국 장군 하나의 실책과 무능으로 무려 40만 명의 병사가 생매장된 것이다. 이 비극적인 전쟁을 계기로 치명적인 타격을 입은 조나라는 망국의 길로 들어섰다.

이렇듯 조괄처럼 이론에만 밝을 뿐 실전에는 약한 것을 일러 "종이쪽지 위에서 전쟁을 논한다"는 뜻의 '지상담병'(紙上談兵)이라 한다.

장군의 중요함은 이렇듯 막대하여, 한 사람의 능력과 판단이 백성들의 생사 운명과 국가 안위를 가름한다.

승리할수록 강해지는 조직
– 반란 세력마저 포용한 광무제 유수

후한(後漢) 광무제 유수(劉秀)[6]가 아직 황제에 즉위하기 전, 천하를 평정해가던 무렵의 일이다. 그는 중원의 남양(南陽)에서 동마적(銅馬賊)[7]을 격파하고, 10만여 명의 포로를 사로잡아 자신의 부대에 편입시켰다. 하지만 동마적 무리는 이미 과거에도 항복했다가 배신하고 반란을 일으킨 전력이 있었기에, 유수가 자신들을 의심할 것이라 여겨 불안한 마음을 품고 있었다.

유수는 그들의 불안을 간파하고 있었지만, 이를 드러내지 않고 그들을 경계하거나 처벌하지도 않았다. 어느 날 유수는 단 10여 기의 호위 기병만을 대동한 채 동마적의 본영으로 찾아갔다. 그는 조용히 말에서 내려 그들 무리 속으로 걸어 들어갔다. 이는 진정한 신뢰의 표현이었다. 그러자 동마적 무리는 모두 감탄하며 입을 모아 말했다.

"유수 장군은 정말 너그러운 분이시다. 어찌 이분을 위해 목숨을 바치지 않을 수 있단 말인가!"

결국 동마적 세력은 충성을 맹세하며 유수의 군에 흡수되었고, 그의 세력은 더욱 강성해졌다. 동마적 병력은 여러 부대로 나뉘어 하내(河內) 이남 지역까지 진격하는 데 중추적 역할을 했다.

---

6 기원후 25년 후한을 건국한 개국 황제. 한고조 유방의 후손으로, '은혜로 천하를 얻었다'고 평가받는다.
7 후한 건국 전에 세력을 키웠던 농민 반란 세력.

이 일화는 "승리를 거둠으로써 더욱 강해진다"[勝敵而益強 승적이
익강]는 구절에 정확히 들어맞는 사례다. 유수 장군은 단순히 적을
이기는 데 그치지 않고 그들에게 온전한 신뢰를 보임으로써 그들
을 완전한 아군으로 만들었다.

분노를 연료로 활용하라
― 제나라 장군 전단의 계책

전국시대 말기에 제나라는 연나라의 침략을 받아 전 국토를 유린
당하고 남은 땅이라고는 즉묵(卽墨) 지방뿐이었다. 이 마지막 거
점을 지키던 장군이 바로 전단(田單)이었다.

어느 날 전단은 이렇게 말했다.

"내가 가장 두려워하는 것은 연나라 군대가 우리 포로들의 코
를 베어 그들을 선두에 세우고 공격해 오는 상황이다. 그렇게 되
면 우리는 싸울 의지를 잃고 속수무책으로 패하고 말 것이다."

그러고는 이 말이 연나라 진영으로 흘러 들어가게끔 하여 소문
을 널리 퍼뜨렸다. 이는 연나라가 소문을 곧이곧대로 믿고 포로
의 코를 자르게 만들어, 자국 병사의 분노를 불러일으키려는 심
리전이었다.

이런 사정을 알 리 없는 연나라 군대는 이 소문을 듣고 제나라
포로의 코를 자르는 만행을 저질렀다. 즉묵성 안의 병사와 백성
들은 그 참혹한 광경을 목격하자, 분노와 적개심으로 들끓었다.

"차라리 죽을지언정 연나라의 포로가 되지 않겠다"라는 결의

　　　　　제2편×작전

가 성안에 퍼졌다.

전단은 다시 같은 전략을 반복했다. 이번에는 첩자를 보내 연나라 진영에 또다른 소문을 흘렸다.

"연나라 군대가 성 바깥 조상의 무덤을 파헤치고 조상을 욕되게 하지 않을까 두렵구나. 그런 일이 생기면 정말 치가 떨릴 것이다."

이 소문을 들은 연나라 군사들은 제나라의 무덤을 모조리 파헤치고 뼈만 남은 시신을 찾아내어 모두 불태웠다. 성 위에서 그 참혹한 광경을 바라보던 즉묵 사람들은 통곡하며 반드시 복수하리라고 다짐했다.

모두의 분노가 극에 달하자 전단은 이 힘을 한데 모아 반격을 개시했다. 결국 그는 연나라 군대를 크게 무찌르고 즉묵을 해방시켰으며, 나아가 전세를 뒤집어 연나라를 대파하는 데 성공했다.

전단은 "병사가 용맹히 적을 치려면 분노가 필요하다"[故殺敵者, 怒也 고살적자 노야]라는 병법에 따라, 적의 심리를 조종해 악행을 저지르게 만들고 전세를 반전시킨 것이다.

인재에게 인색하면 승리할 수 없다
– 스스로 패망을 부른 항우

한때 반란을 일으킨 세력마저 포용하고 자신의 편으로 만든 유수와 달리, 항우는 인재에게 인색했다. 한신(韓信)은 본래 항우의 휘하에 있던 인물이었으나, 자신의 재능을 펼칠 기회가 주어지지 않자 그의 곁을 떠나 유방에게로 향했다. 그는 유방 진영에 들어온 후 유방과 나눈 대화에서 항우를 이렇게 평가했다.

"항우가 성을 내며 고함을 지르면 천 명이 떨며 엎드릴 정도이지만, 그는 재능 있는 장수를 기용하지는 못합니다. 평소에는 사람을 겸손하고 자애롭게 대하며 부드러운 말투를 쓰고, 병든 자에게 눈물을 흘리며 음식을 나눠 줄 정도로 인정도 있습니다. 그러나 막상 부하가 공을 이루어 상이나 벼슬을 내려야 할 때는 몹시 인색합니다. 그들에게 내려야 할 인신(印信)⁸을 손에서 놓지 못하고 만지작거려 그 모서리가 닳을 지경입니다."

항우는 '역발산기개세'(力拔山氣蓋世)라 하여, 산을 뽑을 만한 괴력과 온 세상을 뒤덮을 정도의 기세를 지닌 천하의 용사였다. 하지만 그에게는 치명적인 약점이 있었다. 그는 상벌을 분명히 내리지 못했고, 인재를 알아보거나 기용하지 못했다. 또한 부하의 잘못은 오래도록 기억했지만 공로는 쉽게 잊었다.

항우의 곁을 떠난 인재는 비단 한신만이 아니었다. 후일 유방의 '책사 중 책사'가 된 진평 역시 항우에게 의심을 받고 목숨이 위태로워지자 진영을 이탈해 유방에게로 넘어갔다. 항우의 심복이던 장군 경포(黥布)도 마찬가지였다.

이처럼 항우는 뛰어난 인물을 의심해 스스로 내쳤고, 그들 모두가 적장 유방의 진영으로 넘어가 그에게 전력을 보태었으니 항

---

8 관인(官印) 또는 공인(公印)의 총칭으로, 관직이나 봉토를 하사할 때 증표로서 함께 수여했다.

우의 실패는 너무도 당연한 일이었다.

손자는 첫 편 「계」에서 마지막 편인 「용간」에 이르기까지, 장수의 덕목과 인재 기용의 중요성을 거듭 강조한다. 항우는 영웅의 힘을 지녔으나 군주가 될 마음 씀씀이는 가지지 못했다.

인재를 통해 승리의 씨앗을 뿌려라
– 한무제의 능력 중심 인재 등용

항우와 정반대인 인물이 바로 한무제(漢武帝)다. 그는 한나라의 전성시대를 이끈 황제로, 특히 끊임없이 중국을 위협하던 북방의 흉노를 격파해 대륙에서 완전히 몰아내는 업적을 세웠다. 그가 이러한 성취를 이룰 수 있었던 핵심은 바로 탁월한 인재 등용에 있었다.

한무제의 원칙은 '유재시거'(惟才是擧), 곧 재능이 있으면 발탁한다는 것이었다. 그는 출신보다 능력을 중시했다. 재상 공손홍(公孫弘)은 원래 돼지를 치던 사람이었고, 어사대부 복식(卜式)은 양치기, 상홍양(桑弘羊)은 장사치 출신이었다. 마찬가지로 어사대부를 지낸 아관(兒寬), 엄조(嚴助), 주매신(朱買臣) 등도 모두 빈한한 평민이었으며, 최고 법관 정위(廷尉)의 자리까지 오른 장탕(張湯), 두주(杜周), 조우(趙禹)는 모두 말단 실무직인 아전(衙前)에서 선발되었다. 황후 위자부(衛子夫) 역시 본래 노비였다.

한무제는 심지어 흉노와 월족 등 이민족 출신의 장군도 중용했다. 흉노 토벌을 이끈 명장 위청(衛靑)은 노예 출신이었고, 진미디

[金日磾 김일제]는 궁중에서 말을 기르던 흉노 포로 출신이었다. 한무제는 죽음을 앞두고 진미디를 곽광(霍光), 상관걸(上官桀)과 함께 섭정으로 임명하며 어린 황제를 잘 부탁한다는 유언을 남길 정도로 그를 신임했다.

이들은 모두 출신은 비천했지만, 능력을 알아봐준 한무제 덕분에 재능을 발휘하여 한나라의 흥성을 이끌 수 있었다. 한무제의 치세는 가히 '인재 경제'(人才經濟)의 시기라고 칭할 만했다.

또한 한무제는 각급 관청에 명하여 현량방정(賢良方正)하고 직언과 간언을 주저하지 않는 선비를 추천하게 하는 찰선(察選)[9] 제도를 시행했다. 재상 공손홍과 중국 문명에 유교를 정착시킨 동중서(董仲舒)도 이러한 현량(賢良) 시험[10]을 거쳐 중용되었다. 이 밖에 공거상서(公車上書) 제도를 시행해 관리와 백성 누구나 황제에게 직접 국정에 관한 의견을 올릴 수 있게 하고, 좋은 의견을 낸 자에게는 특별한 관직을 내렸다. 주매신, 동방삭(東方朔), 주보언(朱博) 등은 모두 이 제도를 통해 중신이 될 수 있었다.

나아가 한무제는 각 군(郡)에 조서를 내려 해마다 한 명의 효자와 청렴한 관리, 즉 렴리(廉吏)를 추천하도록 했다. 당시 한나라에는 1백 곳이 넘는 군이 있었으므로 매년 2백 명이 넘는 효렴(孝廉)

9　찰거(察擧)라고도 하였다. 즉, 살펴서[察] 천거한다는 뜻이다.

10　지방에서 천거된 인재 현량(賢良)은 중앙에 올라와 정치 문제에 답하는 시험을 치렀는데, 이를 책문(策問)이라 불렀다. 죽편을 묶어 만든 책(策)에 문제를 적어 출제했기 때문이다. 이에 각 현량이 답하는 것은 대책(對策)이라 했다. 훗날 대책이라는 단어는 '어떤 문제를 해결하기 위한 방안'이라는 뜻으로 쓰이게 되었다.

이 조정에 추천되었다.

반고(班固)는 『한서』(漢書)에서 이를 칭송하며 "한나라의 인재를 얻은 것은, 이 시기에 가장 성하였도다!"라고 기록했다.

항우가 인재를 아끼지 않아 스스로 무너진 것과 달리, 한무제는 인재를 널리 불러들여 승리의 토대를 마련하고 나라의 중흥을 이끌었다.

제3편

모공

謀攻

싸우지 않고 이기는 법

'모공'(謀攻)이란 문자 그대로 '모'(謀), 즉 지략과 계책으로 적을 공격한다는 뜻이다. 이는 단순한 힘의 대결이 아닌, 계책과 정보를 활용해 승리를 거두고자 하는 손자의 정신을 상징적으로 보여준다.

이 편에서 다루는 내용은 크게 두 가지이다. 첫 번째는 모공을 통해 적군을 무너뜨리는 용병의 원칙과 그 목표이다. 전쟁에는 희생이 따를 수밖에 없으므로, 최선의 목표는 직접 충돌을 피하고 최소의 희생으로 최대의 성과를 얻는 것이다.

두 번째는 지승(知勝), 즉 승패를 미리 헤아리는 통찰력이다. 손자는 적과 아군의 상황을 명확히 파악한 후, 이를 바탕으로 승패를 예측하고 전략을 수립하는 일의 중요성을 거듭 강조한다.

이를 설명하기 위해 손자는 『손자병법』을 대표하는 명제를 제시한다. 바로 '지피지기 백전불태'(知彼知己, 百戰不殆), "상대를 알고 나를 알면 백 번 싸워도 위태롭지 않다"는 구절이다.

결국 전쟁의 궁극적 목표는 '전승'(全勝), 즉 '온전한 승리'를 거

079

두는 것이며 '지피지기 백전불태'는 그 목표를 이루기 위한 핵심 원칙이다. 이 구절에는 정보를 수집하고 지모를 극대화하여 이겨 놓고 싸운다는 손자의 전략적 사고가 집약되어 있다.

싸우지 않고 이기는 것이 최고의 전략이다

1 손자는 말한다.

무릇 용병의 원칙은 적국으로 하여금 스스로 싸우지 않고 항복하게 만드는 것[全國 전국]이고, 무력으로써 적국을 무너뜨리는 것[破國 파국]은 그다음이다. 마찬가지로 적의 전군(全軍)이 싸우지 않고 항복하게 하는 것이 상책이고, 무력으로써 전군을 무너뜨리는 것[破軍 파군]은 그다음이다. 적의 부대[全旅 전려]가 싸우지 않고 항복하게 하는 것이 상책이고, 무력으로써 적의 부대를 무너뜨리는 것[破旅 파려]은 그다음이다. 적의 중대[全卒 전졸]가 싸우지 않고 항복하게 하는 것이 상책이고, 무력으로써 적의 부대를 무너뜨리는 것[破卒 파졸]은 그다음이다. 적의 소대[全伍 전오]가 싸우지 않고 항복하게 하는 것이 상책이고, 무력으로써 적의 소대를 무너뜨리는 것[破五 파오]은 그다음이다.[1] 그러므로 백 번 싸워 백 번 이기는 것

---

1 후대 해설가들은 이 내용을 간추려 "오전(五全)을 지키고, 오파(五破)를 피하라"고 표현했다. 오전(五全)은 '온전히 지켜야 할 다섯 가지 대상'이라는 뜻으로, 전국(全國)·전군(全軍)·전려(全旅)·전졸(全卒)·전오(全伍)를 묶어 부르는 용어다. 반대로 오파(五破)는 '되도록 피해야 할 다섯 가지 파멸'이라는 뜻으로, 파국(破國)·파군(破軍)·파려(破旅)·파졸(破卒)·파오(破伍)를 가리킨다. 한편, 국가를 칭하는 국(國) 외에 군(軍)·여(旅)·졸(卒)·오(伍)는 춘추전국시대의 군대 편제 단위이다. 군은 2,500명, 여는 500명, 졸은 100명, 오는 5명으로 구성된다.

이 최선이 아니라, 싸우지 않고도 적을 굴복하게 만드는 것이 최고의 책략이다.

2   따라서 용병의 최고 책략은 전쟁을 하지 않고 모략으로써 적을 굴복시키는 것[伐謀 벌모]이다. 그다음은 적의 외교 동맹을 와해시켜 고립시키는 것[伐交 벌교]이고, 다음은 무력으로써 승리를 거머쥐는 것[伐兵 벌병]이다. 적의 성을 격파하는 공성(攻城)은 최악의 책략으로, 다른 선택이 없을 때 부득이하게 취하는 방식이다.

3   공성을 위해서는 대형 방패와 대형 사륜차 같은 각종 공성 무기를 제작하는 데만 최소 3개월이 필요하고, 흙산을 쌓는 데도 최소 3개월이 소요된다. 만약 장수가 조급한 마음을 억누르지 못하고 병사들에게 개미처럼 사다리를 타고 올라가 성을 공격하라는 명령을 내리면, 병사 가운데 3분의 1을 잃고도 적의 성을 함락하지 못할 수도 있다. 이것이 공성의 위험성이다.

4   그러므로 용병에 능한 자는 적을 굴복시키되 전쟁을 하지 아니하고[非戰 비전], 성을 빼앗되 강공에 의존하지 아니하며[非攻 비공], 적국을 멸망시키더라도 장기간 지구전을 벌이지 않는다[非久 비구].[2] 그들은 온전한 승리[全勝 전승]의 책략을 추구함으로써 천하를 다투며, 국력과 병력의 손실 없이 승리의 이익을 온전히 거둔다. 이것이야말로 모략으로 적을 격파해 승리를 거둘 수 있는 법칙이다.

5   실제 용병 방법은 다음과 같다. 아군 병력이 적군의 열 배이면

---

2   손자는 비전(非戰), 비공(非攻), 비구(非久)의 '삼비'(三非)를 견지하고자 했다.

포위 섬멸 작전을 실시한다. 다섯 배이면 적군에 맹공을 가한다. 두 배이면 적군을 분산시켜 각개 격파한다. 병력이 서로 대등하면 능히 적군과 대적할 수 있다. 아군 병력이 적에 비해 적으면 적으로부터 벗어난다. 아군의 힘이 적에 미치지 못하면, 최대한 적과의 교전을 피한다. 약소한 소부대가 강대한 대부대에 결사 저항하면 포로가 된다.

⑥   장수는 국군(國君)을 보좌(補佐)하는 자이다. 장수가 보좌를 주도면밀하게 수행하면 국가는 반드시 강성해지고, 보좌에 결함이 있으면 국가는 곧 쇠락한다.

① 孫子曰: 凡用兵之法, 全國爲上, 破國次之; 全軍爲上, 破軍次之; 全
　　손 자 왈　 범 용 병 지 법　 전 국 위 상　 파 국 차 지　 전 군 위 상　 파 군 차 지　 전

旅爲上, 破旅次之; 全卒爲上, 破卒次之; 全伍爲上, 破伍次之. 是
려 위 상　 파 려 차 지　 전 졸 위 상　 파 졸 차 지　 전 오 위 상　 파 오 차 지　 시

故百戰百勝, 非善之善者也; 不戰而屈人之兵, 善之善者也.
고 백 전 백 승　 비 선 지 선 자 야　 불 전 이 굴 인 지 병　 선 지 선 자 야

② 故上兵伐謀, 其次伐交[1], 其次伐兵, 其下攻城. 攻城之法, 爲不得
　　고 상 병 벌 모　 기 차 벌 교　　 기 차 벌 병　 기 하 공 성　 공 성 지 법　 위 부 득

已. ③ 修櫓轒轀[2], 具器械, 三月而後成; 距闉[3], 又三月而後已.
이　　　　 수 로 분 온　 구 기 세　 삼 월 이 후 성　 거 인　　 우 삼 월 이 후 이

將不勝其忿, 而蟻附之[4], 殺士三分之一, 而城不拔者, 此攻之災
장 불 승 기 분　 이 의 부 지　　 살 사 삼 분 지 일　 이 성 불 발 자　 차 공 지 재

也.
야

④ 故善用兵者, 屈人之兵而非戰也, 拔人之城而非攻也, 毁人之國
　　고 선 용 병 자　 굴 인 지 병 이 비 전 야　 발 인 지 성 이 비 공 야　 훼 인 지 국

而非久也, 必以全爭於天下, 故兵不頓[5]而利可全, 此謀攻之法也.
이 비 구 야　 필 이 전 쟁 어 천 하　 고 병 부 돈　 이 리 가 전　 차 모 공 지 법 야

⑤ 故用兵之法, 十則圍之, 五則攻之, 倍則分之, 敵[6]則能戰之,
　　고 용 병 지 법　 십 즉 위 지　 오 즉 공 지　 배 즉 분 지　 적　 즉 능 전 지

083

少則能逃之, 不若則能避之. 故小敵之堅, 大敵之擒也.
소 즉 능 도 지 불 약 즉 능 피 지 고 소 적 지 견 대 적 지 금 야

6 夫將者, 國之輔也. 輔周則國必强, 輔隙則國必弱.
부 장 자 국 지 보 야 보 주 즉 국 필 강 보 극 즉 국 필 약

※ 한자 풀이

1) 交(교) '외교'라는 의미로서 벌교는 적국의 동맹국을 와해시키고 자신의 동맹국은 공고화함으로써 적국을 고립시켜 결국 항복하게 만드는 것이다.

2) 轒輼(분온) 성을 공격하는 대형 목조 사륜차를 말한다.

3) 距闉(거인) 성을 공격하기 위해 흙으로 쌓은 산을 가리킨다.

4) 而蟻附之(이의부지) '개미처럼 성벽을 기어오르다'라는 뜻이다.

5) 頓(돈) '부서지다'라는 의미로 '손실' 혹은 '희생'이라고 해석한다.

6) 敵(적) '대등하다'라는 의미이다.

싸우지 않고 승리하는 길을 찾아서

-『손자병법』은 비전쟁론이다

「모공」편에서 손자는 "싸우지 않고도 적을 굴복하게 만드는 것이 최고의 책략"[不戰而屈人之兵 불전이굴인지병]이라고 하였다. 이를 실현하기 위한 최상의 방법은 '벌모'(伐謀), 즉 전투 없이 모략으로 승리를 거두는 것이다.

『손자병법』은 그저 이기는 방법을 추구하는 것이 아니라 싸우지 않고도 승리할 수 있는 길을 찾는 데 초점을 둔다. 그래서 손자는 되도록 전쟁을 피하되, 피치 못할 상황이 오면 먼저 승리할 수

있는 조건을 만든 뒤 전쟁을 시작해야 한다는 철저한 원칙을 내세운다.

이러한 점에서 『손자병법』은 단순한 '전쟁론'을 다루는 것이 아니라, 전쟁에 최대한 신중해야 한다는 철학을 담은 '비전쟁론'(非戰爭論)이라고 할 수 있다.

온전한 승리를 추구하라
– 전(全)을 모르면 『손자병법』을 알 수 없다

『손자병법』에 익숙하더라도 이 병법서의 핵심이 '전'(全)이라는 한 글자에 담겨 있다는 사실을 파악하기는 쉽지 않다. 사실 전(全)이야말로 손자의 사상 전체를 관통하는 전략 개념으로, 가장 이상적인 전쟁의 원칙이자 목표이다.

손자의 병법은 크게 전승책(全勝策)과 전승책(戰勝策) 두 가지로 요약할 수 있다. 우리말 표기는 같지만 그 의미는 전혀 다르다. 전승(戰勝)의 '전'(戰)은 싸움이라는 의미이디. 말 그대로 싸워서 이기는 것, 우리가 일반적으로 떠올리는 전쟁의 승리를 뜻한다. 반면 전승(全勝)의 '전'(全)은 온전하다는 의미로, 싸움 없이 온전히 이기는 것, 피해 없이 전쟁을 종결짓는 이상적인 상태를 말한다.

바로 이 지점에서 『손자병법』은 전쟁의 본질에 대한 깊은 통찰을 보여준다. 손자는 전쟁이야말로 국가와 인간에게 돌이킬 수 없는 위협이라고 여겼다. 그는 「화공」편에서 다음과 같이 말한다.

"분명한 이익이 없다면 행동해서는 안 된다. 승리한다는 보장이 없다면 군대를 일으켜서는 안 된다. 상황이 위급하지 않다면 결코 가볍게 전쟁을 벌여서는 안 된다. … 국가의 장기적 이익에 부합하지 않으면 군대를 움직여서는 안 된다. … 국가는 멸망하면 되돌릴 수 없고, 사람의 목숨은 더더욱 되살릴 수 없다"[非利不動, 非得不用, 非危不戰 … 合於利而動 … 亡國不可以復存, 死者不可以復生 비리부동 비득불용 비위부전 합어리이동 망국불가이복존 사자불가이복생].

이처럼 『손자병법』이 추구하는 이상은 싸우지 않고 온전한 승리를 거두는 것이다. 또한 이 개념은 아군의 피해를 줄이는 데 그치지 않고, 적군의 피해 또한 최소화하면서 전체 국면의 안정을 꾀하는 전략으로 나아간다. 잘 알려져 있듯, 전쟁은 국가와 개인의 재화를 철저히 파탄시키고 수많은 생명을 앗아간다. 불필요한 살상과 파괴에는 막대한 복구 비용이 따르며, 적국의 반발까지 부른다. 적국의 원한은 훗날 또 다른 갈등의 씨앗이 된다.

그리하여 손자는 이 모든 악순환을 피하기 위해, 전쟁 자체를 막고 평화로운 항복을 이끌어내는 전략, 즉 전국(全國)이 최상책이라고 보았다.

결국 전(全)은 국토, 백성, 물자 등이 완전하게 갖추어진 상태를 말하는 '정전'(整全)이라는 목표와, 모든 것을 두루 갖추고 상황에 대비하는 '주전'(周全)이라는 전략을 가리킨다. 동시에 스스로 무너지지 않게 지키는 '보전'(保全)을 뜻하기도 한다. 그러므로 '전'(全)은 『손자병법』이 지향하는 최고의 이상이며, 그에 반해 '파'(破)는 불가피한 상황에서 선택하는 최후의 수단이다.

이에 따라 손자는 전쟁 방식의 원칙으로 '삼비'(三非), 즉 전쟁하지 않고, 공격하지 않고, 오래 끌지 않는 비전(非戰), 비공(非攻),

비구(非久)를 제시한다.

또한 그는 승리를 위한 방책을 네 단계로 설명한다. 그가 최상책으로 여기는 '벌모'(伐謀)는 싸우지 않고 모략으로 승리를 거두는 것이다. 그다음의 중책은 '벌교'(伐交)로, 외교 수단으로 승리를 거두는 것인데, 비록 전쟁보다는 덜하나 적지 않은 비용과 노력이 필요하기 때문이다. 하책은 '벌병'(伐兵)으로 군사를 내어 전쟁으로 승리를 거두는 것이다. 마지막으로 최악의 방책은 '공성'(攻城), 즉 적의 성을 공격하는 것이다. 무수한 인명 손실과 물적 피해가 따르기 때문이다.

이처럼 손자가 말하는 용병의 원칙과 이상은 최소의 희생으로 온전한 결과를 추구하는 '전'(全) 한 글자에 집약되어 있다. 마치 유교 사상에서 인(仁)이 인간의 도리를 말하는 중심 개념이듯, 『손자병법』이 궁극적으로 지향하는 중심 개념은 전(全)이다.

한발 빠른 정보가 판세를 바꾼다
- 조국을 구한 상인의 꾀

춘추전국시대, 중국 최초의 통일 왕조를 세운 진나라는 천하제일의 강대국이었다. 어느 날 진나라는 소국 정나라를 침공하기로 결정하고, 대군을 동원해 진격하던 도중에 진을 쳤다.

이때 마침 정나라 상인 현고(弦高)가 소 12마리를 끌고 주나라로 가던 길에 우연히 진나라 군대를 마주쳤다. 진나라가 정나라를 치러 간다는 사실을 알아챈 그는 즉시 정나라 왕에게 사자를 보내 이 소식을 알리고 방비를 갖추게 했다.

그러고는 한 가지 꾀를 내어 자신의 소 12마리를 이끌고 진나라 장군을 찾아가 이렇게 말했다.

"정나라 군주는 진나라가 징벌하러 온다는 소식을 듣고, 조심스럽게 방비를 갖추었습니다. 이 소 12마리는 원정 중인 진나라 군사를 위로하라는 분부를 받고 제가 대신 데려온 것입니다."

진나라 장군들은 예상치 못한 상황에 당황하며 서로 이마를 맞대고 의논했다.

"아무래도 정나라가 우리의 계획을 알아차린 모양이오. 지금 공격해봤자 실패할 가능성이 클 것 같소."

결국 진나라는 정나라 침공을 포기하고 그 자리에서 철수했다.

한 상인의 계책으로 대국의 침공을 막아낸 이 사건은, 손자가 가장 고명한 책략으로 꼽은 벌모(伐謀), 즉 "전쟁을 하지 않고 모략으로써 적을 굴복시키는" 병법의 정수를 보여준다.

강자를 이기려면 연합하라
– 진나라의 발을 묶은 소진의 합종책

전국시대는 칠웅(七雄)이라 하여 진(秦), 초(楚), 연(燕), 제(齊), 조(趙), 한(韓), 위(魏) 일곱 나라가 천하의 패권을 두고 피비린내 나는 혈투를 벌이던 시기였다.

이 가운데 서북쪽에 자리한 진나라가 유독 강성한 국력으로 앞서 나가자, 여섯 나라 사이에 종적(縱的) 동맹을 맺어 맞서자는

‘합종책’(合從策)이 제기되었다. 이 전략을 주도한 인물은 바로 주나라의 소진(蘇秦)이다.

한편, 각 나라가 진나라와 횡적(橫的)으로 화친을 맺고 나라의 안녕을 유지하자는 ‘연횡책’(連橫策)을 주장하는 자도 있었다. 그는 위나라 출신으로 훗날 진나라 재상이 된 장의(張儀)였다.

이들은 치열하게 우열을 다투었다. 소진은 여섯 나라를 순회하며 뛰어난 언변과 전략으로 각국 군주를 설득했다. 그의 언변은 웅장하고 호방하며 날카로우면서도 물 흐르듯 유려했고 기세가 드높았다. 때로는 과장이나 비유를 활용하고 때로는 경전이나 고사를 인용했으며, 때로는 감정에 호소하고 때로는 이성에 근거해

소진과 장의의 합종연횡책 왼쪽은 소진, 오른쪽은 장의의 그림이다. 합종연횡은 오늘날 이해관계에 따라 뭉치거나 흩어지는 것을 일컫는 표현으로 쓰인다. 이는 본래 중국 전국시대에 행해졌던 외교술로, 소진은 여섯 나라가 동등하게 연합해 진나라에 대항하자는 합종책을 주장했고, 장의는 그에 맞서 여섯 나라가 각각 화친을 맺자는 연횡책을 주창했다.

 제3편×모공

논리를 전개했다. 상황마다 서로 다른 논리를 내세우며 설복해나간 소진은 마침내 6국 합종을 이뤄냈다.

그 결과, 진나라는 무려 15년 동안 국경 요충지인 함곡관(函谷關)을 벗어나지 못하게 되었다. 전쟁 없이 외교만으로 강대국의 확장을 저지한 이 전략은, 손자가 말하는 벌교(伐交), 즉 외교적 제압의 대표 사례로 손꼽힌다.

작은 틈이 큰 균열을 만든다
– 진나라의 통일을 이끈 장의의 연횡책

소진의 합종책에 맞선 장의 또한 지략에서 결코 뒤지지 않았다. 당시 초나라와 제나라는 합종 노선에 따라 동맹을 맺고 우호적인 관계를 유지하고 있었다. 장의는 이 동맹을 깨기 위해 직접 초나라 회왕(懷王)을 설득하러 나섰다.

회왕은 장의가 온다는 소식을 듣고 가장 좋은 숙소를 마련해두고 몸소 그곳까지 찾아와 장의를 만났다.

"벽지의 낙후된 우리나라까지 오셨는데, 좋은 계책이 있겠는지요?"

그러자 장의가 대답했다.

"대왕께서 진실로 저의 의견을 들어주실 수 있다면, 제나라와의 왕래를 단절하십시오. 그러면 우리 진나라는 상(商)과 어(於) 지역 일대의 6백 리 땅을 드리겠습니다. 또한 공주를 보내 대왕의 처자가 되게 하여 영원히 형제의 연을 맺겠습니다. 이로써 초나라는 장차 북쪽으로는 제나라를 견제하고, 서쪽으로는 진나라와 두터운 관계를 유지할 수 있으니 이보다 더 좋은 계책은 없습니다."

초나라 회왕은 크게 기뻐하며 장의의 제안을 받아들였고, 제나라와 국교를 끊었다. 그러고는 초나라 재상의 인수(印綬)를 장의에게 주고[3] 장군 하나가 그를 수행하게 하여 진나라로 많은 선물을 보냈다.

하지만 장의는 진나라에 도착하자마자 일부러 수레에서 떨어진 뒤, 그 핑계로 석 달이나 조정에 나가지 않았다. 이 소식을 들은 초나라 왕은 불안해하며 조바심을 냈다.

"장의가 과인이 제나라와 단교한 것만으로는 아직 충분하지 않다고 여기는 듯하구나."

그는 곧 송나라의 부절(符節)을 빌려 제나라로 장수를 파견했다.[4] 초나라의 장수는 제나라 왕을 맹렬히 비난했고, 크게 화가 난 제나라 왕은 스스로 진나라의 신하가 되겠다 자처하며 화친을 청했다.

장의는 그제야 완쾌되었다며 조정에 나다나 초나라 장수에게 말했다.

---

3 인수는 관직이나 특권을 나타내는 도장[印]을 몸에 차기 위한 끈[綬]을 뜻한다. 즉 이 구절은 장의에게 초나라 재상의 권한을 부여했다는 의미이다.

4 부절은 주로 사신이 가지고 다니던 신분의 증표로, 하나를 둘로 갈라 한쪽은 조정에 두고 한쪽은 몸에 지니고 다니며 신분을 증명했다. 당시 초나라는 이미 제나라와 국교를 단절한 상태였기에, 송나라의 부절을 빌려 제나라로 사람을 보낸 것이다.

“제게 진왕께서 하사하신 땅 6리가 있으니, 약속한 대로 대왕께 드리겠소.”

그러자 초나라 장수가 놀라며 대답했다.

“대왕의 사명을 받잡고 6백 리 땅을 받으러 왔거늘, 고작 6리라니 그런 말은 듣지 못했소이다.”

장수가 귀국하여 초나라 왕에게 이 사실을 보고하자 격분한 왕은 즉시 장군 굴개(屈匄)를 보내 진나라를 공격했다. 그러나 진나라와 제나라의 동맹군에 대패하여 병사 8만 명을 잃었고 장군 굴개도 전사했다. 이윽고 단양(丹陽)과 한중(漢中) 땅까지 빼앗긴 초나라는 설상가상으로 남전(藍田) 전투에서도 연패하며 국력이 급속히 쇠락했다.

이로써 소진이 이끈 6국의 합종책은 붕괴되었고, 진나라는 천하 통일을 향한 탄탄대로를 열 수 있었다. 이 또한 정보와 심리, 외교를 활용해 적국을 무너뜨린 벌교의 대표 사례이다.

적을 교란해 스스로 무너지게 하라
– 위나라 사신으로 간 상앙

상앙(商鞅)은 본래 위나라 출신이었으나, 개혁 성향 때문에 자국에서 인정받지 못하고 오히려 숙청당할 위기에 몰렸다. 그는 결국 진나라로 망명했고, 상앙변법(商鞅變法)을 통해 진나라를 부강하게 만들어 이름을 널리 떨쳤다.

당시 진나라의 가장 시급한 외교적 목표는 위나라에 빼앗긴 하서(河西) 지방을 되찾는 것이었다.

기원전 344년, 상앙은 진나라 사신 자격으로 위나라에 파견되어 위나라 혜왕(惠王)을 접견했다. 당시 위나라의 국력은 빠르게 성장하고 있었고, 야심찬 혜왕은 천하의 패자가 되기를 갈망하고 있었다. 이를 간파한 상앙은 혜왕의 자만심과 야욕을 자극하고 주변국과의 긴장을 높이려 했다.

그는 아첨과 감언이설로 혜왕을 부추겼고, 강대국 진나라의 사신에게 인정받았다고 믿은 혜왕은 점점 우쭐해졌다. 결국 그는 스스로 '왕'이라 칭하며 주변 12국의 군주를 불러 회맹(會盟)을 주도했고, 자신이 천하의 중심이라고 자처했다.

이러한 위나라의 행보는 제나라와의 외교적 긴장을 격화시켰고, 결국 마릉(馬陵) 전투라는 대규모 충돌로 이어졌다. 이 전투에서 손자의 후손인 제나라의 병법가 손빈(孫臏)이 계책을 내어 위나라 장수 방연(龐涓)이 전사했고, 크게 패한 위나라는 급격히 힘을 잃었다.

때를 기다리던 진나라는 2년 뒤, 상앙을 장군으로 삼아 위나라를 내싸하고, 마침내 숙원이넌 하서 지방 수복을 이뤄냈다. 위나라가 전쟁을 자초하도록 유도하는 벌교 전략으로 우위를 확보했던 것이다.

적을 알고 나를 알면 위태롭지 않다

① 군주가 군대를 해롭게 하는 경우는 세 가지가 있다. 공격할 수 없는 상황임을 알지 못한 채 공격 명령을 내리거나, 퇴각할 수 없는 상황임을 알지 못한 채 퇴각을 명하는 것, 이를 미군(縻軍)[5]이라 한다. 군주가 군정(軍政)을 이해하지 못하고 군정에 간여하면, 군사는 혼란을 느낀다. 군주가 전략 전술을 알지 못하고 지휘에 간여하면, 군사는 의심을 품는다. 이처럼 군사가 혼란과 의심에 빠지면 다른 나라들이 기회를 틈타 군사를 일으킨다. 이것을 군대를 어지럽혀 적에게 승리를 불러주는 것[亂軍引勝 난군인승]이라 한다.

② 승리를 예측할 수 있는 정황이 다섯 가지가 있다. 첫째, 어떠한 정황에서 적과 교전해야 하고 하지 말아야 하는지를 파악하면 승리한다. 둘째, 병력의 규모를 근거로 적절한 전략을 채택하면 승리한다. 셋째, 장수와 사병이 한마음 한뜻으로 적개심을 가지면 승리한다. 넷째, 준비된 군대가 준비되지 않은 적에게 승리한다. 다섯째, 장수가 능력을 발휘하고 군주가 함부로 간여하지 않으면 승리한다. 이 다섯 가지가 승리를 예측하는 기본 조건이다.

---

5 '군대를 묶어버리는 것'이라는 의미로, 굴레와 고삐를 뜻하는 기미(羈縻)와 같은 표현이다.

③ 그러므로 적을 알고 나를 알면 백 번을 싸워도 위태롭지 않다. 적을 알지 못하고 나를 알면 이길 수도 있고 질 수도 있다. 적을 알지 못하고 나 자신도 알지 못하면 싸울 때마다 패할 것이다.

① 故君之所以患於軍者三: 不知軍之不可以進, 而謂之進, 不知軍
고군지소이환어군자삼　부지군지불가이진　이위지진　부지군

之不可以退, 而謂之退, 是爲縻軍; 不知三軍之事, 而同三軍之政,
지불가이퇴　이위지퇴　시위미군　부지삼군지사　이동삼군지정

則軍士惑矣; 不知三軍之權, 而同三軍之任, 則軍士疑矣. 三軍旣
즉군사혹의　부지삼군지권　이동삼군지임　즉군사의의　삼군기

惑且疑, 則諸侯之難至矣, 是謂亂軍引勝.
혹차의　즉제후지난지의　시위난군인승

② 故知勝有五: 知可以戰與不可以戰者勝, 識衆寡之用者勝, 上下
고지승유오　지가이전여불가이전자승　식중과지용자승　상하

同欲者勝, 以虞1)待不虞者勝, 將能而君不御者勝. 此五者, 知勝
동욕자승　이우　대불우자승　장능이군불어자승　차오자　지승

之道也.
지도야

③ 故曰: 知彼知己, 百戰不殆; 不知彼而知己, 一勝一負; 不知彼不
고왈　지피지기　백전불태　부지피이지기　일승일부　부지피부

知己, 每戰必敗.
지기　매전필패

※ **한자 풀이**

1) 虞(우) '준비'라는 뜻이다.

적과 나의 역량을 올바로 진단하라
– 이신의 자만과 왕전의 통찰

왕전(王翦)은 진시황 시대 진나라의 명장이다. 이 무렵 진나라에는 이신(李信)이라는 젊고 용맹한 장수가 있었는데, 진시황은 그를 현명하고 용감한 인물로 높이 평가했다.

어느 날 진시황은 이신에게 물었다.

"과인이 초나라를 공격하려 하오. 장군이 보기에는 몇 만의 군대로 충분하겠소?"

그러자 이신은 주저 없이 대답했다.

"20만이면 충분하겠습니다."

진시황은 노장 왕전에게 같은 질문을 했다. 왕전은 신중하게 답했다.

"60만의 병력이 아니면 어렵사옵니다."

진시황은 왕전의 말을 못마땅하게 여기며 말했다.

"왕 장군도 이제 늙었구려. 어찌 그리 겁이 많소? 이신 장군은 젊고 과단성도 있으며 용감하오. 나는 그의 말이 옳다고 생각하오."

그리하여 진시황은 이신과 몽염을 장군으로 삼아 20만 군사를 이끌고 초나라를 공격하게 했다. 왕전은 자신의 의견이 묵살되고 오히려 비난만 받자 병을 핑계 삼아 고향으로 내려갔다.

초기에는 이신과 몽염이 각각 나뉘어 초나라를 공격해 여러 차례 승리를 거두었다. 이신은 초나라 서쪽 지방을 공략하며 전진했고, 몽염과 합류하기 위해 강행군을 이어갔다. 그러나 이때 초나라 군대가 조용히 이신의 뒤를 추격해, 사흘째 되는 날 휴식 중인 이신의 군대를 기습했다. 갑작스러운 공격에 이신의 군은 대혼란에 빠졌고, 일곱 명의 장수가 전사하는 등 참패를 면하지 못했다. 진나라로서는 보기 드문 패전이었다.

진시황이 이 소식을 듣고 크게 분노했고, 즉시 수레를 몰아 왕전의 고향으로 찾아가 사죄했다.

"과인이 장군의 고견을 듣지 아니한 까닭에 이처럼 큰 참패를 겪게 되었소. 듣자 하니 지금 초나라 군대가 국경으로 빠르게 접근 중이라 하오. 장군께서 병이 있으시다 하나, 어찌 과인을 외면하시겠소?"

왕전은 겸손하게 사양하며 대답했다.

"이 늙은 몸은 이미 지치고 병들어 정신마저 흐릿하니 도무지 쓸모가 없사옵니다. 부디 다른 훌륭한 장수를 찾으시지요."

하지만 진시황은 재차 간청했다.

"제발 그러지 마오. 과인이 잘못했소. 장군께선 다시는 그런 말씀 마시오."

이에 왕전이 못 이기는 척 왕의 청을 받아들이며 말했다.

"대왕께서 진정 이 몸을 써야 하신다면 더는 사양치 않겠습니다. 그러나 이번에는 반드시 60만 대군이 필요할 것입니다."

"좋소. 오직 그대의 뜻을 따르리다."

진시황은 거듭 동의하며 고개를 끄덕였다.

그리하여 왕전은 60만 대군을 이끌고 초나라를 향해 출정했다. 이 소식을 들은 초나라는 즉시 전국의 군사를 총동원하여 맞섰다. 하지만 왕전은 초나라 군대와 대치하지 않고, 견고한 진지를

　　　　　　　　　제3편×모공

구축하여 방어에만 집중했다. 초나라 군이 여러 차례 도발했지만 왕전은 반응하지 않았다.

그는 다만 병사들을 충분히 쉬게 하고, 목욕하게 하며 넉넉한 음식을 제공했다. 때때로 병사들과 함께 식사하며 사기를 북돋우기도 했다.

한동안 시간이 흐른 뒤, 왕전은 부하를 보내 병사들의 동정을 살폈다.

"병사들이 무엇을 하고 있는가?"

돌아온 대답은 이러했다.

"병사들이 돌 던지기와 뜀뛰기 놀이를 하고 있습니다."

이 말을 들은 왕전은 무릎을 치며 말했다.

"이제 됐다! 병사들의 몸과 마음이 다 회복되었으니, 싸울 때가 되었도다."

한편 초나라 군대는 진나라가 전혀 싸울 기색을 보이지 않고 장기전에 들어가자 식량 부족을 겪게 되었다. 결국 초군은 동쪽으로 철수하기 시작했고, 이때만을 기다려왔던 왕전은 마침내 전군을 이끌고 추격에 나섰다. 그는 장사들을 선봉에 세워 초나라 군대를 대파하고 명장 항연(項燕)을 참살했다. 이로써 초군은 완전히 붕괴되었다. 진나라는 이 기세를 몰아 초나라의 주요 거점을 연달아 함락하고, 불과 1년 만에 초왕 부추(負芻)를 사로잡고 초나라를 멸망시켰다.

이 일화에는 군주의 잘못된 판단이 군대를 속박한다는 사실과, 적을 알고 나를 알면 위태롭지 않다는 『손자병법』의 지혜가 고스란히 담겨 있다. 경험이 부족한 이신은 자신의 역량을 제대로 헤아리지 못해 패했고, 나와 적을 모두 잘 알았던 노회한 장수 왕전은 병력의 규모와 적절한 전략, 병사들의 상태, 그리고 교전의 시기를 정확히 판단해 대승을 거둘 수 있었다.

전장에서 피어난 노자의 철학
– 평화를 꿈꾼 손자의 병법

『손자병법』에는 노자의 도가(道家) 사상이 깊숙이 스며 있다. 책의 첫 장을 여는 「계」편은 전쟁의 승패를 결정하는 다섯 가지 요소인 오사(五事)에 대한 논술로 시작된다. 그중 첫 번째 요소로 언급되는 것이 바로 노자 사상의 중심 개념인 '도'(道)이다. 이로써 손자가 노자에게 큰 영향을 받았음을 충분히 짐작할 수 있다. 도가는 인위적 개입을 최소화하고 자연의 도리에 순응하는 것을 중시하는 사상으로, 무위(無爲), 상선약수(上善若水), 비전(非戰)과 같은 개념을 통해 정치는 물론 전쟁에 대한 인식에도 깊은 영향을 끼쳤다.

손자는 결코 전쟁을 미화하거나 부추기지 않았다. 그는 진(秦)나라 상앙처럼 끊임없는 정

노자 춘추시대의 사상가로 도가(道家)의 시조이자, 제자백가의 시초이다. 처음으로 인간이 가야 할 길, 즉 도(道)에 대한 통찰을 했다. 말년에 소를 타고 함곡관 밖으로 나간 이후 흔적 없이 사라졌다고 한다.

복 전쟁을 강조한 주전론자(主戰論子)와는 전혀 다른 길을 걸었다. 주전론이 국가를 일시적으로 강성하게 만들었다 해도 장기적으로 는 백성을 피폐하게 하고 국가의 붕괴를 불러오는 데 반해, 손자 는 줄곧 전쟁을 경계하고 신중하게 임해야 한다는 신전(愼戰)과 비 전(非戰)의 원칙을 내세웠다.

이 점에서 『손자병법』은 병서임에도 역설적으로 전쟁을 최대한 자제해야 한다고 주장하는 독특한 책이다.

싸우지 않고 이겨야 한다

손자는 "싸우지 않고도 적을 굴복하게 만드는 것이 최고의 책 략"[不戰而屈人之兵, 善之善者也 불전이굴인지병 선지선자야](「모공」)이라고 말 했다. 이러한 구절에서 손자와 노자의 연결 고리를 엿볼 수 있다.

노자는 『도덕경』에서 전쟁에 대한 비판적인 시각을 숨기지 않 았다.

> 병기(兵器)란 본디 상서롭지 못한 것이며, 만물은 그것을 싫어하기 마련이다. 따라서 도를 지닌 자는 그것을 가까이하지 않는다[夫佳兵 者, 不祥之器. 物或惡之. 故有道者不處 부가병자 불상지기 물혹오지 고유도자불처].

노자가 살았던 춘추시대는 전란이 끊이지 않던 시기였다. 전쟁 은 언제나 눈앞에 닥칠 수밖에 없는 필연적 현실이었다. 그는 전 쟁이 불가피하더라도 함부로 살상하지 말아야 하며, 언제나 애통

한 마음으로 전쟁에 임하고, 전사자에게 예를 다해야 한다고 강조
했다. 손자의 '싸우지 않고 이기는 전략'은 이러한 노자의 비전(非
戰) 사상과 깊이 맞닿아 있다.

병법은 물과 같다

한편, 『손자병법』은 변화무쌍하고 예측 불가능한 전쟁의 형세를
물의 흐름에 비유한다.

> 무릇 용병의 규율은 물의 흐름과도 같다. 물이 높은 곳을 피해 낮은
> 곳으로 흘러가듯, 용병의 규율은 적의 견실한 실(實)을 피해 취약한
> 허(虛)를 공략하는 데 있다. 물은 지세에 근거하여 흘러가고, 용병은
> 상이한 적정에 근거하여 각기 다른 승리의 책략을 구사한다. 용병은
> 변하지 않는 상세(常勢)가 없고, 물은 변하지 않는 상형(常形)이 없다
> [兵形象水, 水之形, 避高而趨下 ; 兵之形, 避實而擊虛. 水因地而制行, 兵因敵
> 而制勝. 故兵無常勢, 水無常形 병형상수 수지형 피고이추하 병지형 피실이격허 수인지이제류 병
> 인적이제승 고병무상세 수무상형](「허실」).

그리고 이 구절은 『도덕경』의 '상선약수'(上善若水)와 일맥상통한
다. 상선약수는 "가장 높은 덕성은 마치 물과 같다"는 의미이다.

세상에 물보다 부드럽고 약한 것은 없다. 그러나 단단하고 강한 것
을 꺾는 데 있어 물을 능가하는 것은 없다. 그 어떤 것도 물을 대신할

수 없다. 약한 것이 강한 것을 이기고, 부드러움이 단단함을 꺾는다. 세상 누구나 이를 알지만, 정작 행할 줄 아는 사람은 드물다[天下莫柔 弱於水. 而功堅强者, 莫之能勝. 以其無以易之. 弱之勝强, 柔之勝剛. 天下莫不 知, 莫能行 천하막유약어수 이공견강자 막지능승 이기무이역지 약지승강 유지승강 천하막부지 막능행].

노자는 사물과 자연의 원리를 꿰뚫어 보고, 부드럽고 약한 것에서 단단하고 강한 것을 이끌어냈다. 손자는 이를 자신의 언어로 바꾸어 언제나 변화하는 형세 속에서 불패의 자리에 위치하는 전략으로 체계화했다.

나 자신을 알라

『손자병법』에는 누구나 들어봤을 법한 유명한 구절이 있다. 바로 '지피지기 백전불태'(知彼知己, 百戰不殆)이다. 전체 맥락은 다음과 같이 이어진다. 손자는 특히 '적을 아는 것', 즉 지피(知彼)보다 '나 자신을 아는 것', 즉 지기(知己)가 너욱 중요하나고 보았는데, 이러한 관점에도 노자의 영향이 짙게 드리워져 있다.

남을 아는 사람은 지혜로운 자이지만, 자기 자신을 아는 사람이야말로 진정 총명한 자이다. 남을 이기는 사람은 힘센 자이지만, 자기 자신을 이기는 사람이야말로 진정 강한 자이다[知人者智, 自知者明. 勝人者有力, 自勝者强 지인자지 자지자명 승인자유력 자승자강].

 부록 × 전장에서 피어난 노자의 철학

노자 또한 손자와 마찬가지로 자기 자신을 돌아볼 줄 아는 힘을 최고의 지혜라 여겼다.

도가에서 발견하는 병법의 이치

『도덕경』에서는 병법과 직접적으로 관련된 내용도 여럿 찾아볼 수 있다.

> 정(正)으로써 나라를 다스리고, 기(奇)로써 용병을 하며, 무위(無爲)로써 천하를 얻는다[以正治國, 以奇用兵, 以無事取天下 이정치국 이기용병 이무사취천하].

이 구절은 손자가 논한 '기정'(奇正) 개념을 연상시킨다. 그는 정병(正兵)과 기병(奇兵)을 유기적으로 운용하는 것이 용병의 핵심이라고 설명했다(「세」 참고).

한편 『도덕경』 69장은 가히 전체가 병서의 내용이라 해도 무방할 정도로 전쟁에 대한 구체적인 가르침을 담고 있다.

> 용병을 함에 이러한 말이 있다. 감히 주도적으로 공격하지 않고 수세를 취하며, 감히 일보(步) 전진하지 않고 일척(尺) 후퇴한다. 이를 일러 비록 병력을 가지고 있어도 없는 것처럼 처신한다고 한다. 대규모 작전을 하려 할 때는 도리어 아무 일도 없는 것처럼 하며, 적을 앞에 두고도 마치 적이 없는 것처럼 하고, 무기가 있으면서도 마치

무기가 없는 것처럼 한다.

적을 가볍게 여기는 것보다 더 큰 재앙은 없으니, 적을 가볍게 여기면 나의 보물을 잃게 된다. 그러므로 양측의 실력이 비슷할 때에는 절망 중에 죽기를 각오한 쪽이 승리한다[用兵有言. 吾不敢爲主, 而爲客, 不敢進寸, 而退尺. 是謂行無行. 攘無臂, 扔無敵, 執無兵. 禍莫大於輕敵, 輕敵幾喪吾寶. 故抗兵相加, 哀者勝矣 용병유언 오불감위주 이위객 불감진촌이퇴척 시위행무행 양무비 잉무적 집무병 화막대어경적 경적기상오보 고항병상가 애자승의].

이는 『손자병법』 「허실」에서 다룬 적의 실을 피하고 허를 공략하는 전술과 일맥상통한다. 이 때문에 『도덕경』을 한 권의 병서(兵書)와 같다고 평가하기도 한다.

이처럼 손자는 노자의 통찰을 받아들여 더욱 구체적이고 실천적인 병법으로 체계화했다. 말하자면 『손자병법』은 노자의 철학을 전쟁이라는 현실의 전장에서 피워낸 전략적 철학서라 할 수 있다. 이러한 배경을 이해하고 『손자병법』을 읽는다면, 더욱 깊이 있는 사유와 실천적 지혜를 길어 올릴 수 있을 것이다.

제4편
형
形

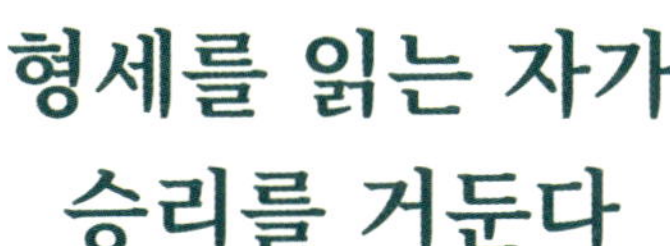

형세를 읽는 자가
승리를 거둔다

「형」(形)편에서는 적과 아군 양측의 '군형'(軍形), 즉 군대의 형세를 다룬다. 이번 편은 이어지는 「세」(勢)편과 짝을 이루는데, '형'(形)은 실질적 군사력과 물질적 역량을, '세'(勢)는 무형의 정신적 역량을 뜻한다. 둘은 서로를 보완하고 완성하는 개념인 셈이다. 승리는 형과 세를 장악할 때 이루어진다. 손자는 형세를 파악하는 데서 나아가 그 형세를 토대로 어떻게 승리할 수 있는지를 구체적으로 논한다.

손자는 작전에 능한 자는 무엇보다 먼저 패하지 않을 조건을 마련한 뒤, 적의 실착을 기다린다고 말한다. 결국 패하지 않을 수 있는가는 나에게 달려 있고, 승리를 거둘 기회를 얻을 수 있는가는 적에게 달려 있다.

『손자병법』에서 얻을 수 있는 매우 중요한 가르침 중 하나는 "기다릴 줄 알아야 한다"는 것이다. 이 책은 단순히 이기는 전략보다 지지 않는 전략, 즉 불패 전략에 더 큰 비중을 둔다. 적이 강하고 방비가 단단하며 준비가 철저할 때 섣불리 공격해서는 승산

제4편×형

이 희박하다. 이럴 때는 기회가 무르익을 때까지 기다려야 한다.

승리란 단지 내가 강하기 때문이 아니라, 적이 스스로 약해지거나 분열하거나 실수함으로써 얻어지는 경우가 많다. 따라서 진정한 전략가는 힘을 과시하지 않고 형세를 조율하며 때를 기다릴 줄 아는 자다.

불패의 조건을 설계하라

1 손자는 말한다.

예로부터 작전에 능한 자는 먼저 패하지 않는 조건을 만들어두고, 적이 허점을 드러내어 스스로 무너질 때를 기다린다. 패하지 않는 것은 내가 주도권을 장악할 수 있느냐에 달려 있고, 적이 패하는 것은 적이 허점을 드러내느냐에 달려 있다. 그러므로 작전에 능한 자는 적에게 패배하지 않는 조건을 만들 수는 있지만, 적이 반드시 나에게 패하도록 만들 수는 없다. 그러므로 승리의 조건은 알 수 있지만, 억지로 얻을 수는 없다고 하는 것이다.

2 적이 승리할 수 없게 만드는 관건은 정확한 방비에 있고, 내가 승리할 수 있게 만드는 관건은 적절한 공격에 있다. 방비하는 까닭은 아직 힘이 부족해 승리할 조건이 충분하지 않기 때문이고, 공격하는 까닭은 힘에 여유가 있어 승리할 조건이 충분하기 때문이다. 방비에 능한 자는 아홉 겹 땅속[九地 구지]에 숨어 있는 듯하여 적이 찾아낼 수 없고, 공격에 능한 자는 아홉 겹 하늘[九天 구천]에 떠 있는 듯하여 적이 막을 수 없다. 이처럼 방비와 공격에 모두 능한 군대는 능히 스스로를 보전하며 적에게 완전히 승리할 수 있다.

3 승리를 예측하는 눈이 평범한 사람의 견식을 넘어서지 못한다

면, 그것은 진정한 고명함이라 할 수 없다. 격전을 치러 얻은 승리 역시 비록 천하 사람들이 모두 칭송한다 해도, 고명한 승리라 할 수 없다. 이는 마치 가을에 새로 돋아난 짐승의 가는 털[秋毫 추호]을 집어 들었다 하여 힘이 세다 할 수 없고, 태양과 달을 볼 수 있다 하여 눈이 밝다 할 수 없으며, 천둥소리를 들었다 하여 귀가 밝다 할 수 없는 것과 같다.

④ 예로부터 말하는 용병에 능한 자란, 결국 쉽게 승리할 수 있는 적에게 승리하는 것이다.

그러므로 그들의 승리는 결코 놀랄 만한 일이 아니며, 지혜롭다는 명성이나 용맹무쌍하다는 공적도 따르지 않는다. 이는 그 승리가 필연적이므로 착오가 있을 수 없기 때문이다. 그 까닭은 그들이 취한 모든 조치가 필승의 토대 위에 이뤄지고, 이미 패배한 상황에 놓인 적에게 승리를 거두기 때문이다.

① 孫子曰: 昔之善戰者, 先爲¹⁾不可勝, 以待敵之可勝. 不可勝在己,
손 자 왈 석 지 선 전 자 선 위 불 가 승 이 대 적 지 가 승 불 가 승 재 기
可勝在敵. 故善戰者, 能爲不可勝, 不能使敵之必可勝. 故曰: 勝
가 승 재 적 고 선 전 자 능 위 불 가 승 불 능 사 적 지 필 가 승 고 왈 승
可知, 而不可爲.
가 지 이 불 가 위

② 不可勝者, 守也; 可勝者, 攻也. 守則有餘, 攻則不足. 善守者, 藏
불 가 승 자 수 야 가 승 자 공 야 수 즉 유 여 공 즉 부 족 선 수 자 장
於九地之下; 善攻者, 動於九天之上, 故能自保而全勝也.
어 구 지 지 하 선 공 자 동 어 구 천 지 상 고 능 자 보 이 전 승 야

③ 見勝不過衆人之所知, 非善之善者也; 戰勝而天下曰善, 非善之
견 승 불 과 중 인 지 소 지 비 선 지 선 자 야 전 승 이 천 하 왈 선 비 선 지
善者也. 故擧秋毫不爲多力, 見日月不爲明目, 聞雷霆不爲聰耳.
선 자 야 고 거 추 호 불 위 다 력 견 일 월 불 위 명 목 문 뢰 정 불 위 총 이

④ 古之所謂善戰者, 勝於易勝者也. 故善戰者之勝也, 無智名, 無勇
고 지 소 위 선 전 자　승 어 이 승 자 야　고 선 전 자 지 승 야　무 지 명　무 용

功. 故其戰勝不忒[2]. 不忒者, 其所措必勝, 勝已敗者也.
공　고 기 전 승 불 특　　불 특 자　기 소 조 필 승　승 이 패 자 야

※ 한자 풀이

[1] 爲(위) '만들다', '조성하다'라는 의미이다.

[2] 忒(특) '착오'라는 의미이다.

무너지지 않는 지반을 다져라
- 진나라가 천하를 제패한 비결

천하 통일을 이룩한 진나라도 처음부터 강대국이었던 것은 아니
다. 초기의 진나라는 중국 서북부에 위치한 약소국에 불과했다.
어떻게 한낱 변방의 소국이었던 진나라가 훗날 천하를 통일할 만
큼 강성해질 수 있었을까?

먼저 진나라는 중원에서 멀리 떨어진 지리적 여건 덕분에 수많
은 전쟁의 소용돌이에서 벗어나 경제 발전의 기초를 닦을 수 있
었다. 또한 다른 나라들이 관념적인 유학(儒學)에 얽매인 반면, 진
나라에서는 실용주의적 묵가(墨家) 사상이 번성해 국가 경영과 군
사 분야에서 더욱 현실적이고 효과적인 정책을 펼칠 수 있었다.

무엇보다 진나라는 천하의 인재를 두루 등용했다. 보수적인 다
른 제후국에 싫증을 느낀 수많은 인재가 개혁의 기운이 넘치는
진나라로 몰려들었다. 상앙, 장의, 범저, 이사(李斯), 여불위(呂不

진시황릉의 병마용　중국 최초의 통일 제국을 세운 진시황의 무덤 인근에서 병마용(兵馬俑)이 발견되었다. 이들은 사후세계에서 황제를 호위하도록 제작한 토용(土俑) 군대로, 실제 사람보다 크게 만들어졌다. 지금까지 병사 8천 점, 말 520점 이상이 발굴되었으나 더 많은 수가 묻혀 있는 것으로 추정된다. 이를 통해 진나라의 위세를 엿볼 수 있다.

韋) 등 진나라를 빛낸 중신 대다수가 외국 출신 '외인부대'였다는 사실은 이를 잘 보여준다. 진나라는 장의의 연횡책으로 6국 합종을 무너뜨리고, 범저가 고안한 원교근공(遠交近攻) 방책으로 먼 나라와 손잡고 가까운 나라를 공격하며 6국을 각개 격파해 영토를 확장하고 국력을 키워나갔다.

또한 법을 현실에 맞게 개혁하고, 지방 호족의 권한을 약화시키며 강력한 중앙집권적 체제를 확립했다. 이로써 진나라에서는 부국강병을 꾀하며 각 국가의 절대적 지지를 받은 맹상군(孟嘗君)이나 평원군(平原君) 같은 대귀족이 등장할 수 없었다.

함곡관의 험준한 요새와 이를 토대로 한 강력한 군사력으로 진나라는 다른 나라들과 비교할 수 없는 압도적 우위를 확보할 수 있었다. 안정된 사회 질서를 바탕으로 경제도 크게 발전했다. 특히 비옥한 파촉(巴蜀) 지역을 점령한 이후 생산력이 늘어나, 전국시대 말기에 진나라는 중국 영토의 3분의 1에 불과했으나 경제 규모는 전국의 10분의 6을 넘어서게 되었다.

이 모든 요소가 결합된 진나라의 승리는 결코 우연이 아니었다. 스스로 패하지 않을 토대를 완벽히 다져놓았기에 이미 예정된 수순이었다. 전쟁은 나와 적이 치르는 것이기에, 아무리 단단히 대비해도 적의 대응에 따라 다르게 흘러갈 수 있다. 손자가 말했듯, 적을 반드시 패배하게 만들 수는 없어도 자신이 패하지 않을 조건을 갖추고 싸움에 임할 수는 있다. 결국 승리의 열쇠는 '패하지 않을 기반'을 다지는 데 있는 것이다.

적이 이기지 못할 싸움을 하라
- 제갈량과 장비의 내기

『삼국지』의 호걸 장비(張飛)는 처음에는 제갈량(諸葛亮)을 탐탁지 않게 여겼다. 후한 말, 군웅이 할거하던 혼란스러운 시기에 유비(劉備)는 조조(曹操)와 손권(孫權) 같은 인물에 비해 세력이 미약했다. 이 상황을 타개하기 위해 유비는 천하의 형세를 꿰뚫어 본다는 제갈량을 찾아가 조언을 구하고자 했다. 유비는 장비, 관우와 함께 제갈량이 머무는 초가집으로 세 번이나 찾아간 후에야 그를 만날 수 있었다.[1] 이 자리에서 장비는 제갈량을 처음 보았는데, 그저 부채나 부칠 줄 알았지 닭 한 마리 잡을 힘도 없어 보였고, 그렇다고 고매한 선비 같지도 않았다.

어느 날 장비는 제갈량과 내기를 해 그를 골려주기로 마음먹었다. 장비가 선심 쓰듯 어떤 내기를 할 것인지 직접 정해보라고 하자, 제갈량이 말했다.

"세상 사람 모두가 익덕(장비)의 무공이 대단한 줄은 잘 알고 있소. 그렇다면 좋소. 나와 당신, 누구의 손이 더 대단한지 내기를 해봅시다. 나는 손가락만 쓸 테니 익덕은 손바닥 전체를 쓰시오."

장비는 크게 웃어 젖혔다. 그러고는 혹시 제갈량의 마음이 변할까 봐 즉시 내기를 하자고 말했다.

"대장부는 한번 말을 꺼내면 반드시 그대로 하는 것이오. 내가

1　이 이야기에서 '초가집을 세 번 찾아가다'라는 뜻의 고사성어 삼고초려(三顧草廬)가 유래했다. 인재를 맞아들이기 위해 인내하며 노력한다는 의미로 쓰인다.

삼고초려 유비, 관우, 장비 세 사람이 초가집에 머무는 제갈량을 찾아간 모습이 묘사되어 있다. 유비는 초야에 묻힌 와룡(臥龍)이라 불리던 제갈량을 세 번 찾아간 끝에 비로소 그와 이야기를 나눌 수 있었다.

잘못 듣지 않았다면, 선생은 손가락 하나만 쓰고 나 장비는 손바닥을 쓰는 것이오."

제갈량이 고개를 끄덕이며 동의했다.

"그렇소. 같은 시간 안에 누가 개미를 더 많이 잡는지 겨뤄봅시다."

그리하여 내기가 시작되었다. 아무리 힘이 센 장비라도 평평한 손바닥으로는 개미를 좀처럼 잡을 수 없었다. 반면 제갈량은 손가락으로 손쉽게 개미를 잡아냈다. 규모로 보자면 비교가 되지 않을 듯했지만, 개미를 잡는 데 한정해 보자면 손가락 하나가 손바닥 전체보다 훨씬 유리했던 것이다. 제갈량은 애초부터 결코 패할 수 없는 조건을 마련해 승리를 거두었다.

장비는 마침내 자신의 패배를 인정했고, 이후로는 제갈량을 가벼이 보지 않고 군사(軍師)로서 깍듯이 모셨다.

승자는 이겨놓고 싸우며,
패자는 싸우면서 이기려 든다

① 그러므로 용병에 능한 자는 언제나 패배하지 않을 조건을 만들고, 적을 무너뜨릴 기회를 놓치지 않는다. 승자는 먼저 필승의 형세를 갖춘 뒤에야 싸움을 시작하지만, 패자는 싸움부터 벌여놓고서 그제야 승리를 바라본다. 또한 뛰어난 장수는 정치를 공정하게 하고 법도를 엄격히 세워, 마침내 승패를 좌우하는 주재자가 된다.

② 무릇 전쟁에는 승부를 결정짓는 다섯 가지 요인이 있다. 첫째는 도(度)로, 토지 면적의 크고 작음을 말한다. 둘째는 양(量)으로, 물자의 많고 적음을 말한다. 셋째는 수(數)로, 병력의 많고 적음을 말한다. 넷째는 칭(稱)으로, 양측 군사력의 강약을 말한다. 다섯째는 승(勝)으로, 승부의 향방을 말한다. 땅은 토지의 면적을 결정하고, 토지의 면적은 물자의 분량을 결정하며, 물자의 분량은 병력의 숫자를 결정하고, 병력의 숫자는 군사력의 강약을 결정하며, 군사력의 강약은 승부의 향방을 결정한다. 그러므로 승리하는 군대는 일(鎰)의 무게로 수(銖)의 무게를 상대하는 것과 같고, 패배하는 군대는 수의 무게로 일의 무게를 상대하는 것과 같다.[2] 승리하는 자가 지휘하는 군대의 작전은 마치 천 길 높이의 골짜기에

괴인 물이 쏟아져 내려오는 것처럼 기세가 드높으니, 이것이 바로 형(形)이다.

① 故善戰者, 立於不敗之地, 而不失敵之敗也. 是故勝兵先勝而後
고선전자　입어불패지지　이불실적지패야　시고승병선승이후

求戰, 敗兵先戰而後求勝. 善用兵者, 修道而保法, 故能爲勝敗之
구전　패병선전이후구승　선용병자　수도이보법　고능위승패지

政[1].
정

② 兵法: 一曰度, 二曰量, 三曰數, 四曰稱[2], 五曰勝. 地生度, 度生量,
병법　일왈도　이왈량　삼왈수　사왈칭　　오왈승　지생도　도생량

量生數, 數生稱, 稱生勝. 故勝兵若以鎰稱銖, 敗兵若以銖稱鎰.
양생수　수생칭　칭생승　고승병약이일칭수　패병약이수칭일

勝者之戰民也, 若決積水於千仞之溪者, 形也.
승자지전민야　약결적수어천인지계자　형야

※ 한자 풀이

[1] 政(정) '주재'(主宰), '주재자'라는 뜻이다.

[2] 稱(칭) '저울질할 형'(衡)의 의미로 사용되었으며, 여기에서는 '권형'(權衡), 즉 사물의 균형이나 경중을 재본다는 의미로 쓰여 '양측 역량의 대비'라고 해석할 수 있다.

2　일(鎰)과 수(銖)는 고대 중국의 무게 단위이다. 일은 24냥(兩)에 해당하는 무거운 무게이고, 수는 냥의 24분의 1에 해당하는 가벼운 무게로, 두 단위의 차이는 수백 배에 이른다. 즉 승리하는 군대와 패배하는 군대의 격차가 이처럼 절대적이라는 의미이다.

승리하는 조직의 비결
– 사마양저의 공명정대한 정치

춘추시대 말기, 제나라는 한때 강국으로 이름을 떨쳤지만 경공(景公)의 치세 무렵에는 국력이 기울어가고 있었다. 진(晉)나라와 연나라의 연이은 침략으로 제나라 군대는 번번이 참패했고, 경공은 밤잠을 이루지 못하고 식사도 제대로 할 수 없을 만큼 깊은 근심에 빠졌다.

이때 상대부 안영(晏嬰)[3]이 사마양저(司馬穰苴)라는 인물을 추천했다.

"양저는 비록 전씨(田氏) 가문의 서자이지만, 그의 문(文)은 사람을 따르게 하고, 그의 무(武)는 적군을 떨게 만듭니다."

경공이 사마양저를 불러 직접 이야기해보니, 크게 마음에 들어 그를 장군으로 임명했다. 그러자 사마양저가 말했다.

"신은 본래 미천한 신분입니다. 폐하께서 저를 이렇게 높은 자리에 발탁하셨지만, 사졸은 쉽게 따르지 않고 백성들도 신뢰하지 않을 것입니다. 바라옵건대 폐하께서 총애하시고 나라가 존중하는 분을 감군(監軍)으로 임명해주시옵소서."

경공은 이를 허락하고, 총신 장가(莊賈)를 감군으로 임명했다.

사마양저는 곧바로 장가에게 찾아가 인사를 올리고, 다음 날

---

3   제나라 관중(管仲)과 함께 역사의 훌륭한 재상으로 손꼽히는 인물이다. 『사기』의 저자 사마천도 "만약 안영이 살아 있어 내가 그를 위해 말채찍을 들고 마차를 몰 수 있다면 정말 영광스러울 것이다"라며 그를 칭송했다.

정오에 군문에서 만나기로 약속했다. 다음 날 사마양저는 해시계와 물시계를 세워놓고 기다렸으나 교만한 장가는 가까운 사람들이 열어준 송별연에서 술을 마시느라 해가 중천에 떴는데도 나타나지 않았다. 사마양저는 해시계와 물시계를 엎어버리고, 곧 군문으로 돌아와 병사들을 점검하고 군령을 내렸다.

저녁 무렵이 되어서야 술에 취한 장가가 나타났다. 사마양저가 물었다.

"어찌하여 약속 시간을 어기셨습니까?"

장가는 태연히 말했다.

"사람들이 송별연을 열어주어 늦었소."

그러자 사마양저는 엄하게 꾸짖었다.

"장수는 명을 받은 순간부터 집안일을 잊어야 하고, 군령이 내려지면 친인척을 잊어야 하며, 진격의 북이 울리면 자신의 목숨조차 잊어야 합니다. 지금 적군이 쳐들어와 나라가 어지럽고, 사졸들은 뙤약볕 아래에서 전선을 지키고 있으며, 군주께서는 밤잠도 이루지 못하고 음식을 삼키지도 못하고 계시는데, 무슨 송별연이란 말이오!"

그러고는 곧 군 법관을 불러 물었다.

"군법에 따르면 약속을 어긴 자는 어떻게 처리하는가?"

군 법관이 답했다.

"참수합니다."

장가는 겁이 나서 급히 사람을 보내 경공에게 구원을 청했다. 그러나 사마양저는 그 사자가 돌아오기 전에 장가의 목을 베어 전군에 이를 알렸고, 병사들은 모두 크게 떨었다.

잠시 후 경공의 사자가 장가를 용서하라는 부절을 가지고 달려왔다. 그러자 사마양저가 말했다.

"장수는 군중에서 군주의 명이라도 거부할 수 있다!"

그러고는 군 법관에게 다시 물었다.

"어떤 사람이 말을 타고 군영에 들어오면 군법은 어떻게 처리하는가?"

군 법관은 답했다.

"참수합니다."

사자는 몹시 두려워했다. 그러자 사마양저는 "군주의 사자를 죽일 수는 없다"라며 대신 마부의 목을 베고, 수레 왼쪽의 부목을 잘라내고 말 한 필을 죽인 뒤 이를 전군에 보여주었다.

사마양저는 이어 사졸들의 숙소며 우물, 음식과 의약품 등 모든 것을 친히 살피고, 장군에게 지급되는 물품과 식량을 모두 사졸들에게 나누어 주었다. 본인은 그들과 똑같은 식사를 하되, 가장 적은 양으로 만족했다. 사흘 뒤 출정을 명하자 아픈 자마저도 함께 나가겠다고 장군을 위해 앞다투어 나섰다.

진나라 군대는 이 소식을 듣고 철수했고, 연나라 군대도 황하를 건너 물러났다. 이에 그들을 추격한 제나라는 잃었던 영토를 되찾았고, 경공은 승리를 거둔 사마양저를 영접하며 크게 환영했다. 경공은 장가의 일은 일절 문책하지 않았고, 도리어 사마양저를 대사마(大司馬)로 승진시켜 제나라 군권을 모두 맡겼다.

무릇 치군(治軍)의 귀함은 엄정함과 분명함에 있다. 손자는 "뛰어난 장수는 정치를 공정하게 하고 법도를 엄격히 세운다"[善用兵者, 修道而保法 선용병자 수도이보법]라고 했는데, 사마양저야말로 이 구절과 딱 맞아떨어지는 인물이다.

전략 없는 전술은 실패한다
- 일본의 진주만 공격

아무리 뛰어난 전술이라도 전략 차원의 대전제가 잘못되면 그 성과는 오래 지속될 수 없으며, 장기적으로는 실패를 앞당기는 요인이 되기도 한다. 일본의 진주만 공격이 그 대표적 사례이다.

제2차 세계대전 당시, 일본은 하와이의 진주만 기습 작전을 벌였다. 미군의 태평양 함대에 큰 피해를 입힌 이 작전은 전술 면에서만 본다면 대단히 성공적이었다. 그러나 이는 단기적 성과였을 뿐, 결과적으로는 치명적인 패착이었다. 진주만 기습 직후, 미국은 일본에 대한 선전포고를 결의하고 제2차 세계대전에 공식 참전하게 되었다. 당시 일본은 이미 중국 대륙과 동남아시아에서 전쟁을 치르고 있었는데, 여기에 미국과의 전쟁까지 더해져 두 개의 전선을 동시에 유지해야 하는 무리수를 둔 꼴이 되고 말았다.

태평양 전쟁 말기, 일본은 이미 해상과 공중에서 압도적인 미군의 공세에 밀려 점차 본토로 포위되어갔다. 미군은 괌과 사이판, 이오지마, 오키나와를 차례로 점령하며 일본을 고립시켰다. 이러한 상황에서 미국은 전쟁을 조기에 끝내기 위해 히로시마와 나가사키에 원자폭탄을 투하했고, 곧이어 소련까지 대일 참전에 나섰다. 이중·삼중의 충격 속에서 일본은 더 이상 버틸 수 없었고,

결국 무조건 항복을 선언하게 되었다.

『손자병법』은 말한다. “패자는 싸움부터 벌여놓고서 그제야 승리를 바라본다”[敗兵先戰而後求勝 패병선전이후구승]. 일본의 진주만 공격은 길게 보지 못하고 눈앞의 승리만을 추구한 패배하는 자의 전형적 전술이었다.

제 5 편
세
勢

흐름을 장악하라

앞 편에서 군대의 '형'(形)을 논한 손자는, 이어지는 본 편에서 '세'(勢)를 중점적으로 다룬다.

'형'과 '세'는 『손자병법』의 핵심 개념이다. 오늘날 연구자들 사이에서 '형'이 군사력 혹은 군사적 실력을 의미한다는 점에 대해서는 대체로 의견이 일치한다. 그러나 '세'는 그 정확한 뜻과 범위를 두고 여전히 다양한 논의가 오갈 만큼 다층적인 개념이다.

과연 '세'란 무엇을 의미하는가? 중국 내 연구 동향을 살펴보면, 오늘날에는 '세'를 '태세'(態勢)로 해석하는 견해가 가장 보편적이다. 물론 이를 '형세'(形勢), '기세'(氣勢), '전세'(戰勢) 혹은 '우세'(優勢)로 해석하는 경우도 적지 않다. 또한 '억지력', '종합 역량' 혹은 '유리한 국세(國勢)와 정황'으로 보기도 하며, 지위와 권세를 뜻하는 '위세'(位勢), 잠재적 에너지를 의미하는 '세능'(勢能), 혹은 에너지를 뜻하는 '능량'(能量)이나 '힘'(力)으로 해석하는 학자도 있다.

좀 더 구체적으로는 '군대의 조직과 배치를 통해 형성되는 무형의 내재적 역량’ 혹은 ‘군대의 형세, 지형, 기세 등 여러 요소가 결합해 만들어낸 총체적 역량’으로 풀이하기도 한다. 나아가 ‘군사력을 가장 효율적으로 발휘할 수 있는 방향과 위치로 운용된 힘’, ‘특정한 시공간적 조건 속에서 전개되는 작전 역량의 추세’로 정의하기도 한다.

‘형’과 ‘세’를 비교해보면 개념이 한층 선명해진다. 철학적 관점으로 보면 ‘형’은 사물의 외적 현상이자 구체적 상황으로 실재하는 반면, ‘세’는 사물의 성향으로 눈에 보이지 않지만 분명히 존재하는 요소다. 군사적으로는 ‘형’이 작전 역량의 본체(本體), ‘세’는 그 작용에 해당한다. ‘형’이 물질적 기초라면 ‘세’는 그것을 승리로 이끄는 결정적 요소다. ‘형’은 군대의 병력과 장비 같은 구체적이고 객관적인 역량으로, 비교적 고정되어 단기간에 변하지 않으며 수치로 측정할 수 있다. 반면 ‘세’는 ‘형’을 토대로 특정한 시간과 공간에서 발휘되며, 지형, 기후, 보급 상황, 군의 사기, 작전 방식 등에 따라 달라지는 가변적이고 비가시적인 역량이다. 따라서 수시로 변하며 수치화하기 어렵다.

서양에서는 손자의 ‘세’를 어떻게 받아들였을까? 머리말에서도 언급했듯이, 저명한 국제정치학자 헨리 키신저 박사는 『손자병법』을 아주 높이 평가했으며, 특히 서양에 존재하지 않는 개념인 세(勢)에 깊은 관심을 가졌다. 그는 세가 전략적 추세 혹은 각 상황에 내재된 잠재적 에너지를 뜻하며, 여러 요소가 배치된 특정 국면에 자리한 힘과 그 발전 경향을 의미한다고 보았다.

또한 키신저는 미국이 아시아와 벌인 전쟁에서 좌절을 맛본 주요 원인은 손자가 제시한 행동 수칙을 잘 알지 못했기 때문이라고 분석하기도 했다.

서방의 전략가들이 결정적인 시기에 우세한 역량을 결집하는 데 주력한 반면, 손자는 정치적·심리적 우세를 통해 충돌이 시작되기 전에 그 결과를 충분히 가늠할 수 있어야 한다고 보았다. 서방은 전쟁에서 승리하여 자신의 원칙을 시험하려 했지만, 손자는 전쟁 자체가 필요 없게 만드는 데서 승리를 시험했다. 중국의 지도자는 모 아니면 도라는 식으로 충돌 결과에 운명을 거는 법이 없었다. 그들에게 어울리는 방식은 오랜 세월에 걸쳐 세력과 우위를 차근차근 쌓아가는 장기 전략이었다. 서방의 전통이 승부를 가름할 영웅적 공적을 중시한 것과 달리, 중국은 직접적으로 드러나지 않는 간접적 방식으로 상대적 우세를 인내심 있게 축적하는 데 중점을 두었다.[1]

이처럼 '세'는 단숨에 파악하기 어려운 개념이지만, 본 편에서 손자가 전하려는 핵심은 분명하다. 그는 '세'를 만드는 병법의 정수가 군대의 관리와 전술 그리고 배치에 있음을 밝히고, 특히 '택인이임세'(擇人而任勢), 즉 "인재를 적절히 등용하여 이미 형성된 세를 충분히 활용한다"라는 원칙이 승리의 열쇠임을 강조한다.
따라서 「세」편의 초점은 군대가 가진 힘의 절대적 크기가 아니라, 그 힘을 유연하게 운용하여 주도권을 잡고 승리를 확정짓는 방법을 탐구하는 데 있다.

---

1 Henry Alfred Kissinger, *On China*, The Penguin Press, New York, 2011, pp. 23-26.

정공으로 맞서고 기습으로 승리하라

1 손자는 말한다.

대군단을 소부대처럼 다스릴 수 있는 것은 합리적인 조직 편제를 갖추었기 때문이다. 대군단을 소부대처럼 지휘할 수 있는 것은 명확하고 효율적인 지휘 신호 체계[形名 형명][2]가 있기 때문이다. 전군이 적과 맞서 싸울 때 패하지 않는 것은 기정(奇正)[3]의 운용에 달려 있다. 적을 공격하는 것이 마치 돌로 계란을 깨듯 쉬운 까닭은 실(實)로써 허(虛)를 격파하기 때문이다.[4]

---

2 형명(形名)에서 형(形)은 깃발이나 연기 등 눈으로 볼 수 있는 신호를 가리키고, 명(名)은 북소리나 암호 등 귀로 들을 수 있는 신호를 가리킨다. 결국 형명이란 지휘의 신호 체계를 의미한다.

3 기정(奇正)은 『손자병법』에서 중요하게 다루는 개념이다. 정(正)과 기(奇)는 각각 정규 작전과 특수 작전, 정면 공격과 기습 공격, 정규 부대와 예비 부대, 공개 작전과 기습 작전 등으로 표현할 수 있다. 정규와 비정규로 구분하는 데는 한계가 있다. 왜냐하면 적이 이미 알아챈 우리 측의 기병은 더 이상 기병일 수 없고, 적이 알아채지 못해야 비로소 기병이라 할 수 있기 때문이다. 그러므로 엄밀하게 말하자면 적이 알아챘다고 예측되는 아군은 정(正)이고, 적이 알아채지 못했다고 예측되는 아군은 기(奇)이다.

4 실(實)은 형태가 있는 유형의 역량을, 허(虛)는 형태가 없는 무형의 역량을 말한다. 손자는 여기서 계책을 활용해 허와 실을 전환함으로써, 적의 실을 피하고 허를 격파하는 피실격허(避實擊虛) 전략을 논하고 있다. 여기서 계책의 핵심은 '이허위실, 이실위허'(以虛爲實, 以實爲虛), 즉 허를 실로 가장하고 실을 허로 가장해 적을 미혹시키고 진위를 분별할 수 없도록 만드는 것이다.

2　무릇 작전이란 정병(正兵)으로 적과 맞서고, 기병(奇兵)으로 기습하여 승리를 거두는 것이다. 따라서 기묘한 계책으로 승리를 얻는 데 능한 자는 그 전술 변화가 마치 천지의 운행처럼 무궁하고, 강과 바다처럼 쉼 없이 출렁이며 고갈되지 않는다. 일월처럼 순환하여 가는 듯 다시 돌아오고, 사계절처럼 교대하여 죽은 듯 다시 살아난다. 음계는 궁(宮), 상(商), 각(角), 치(徵), 우(羽) 다섯 가지에 불과하지만, 이 다섯 음계가 합쳐져 연주되는 음악은 무궁무진하여 다 들을 수 없다. 색채는 청(靑), 적(赤), 황(黃), 흑(黑), 백(白) 다섯 가지에 불과하지만, 이 다섯 색채가 조합되어 만들어 내는 장관은 무궁무진하여 다 볼 수 없다. 맛은 맵고, 시고, 쓰고, 짜고, 단 다섯 가지에 불과하지만, 이 다섯 맛이 배합되어 내는 풍미는 무궁무진하여 다 맛볼 수 없다. 작전의 전술 역시 기(奇)와 정(正) 두 가지에 불과하지만, 기정(奇正)의 변화와 운용은 무궁무진해 끝나지 않는다. 기정은 서로 의존하고 전화(轉化)하며 마치 둥근 고리처럼 끝도 없이 이어지니, 어느 누가 그 변화를 끝낼 수 있겠는가?

1　孫子曰: 凡治衆如治寡, 分數[1]是也; 鬪衆[2]如鬪寡, 形名是也; 三軍
　　손자왈　범치중여치과　분수　시야　투중　여투과　형명시야　삼군

之衆, 可使必受敵而無敗者, 奇正是也; 兵之所加, 如以碬投卵者,
지중　가사필수적이무패자　기정시야　병지소가　여이단투란자

虛實是也.
허실시야

2　凡戰者, 以正合, 以奇勝. 故善出奇者, 無窮如天地, 不竭如江海.
　　범전자　이정합　이기승　고선출기자　무궁여천지　불갈여강해

終而復始, 日月是也. 死而復生, 四時是也. 聲不過五, 五聲之變,
종이부시　일월시야　사이부생　사시시야　성불과오　오성지변

不可勝聽也; 色不過五, 五色之變, 不可勝觀也; 味不過五, 五味
불 가 승 청 야　색 불 과 오　오 색 지 변　불 가 승 관 야　미 불 과 오　오 미

之變, 不可勝嘗也; 戰勢不過奇正, 奇正之變, 不可勝窮也. 奇正
지 변　사 승 상 야　전 세 불 과 기 정　기 정 지 변　불 가 승 궁 야　기 정

相生, 如循環之無端, 孰能窮之哉?
상 생　여 순 환 지 무 단　숙 능 궁 지 재

※ 한자 풀이

1) 分數(분수) '조직 편제'라는 뜻이다.

2) 鬪衆(투중) '많은 수의 군사를 지휘하다'라는 뜻이다.

적의 의표를 찌르다
- 제나라 전단의 계책

전국시대 제나라의 장군 전단은 기발한 계책을 끝없이 구사한 인물이다.

　연나라가 처음 제나라를 침략했을 때, 전단은 가족과 함께 안평(安平)으로 피신했다. 전단은 가족들에게 수레바퀴 축의 양쪽 끝을 잘라내고 그 위를 쇠로 둘러 단단히 보강하게 했다.

　연나라 군대가 안평성을 함락하자 제나라 사람들은 앞다투어 달아났지만, 일시에 몰려나온 수레가 서로 부딪치며 바퀴 축이 부러지는 바람에 대부분 연나라의 포로가 되고 말았다. 그러나 전단의 집안사람만은 바퀴 축이 짧고 철로 싸여 있었던 덕분에 무사히 즉묵으로 탈출할 수 있었다.

　이윽고 연나라가 즉묵까지 포위하자, 제나라는 "안평 전투에서

전단의 집안은 바퀴 축을 쇠로 싸두어 목숨을 부지할 수 있었다. 전단은 계책에 참으로 뛰어나다"며 그를 장군으로 옹립했다. 장군이 된 전단은 연나라에 맞서 기상천외한 작전을 펼치며 놀라운 성과를 거두었다.

전단은 소 천여 마리를 모아 붉은 비단옷을 입히고 그 위에 오색 용무늬를 그려 넣게 한 뒤, 소뿔에는 날카로운 칼날을 붙들어 매고 꼬리에는 기름 바른 갈대를 매달았다. 이윽고 밤이 왔다. 그는 소꼬리에 불을 붙여 성벽에 뚫어둔 수십 개의 구멍으로 소 떼를 내몰았다. 그 뒤로는 군사 5천 명이 따라나섰다.

꼬리에 불이 붙자 소들은 미친 듯이 날뛰며 연나라 진영으로 마구 내달았다. 눈부시게 타오르는 불꽃을 달고 달려드는 소의 모습은 마치 불을 뿜는 용과 같았다. 잠에 취한 연나라 병사들은 이 기괴한 광경에 혼비백산하여 달아났고, 칼날을 단 쇠뿔에 받혀 죽거나 크게 다쳤다.

이에 그치지 않고 입에 재갈을 문 장사 5천 명이 들이닥쳤다. 제나라 병사들은 북을 울리고 함성을 지르며 뒤를 따랐고 성안에서는 노인과 부녀자까지 놋쇠 그릇을 두드리며 응원해 온 천지가 진동했다. 연나라 군대는 손쓸 틈도 없이 도망가기에 급급했다. 결국 연나라 장군 기겁(騎劫)도 목숨을 잃었다.

제나라는 사방으로 도망치는 연나라 군대를 끝까지 추격했다. 가는 곳마다 모든 백성이 연나라에 등을 돌리고 전단에게 합류하여 그의 병력은 나날이 불어났다. 결국 연나라 군대는 순식간에 궤멸되어 황하까지 퇴각했고, 제나라는 빼앗겼던 성 70여 개를 모두 되찾았다.

청나라의 문학평론가이자 역사 비평가인 오견사(吳見思)는 "전단은 전국시대 제1의 기인이고, 화우(火牛)는 전국시대 제1의 기사(奇事)이다"라는 평을 남겼다.

앞서 나온 "기묘한 계책으로 승리를 얻는 데 능한 자는 그 전술 변화가 마치 천지의 운행처럼 무궁하다"[故善出奇者, 無窮如天地 고선출기자 무궁여천지]라는 구절은 제나라의 전단 장군에게 정확히 들어맞는 표현이다.

전단의 기묘한 계책 제나라의 장군 전단은 소 천 마리의 꼬리에 불을 붙여 적군에 풀어 넣는 기상천외한 전술을 펼쳤다. 이 전술을 화우지진(火牛之陣) 또는 화우진(火牛陣)이라 한다.

흐름을 지배하는 자가 싸움을 지배한다

1 거센 물살이 사납고 빠르게 흘러 커다란 바위조차 구르게 하니, 이것이 바로 세(勢), 즉 형세이다. 맹금이 맹렬하고 민첩하게 날아들어 다른 새를 일거에 낚아채 죽이니, 이것이 바로 절(節), 즉 절주(節奏, 박자, 흐름)이다. 그러므로 작전에 능한 자가 만들어내는 형세는 늘 긴박하고 상대를 옥죄며, 그가 공격하는 절주는 민첩하고 신속하다. 긴박한 형세는 팽팽히 당겨진 쇠뇌의 활시위와 같고, 그 신속 민첩한 절주는 쇠뇌를 발사하는 찰나와 같다.

2 온갖 깃발이 나부끼고 사람과 말이 뒤엉켜 어지러운 가운데 전투를 벌여도, 나의 지휘와 조직, 전열은 흔들리지 않는다. 혼란스럽고 복잡한 가운데서도 승리는 내 손안에 있다. 양군이 교전할 때 한쪽이 혼란스러운 것은 상대의 군대가 더욱 엄정히 관리되기 때문이다. 한쪽이 겁을 먹는 것은 상대가 더욱 용감하기 때문이다. 한쪽이 약소해 보이는 것은 상대가 더 강력하기 때문이다. 군대의 관리가 엄정하고 혼란한 것은 조직 편제에 달려 있고, 용감하고 비겁한 것은 세(勢), 즉 각자 처한 형세에 달려 있으며, 강력함과 약소함은 형(形), 즉 일상 훈련에서 형성된 군사력에 달려 있다.

3 그러므로 적을 미혹시켜 원하는 대로 움직이는 데 능한 자는

135

적에게 거짓 정보를 흘려, 적이 그 정보를 바탕으로 움직이게 만든다. 또한 적에게 이익을 유인책으로 제공하여, 적이 그 이익을 좇아 움직이게 유도한다. 한편으로는 이러한 방법으로 적을 움직이고, 다른 한편으로는 자신의 대오를 정돈하며 기회를 기다려 공격한다.

④ 그러므로 작전에 능한 자는 유리한 세의 형성을 추구하며, 병사들에게 가혹하게 요구하지 않는다. 따라서 그는 인재를 적절히 등용하여 이미 형성된 세를 충분히 활용한다. 유리한 세를 만들어내는 데 능한 장수는 군사 작전을 마치 공격용 목재나 석재를 다루듯 운용한다. 목재나 석재는 지형이 평탄하면 멈추어 움직이지 않지만, 비탈지면 굴러 움직인다. 모난 것은 쉽게 정지하지만, 둥근 것은 쉽게 굴러간다. 그러므로 작전 지휘에 능한 자가 만들어낸 세는 마치 천 길 높이의 산에서 둥근 돌을 굴러 떨어뜨리는 것과 같으니, 도저히 막아낼 수 없다. 이것이 바로 세(勢)이다.

① 激水之疾, 至於漂石者, 勢也; 鷙鳥之疾, 至於毀折者, 節也. 故
　　격 수 지 질　지 어 표 석 자　세 야　지 조 지 질　지 어 훼 절 자　절 야　고
善戰者, 其勢險, 其節短. 勢如彍弩, 節如發機.
선 전 자　기 세 험　기 절 단　세 여 확 노　절 여 발 기

② 紛紛紜紜[1), 鬥亂而不可亂也; 渾渾沌沌[2), 形[3)圓[4)而不可敗也. 亂生
　　분 분 운 운　투 란 이 불 가 난 야　혼 혼 돈 돈　형 원 이 불 가 패 야　난 생
於治, 怯生於勇, 弱生於強. 治亂, 數也; 勇怯, 勢也; 強弱, 形也.
어 치　겁 생 어 용　약 생 어 강　치 난　수 야　용 겁　세 야　강 약　형 야

③ 故善動敵者, 形之, 敵必從之; 予之, 敵必取之. 以利動之, 以實
　　고 선 동 적 자　형 지　적 필 종 지　여 지　적 필 취 지　이 리 동 지　이 실
待之.
대 지

④ 故善戰者, 求之於勢, 不責於人, 故能擇人而任勢. 任勢者, 其戰
　　고 선 전 자　구 지 어 세　불 책 어 인　고 능 택 인 이 임 세　임 세 자　기 전

人也, 如轉木石. 木石之性, 安則靜, 危則動, 方則止, 圓則行. 故
인야　여전목석　목석지성　안즉정　위즉동　방즉지　원즉행　고

善戰人之勢, 如轉圓石於千仞之山者, 勢也.
선전인지세　여전원석어천인지산자　세야

※ 한자 풀이

1) 紛紛紜紜(분분운운) 분분(紛紛)은 깃발이 나부끼는 모습을, 운운(紜
紜)은 인마(人馬)가 뒤섞여 어수선한 모습을 표현하는 말이다.

2) 渾渾沌沌(혼혼돈돈) 혼혼(渾渾)은 전차가 달리는 모습, 돈돈(沌沌)은
보병이 질주하는 모습을 표현하는 말이다.

3) 形(형) '진형'(陣形)이라는 의미이다.

4) 圓(원) '원활하다'라는 의미이다.

적임자를 골라 믿고 맡겨라
- 제갈량과 조조의 용인술

자고로 세(勢), 즉 흐름을 지배하는 자가 승부를 지배한다. 흐름을
읽고 주도하는 자는 무엇보다 사람을 올바르게 쓰고, 그 힘을 극
대화할 줄 안다.

촉한(蜀漢)의 승상 제갈량은 228년, 오나라와 연합해 위나라를
공격하는 첫 북벌을 감행했다. 촉한은 221년 유비가 건국한 나라
로, 전한(前漢)과 후한(後漢)에 이어 한(漢) 왕조를 정통으로 계승
한 국가임을 자처했다. 따라서 국가적 정통성을 확보하기 위해서
는 한나라의 옛 수도와 핵심 영토가 자리한 북방을 장악해야 했

다. 당시 위나라를 이끈 전략가는 사마의(司馬懿)였다.

제갈량은 가정(街亭)의 전략적 중요성을 누구보다 잘 알고 있었고, 기후와 지형을 활용하는 능력도 탁월했다. 그러나 그는 마지막 순간에 가정 방어 임무를 장수 마속에게 맡기는 치명적인 실수를 범했다. 마속은 제갈량이 직접 발탁한 인물이었지만, 경험 부족과 자만심 탓에 명령을 어겼고, 결국 촉군은 뼈아픈 참패를 당하고 말았다.

한편 제갈량의 판단과 용인술이 정확히 적중한 사례도 있다. 208년, 제갈량은 적벽대전에서 손권과 손잡고 유비를 도와 조조의 대군을 대파했다. 그는 조조가 화용도(華容道)로 퇴각하리라고 내다보았다. 이때 과연 누구를 보내 그 길목을 지킬 것이냐가 중대한 문제였다. 제갈량은 대국적인 견지에서, 조조를 지금 죽이면 국면이 혼란해져 수습할 길이 없고, 이는 천하삼분지계(天下三分之計)라는 자신의 전략을 실현하는 데 불리하다고 판단했다.

결국 제갈량은 추격하되 놓아주는 방책을 세웠으나 이를 명확히 밝히지는 않았다. 다만 그는 관우의 충심과 인품을 고려해 그를 화용도로 보내어 적당히 추격하되 살려 보내도록 만들었다. 만약 장비를 대신 보냈다면 조조를 놓치지 않았을 것이나, 그로 인해 후환이 따랐을 것이다.

한편 215년 제1차 합비(合肥) 전투에서 손권이 대군을 이끌고 조조를 공격했을 때, 조조는 장료(張遼), 악진(樂進), 이전(李典)을 파견하여 합비를 지키도록 했다. 당시 조조의 수비군은 고작 7천 명에 불과했으나, 오나라 군사는 10만 명에 달했다. 조조는 세 장수에게 이러한 지시를 내렸다. "손권이 공격하면 장료와 이전이

적벽대전을 준비하는 조조 조조가 적벽에서의 전투를 앞둔 밤, 강가에서 장졸들에게 연회를 베풀던 시점을 묘사한 그림이다. 조조는 강대한 세력을 가지고 세력 다툼에서 앞서 나가고 있었으나 적벽대전에서 유비와 손권 연합군에 참패를 당했다. 이후 수십 년간 삼국시대가 펼쳐졌다.

출전하고, 악진은 군사를 거느린 채 싸우지 말고 호위하라.” 이들
은 조조의 말을 그대로 따라 맞섰고, 마침내 불가능해 보이던 승
리를 거두었다.

이러한 승리의 비결은 조조의 용인술에 있었다. 『삼국지연의』
에 따르면 장료는 무예와 힘이 뛰어났고, 이전은 사나이답고 협
동 작전에 능했으며, 악진은 비록 체구는 작으나 담력과 지모가
뛰어나 병사를 잘 통솔해 흐트러짐이 없었고, 명령을 위반하는
일도 없었다. 비록 이 세 사람은 평소 사이가 좋지 않았으나 조
조는 각자의 재능과 장점을 살려 임무를 배분했고, 그 결과 수적
으로 열세였음에도 합비를 지켜내고 오히려 대승을 거둘 수 있
었다.

이들 사례는 ‘택인’(擇人)과 ‘임세’(任勢), 즉 사람을 제대로 알아
보고 바른 곳에 등용하는 일과, 재능과 기량에 따라 임무를 적절
히 나누고 시기에 맞춰 세를 맡겨 운용하는 일이 얼마나 중요한
지를 잘 보여준다.

배경이 아닌 능력을 보라
– 세종대왕의 인재 등용

세종대왕의 탁월함은 인재를 알아보는 안목에서도 빛을 발했다.
그는 나라를 다스리는 데 있어 가장 중요한 것은 적재적소에 인
재를 등용하는 것이라 믿었고, 능력을 중심으로 사람을 발탁했
다. 천인이나 기생의 자식이라도 출신이 낮다고 배척하지 않았으

며 능력이 있다고 판단하면 작은 허물은 덮어주었다. 서얼 출신의 황희 정승과 천인 출신의 장영실을 중용하고, 과거의 죄과가 있었던 조말생을 과감히 기용한 것이 대표적 사례다.

세종이 장영실을 정4품에 해당하는 호군(護軍)에 임명하며 한 말이 『세종실록』 15년 9월 16일 자에 기록되어 있다.

장영실(蔣英實)은 그 아비가 본래 원(元)나라의 소·항주(蘇杭州) 사람이고, 어미는 기생이었는데, 공교(工巧)한 솜씨가 보통 사람보다 뛰어나므로 태종께서 보호하시었고, 나도 역시 이를 아낀다.

임인·계묘년 무렵에 상의원(尙衣院) 별좌(別坐)를 시키고자 하여 이조 판서 허조와 병조 판서 조말생에게 의논했더니, 허조는 '기생의 소생을 상의원에 임용할 수 없다'고 하고, 말생은 '이런 무리는 상의원에 더욱 적합하다'고 하여, 두 의논이 일치되지 아니하므로, 내가 굳이 강행하지 못하였다가 그 뒤에 다시 대신들에게 의논한즉, 유정현 등이 '상의원에 임명할 수 있다'고 하기에, 내가 그대로 따라서 별좌에 임명하였다.

영실의 사람됨이 비단 공교한 솜씨만 있는 것이 아니라 성질이 똑똑하기가 비범하였다. … 이제 자격궁루(自擊宮漏)를 만들었는데 비록 나의 가르침을 받아서 하였지만, 만약 이 사람이 아니었다면 도저히 만들어내지 못했을 것이다. 내가 들으니 원나라 순제(順帝) 때에 저절로 치는 물시계가 있었다 하나, 그러나 만듦새의 정교함이 아마도 영실의 정밀함에는 미치지 못하였을 것이다. 만대에 이어 전할 기물을 능히 만들었으니 그 공이 작지 아니하므로 호군(護軍)의 관직을 더해주고자 한다.

141

한편 조말생을 함길도 감사로 기용하려 했을 때는, 그가 과거에 뇌물죄를 범했다는 이유 때문에 신하들이 거세게 반대했다. 『세종실록』15년 1월 21일 자 기록을 보면, 사간원에서 그를 반드시 파직해달라는 상소를 올리자 세종은 이렇게 답했다.

말생은 태종의 근신(近臣)으로서 국가의 일에 두루 알고 있으므로, 이에 임명해 보낸 것이다. 또 신하들 중에 말생만 한 사람이 있지 아니하니, … 내가 그대들의 말을 아름답게 여기나, 말생을 보낸 뒤에야 함길도의 백성을 구제할 수 있기 때문에 윤허하지 아니한다.

결국 함길도 감사에 임명된 조말생은 중앙과 지방을 오가며 자신이 맡은 임무를 충실히 수행했다. 다만 세종은 군사와 관련된 그의 능력을 활용하되, 무죄를 주장하려는 그의 청을 끝내 물리치고 다시는 주요 관직에 앉히지 않았다.

이조 참의 설순(偰循)의 사례도 이와 유사했다. 그가 창덕궁문 동구(洞口)를 지나며 말에서 내리지 않았다는 이유로 사헌부에서 그를 탄핵했으나, 세종은 설순에게 벼슬을 내려 탄핵을 막았다. 세종은 당시 『통감훈의』(通鑑訓義)를 엮는 일에 몰두하고 있었는데, 설순에게 특별히 벼슬을 주어 찬집(撰集)에 참여하도록 한 것이다. 비록 설순은 사람됨이 거칠고 차근차근하지 못했지만 세종은 그가 서사(書史), 즉 옛 문헌에 능통한 점을 높이 평가했다. 세종의 뜻대로 집현전에 들어간 설순은 마침내 정3품 참의(參議) 자리까지 올랐다.

대부분의 군주가 자신에게 충성하는 친위 세력이나 명문가 출신을 기용한 데 반해, 세종은 전문성을 지녔으며 자기 분야에 열정을 가진 인물을 적극적으로 중용했다. 그 덕에 박연을 비롯해 정인지, 신숙주 등의 인물이 자유로이 활약하며 세종 시대를 조선의 전성기로 이끌 수 있었다.

경영의 근본은 인재를 얻는 데 있다
– 당 태종의 믿음과 보답

중국의 수많은 황제 가운데서도 최고의 명군이라 손꼽히는 이는 바로 당나라의 태종 이세민(李世民)이다. 당 태종은 중국 역사상 손꼽히는 전성기를 이끌었으며, 당시 사관 오긍(吳兢)이 그의 행적을 기록한 『정관정요』(貞觀政要)는 오늘날까지 제왕학(帝王學)의 기본서로 평가받고 있다.

당 태종이 명군으로 평가받는 가장 큰 이유는 탁월한 용인술이다. 그는 즉위 직후 "치국의 근본은 오직 인재를 얻는 데 있다"며 "국가의 요체는 현자를 임용하고 불초한 자를 물리치는 것이다"라고 천명했다. 이어 인재 임용의 기준을 "덕행과 학식을 근본으로 삼는다"라고 정하고, "사람마다 장점이 있다"는 원칙을 내세웠다. 나아가 다섯 차례에 걸쳐 신분을 가리지 않고 재능 있는 이를 등용하는 구현령(求賢令)을 반포하여 각양각색의 뛰어난 인재들을 자신의 곁으로 불러모았다.

당 태종은 가문과 지역, 친하고 소원한 정도에 구애받지 않았다. 당 왕조를 건국하고 진왕(秦王)으로 봉해진 개국 초기부터 그

143

를 보좌한 대신 방현령(房玄齡), 장손무기(長孫無忌), 두여회(杜如晦)는 물론이고 농민 봉기를 일으킨 전적이 있는 서무공(徐茂公), 진숙보(秦叔寶), 정교금(程咬金) 같은 인물도 기꺼이 등용했다. 원래 정적의 부하였던 왕규(王珪), 위징(魏徵) 같은 이들도 있었고 수나라가 망한 뒤 남아 있던 유신(遺臣) 이정(李靖), 우세남(虞世南), 봉덕이(封德彝) 등도 능력에 따라 거두었다. 출신이 미천한 마주(馬周), 손복가(孫伏伽), 장현소(張玄素) 등의 인물도 폭넓게 기용했다. 이들은 모두 자기 자리에서 활약하며 많은 업적을 남겼다.

사실 당 태종은 이른바 '현무문(玄武門)의 변'을 일으켜 형과 동생 등 일족을 모조리 죽이고 황제의 자리에 오른 인물이다. 위징은 본래 그가 죽인 큰형 이건성의 참모였다. 그는 일찍이 이세민의 야심을 간파하고 태자 이건성에게 먼저 조치를 취하라고 건의하였으나, 이를 받아들이지 않았던 이건성은 결국 죽임을 당하고 말았다. 태자의 자리에 오른 이세민은 즉시 위징을 불러 그가 형제 사이를 이간하려 했다는 죄목으로 엄하게 문책했다. 하지만 위징은 얼굴색 하나 변하지 않는 태연자약한 태도로 논리정연하게 응수했다.

"태자께서 신의 말을 따랐더라면 오늘의 화는 없었을 것입니다." 이 말을 들은 이세민은 그의 담대함과 식견에 감탄하여 그를 죽이지 않고 오히려 곁에 두고 중용했다. 당 태종을 보좌하게 된 위징은 군주에게도 굽히지 않고 직언을 아끼지 않았다. 당 태종 역시 공격적이기까지 했던 그의 직언을 노여움 없이 받아들여 자기 수양과 치세에 활용했다. 명참모 위징은 태종이 천하 명군으로 자리매김하는 데 큰 역할을 했다.

가장 믿을 만한 무장인 울지경덕(蔚遲敬德) 역시 적에게서 넘어온 인물이었다. 그는 원래 유무주(劉武周)의 부하로서 당에 항복한 뒤 다시 달아났다. 당 태종은 부하가 울지경덕을 체포하여 막목을 치려던 순간 그를 풀어주고는 무릎을 맞대며 말했다.

"대장부란 모름지기 의기투합해야지, 작은 오해로 원한을 남겨서는 아니 되오. 어떤 자는 보는 눈이 얕아 장군의 기개를 알아보지 못하지만, 나는 장군을 한 치의 의심도 없이 신뢰하오. 떠나든 남든 장군 편한 대로 하시오."

그러고는 여비를 두둑하게 챙겨주었다. 이에 울지경덕은 크게 감동하여 그 자리에 꿇어앉으며 절을 올리고 충성을 맹세했다.

"경덕은 대왕을 떠날 뜻이 없습니다. 이처럼 후애(厚愛)를 받았으니 평생 대왕을 따르기로 결심했습니다. 이 마음은 죽어도 변치 않을 것입니다."

한편 방현령과 두여회는 수나라 말기에 당나라가 처음 군사를 일으킬 때부터 이세민을 도와 천하를 평정하고 재상의 자리까지 올랐으며, 죽을 때까지 그를 섬겼다. 이들은 책략에 능한 방현령과 큰일을 과감히 결단할 줄 아는 두여회라는 의미에서 '방모두단'(房謀杜斷)이라 불리기도 했다.

당 태종이 난세를 다스리는 데 두 사람의 공은 대단히 컸지만, 그들은 결코 자신의 공로를 입 밖에 내지 않았다. 왕규와 위징이 곧잘 태종의 잘못을 간언했으므로, 간언은 두 사람에게 맡기고 간여하지 않았다. 한편 군사 문제는 명장 이세적과 이정에게 일임하고 그들의 방침을 그대로 따랐다. 그리고 당 태종을 도와 태평천하를 이룬 뒤에도 모든 공을 황제에게 돌렸다. 이처럼 공을 내세우지 않았기에 세상에 널리 알려지지는 않았으나, 실제로 이들은 당나라에서 으뜸가는 어진 신하로 꼽을 만한 인물이었다.

당 태종의 치세가 '정관의 치'(貞觀之治)라 불리며 지금까지 치세의 모범으로 전해지는 것은, 결국 인재를 알아보고 믿어준 황제를 위한 그들의 헌신 덕분이었다.

사람의 일이 곧 모든 일을 좌우한다
― 측천무후의 군자만조(君子滿朝)

중국 역사상 유일한 여성 황제인 측천무후(則天武后)는 공포 정치로 악명이 높았다. 무후는 중신들의 불만이 높아지자 전국 각지에 구리로 만든 궤짝을 설치해 밀고를 받았고, 감찰 임무를 맡는 어사중승(御史中丞)에 래준신(來俊臣)을 임명해 거짓 자백을 받아 정적을 제거했다. 그의 심문을 받은 자 가운데 온전한 사람은 한 명도 없었다.

측천무후는 신하를 제압하는 수단을 말[馬]을 제어하는 세 가지 도구에 비유하기도 했다. 하나는 쇠 채찍, 또 하나는 쇠몽둥이, 마지막 하나는 비수인데, 채찍으로 복종시키지 못하면 몽둥이로 제압하고, 그것으로도 안 되면 비수로 숨통을 끊는다는 것이다.

그럼에도 측천무후의 인재 기용만큼은 과감하고 공정했다. 그녀가 기용한 누사덕(婁師德), 적인걸(狄仁杰), 요원숭(姚元崇), 위원충(魏元忠) 등은 모두 명재상이었다. 이 시기를 훌륭한 인물이 조정에 가득하다 하여 '군자만조'(君子滿朝)라 불렀다.

그녀는 가문을 따지지 않고 인재를 등용하고, 선비들에게 직접 정책을 물었다. 그리하여 "관리를 보충하는 수레가 연이어 다니고, 그럼에도 남겨진 인재가 헤아릴 수 없이 많았다"는 기록이 남아 있다. 이처럼 인재를 적절히 발탁하고 정치를 맡겼기에 측천무후 시대는 오랜 안정기를 누릴 수 있었다.

측천무후가 발탁한 인물 가운데 누사덕은 관대하고 온후하면서도 신중한 인물이었다. 그는 무후가 인재를 찾을 때마다 적인걸을 추천했는데, 적인걸은 도리어 자신을 비판한다는 것을 알면서도 결코 그를 탓하지 않았다.

어느 날 측천무후가 적인걸에게 "내가 그대를 중용한 것은 누사덕의 추천 때문이오"라고 밝히자, 그는 "누사덕의 덕이 참으로 위대하도다! 나는 오랫동안 그의 도움을 받았으면서도 그를 비난하기만 했으니, 부끄럽기 짝이 없구나!"라며 스스로를 부끄러워하고 누사덕의 덕을 찬탄했다.

그러나 적인걸 또한 당대 최고의 인물이었다. 그는 군주의 잘못을 서슴없이 비판하고, 조정에서 시비를 다투는 데 거리낌이 없었다. 그는 여러 대신 중에서도 측천무후의 절대적 신임을 받았다. 무후는 그의 말을 기꺼이 받아들였고, 그의 이름을 부르는 대신 국로(國老)라 존칭했다.

어떤 사람이 적인걸에게 "천하의 도리(桃李, 훌륭한 제자나 문하생)가 모두 어르신 문하에 모여 있습니다"라고 말하자 그는 "내가 어진 사람을 기르고 추천하는 것은 나라를 위해서이지, 사사로운 이익을 위해서가 아니오"라며 그 사람을 나무랐다.

그러던 어느 날 측천무후가 적인걸에게 물었다.

“훌륭한 인물을 한 사람 얻고 싶은데, 적당한 자가 있겠소?”

적인걸이 답했다.

“장간지라는 인물이 있습니다. 나이는 많지만 재상의 재목입니다.”

측천무후는 곧 장간지를 사마에 임명하고, 뒤이어 재상의 자리에 앉혔다. 그러나 훗날 무후의 병세가 위중해지자, 장간지는 군사를 이끌고 궁중에 들어가 그녀가 총애하던 장역지(張易之)와 장창종(張昌宗)을 베고, 무후로 하여금 태자에게 황제의 자리를 양위하도록 강제했다.

역시 인사(人事)가 만사(萬事)였다. 측천무후는 인재를 잘 등용하여 오랫동안 안정된 치세를 구가했으나, 그녀가 불러들인 한 사람이 훗날 그녀와 한 왕조의 운명을 바꾸었다.

허물보다 본질에 집중하라
– 술주정꾼을 사령관에 임용한 링컨

미국 남북전쟁 초기, 북부 연방의 대통령 링컨은 북군(北軍)을 이끌 장군을 서너 명 기용했지만 모두 남군(南軍)에 패하고 말았다. 그의 기용 기준은 ‘큰 과오가 없을 것’이었는데, 결국 무난한 사람을 임용했다가 번번이 패배했다.

반면 남군 총사령관인 로버트 리 장군의 기준은 달랐다. 그는 사적인 단점이 있더라도 그것이 전쟁 수행과 무관하다면 유능한 인물을 과감히 기용했고, 그들은 연이어 승리를 거두었다.

링컨은 거듭된 패배를 통해 뼈아픈 교훈을 얻었다. 그는 술을 좋아하는 두주불사(斗酒不辭)였지만 지휘 능력만큼은 탁월한 그랜트 장군을 총사령관으로 임명했다. 주변에서 알코올 중독자를 사령관 자리에 앉힐 수 없다며 극렬히 반대하자, 링컨은 "그가 어떤 술을 좋아하는지 알게 되면, 그 술을 몇 통 보내 같이 즐길 수 있도록 하겠소"라고 응수했다. 다른 이들이 담대하게 진격하는 그랜트의 모습을 따르게 하겠다는 농담이었다.

그랜트 장군의 임명은 남북전쟁의 분수령이 되었다. 그는 거침없는 공세와 무자비한 작전 수행으로 전세를 뒤집었고, 마침내 리 장군의 항복을 받아냈다.

링컨의 선택은 임무를 완수하고 국면을 바꿀 능력을 가진 적임자에게 충분한 권한과 기회를 부여할 때, 비로소 승리를 거둘 수 있다는 점을 보여준다.

제6편
허
실
虛實

허실을 꿰뚫어 주도권을 잡아라

「허실」(虛實)은 문자 그대로 허(虛)와 실(實), 즉 허함과 실함을 다룬다. 손자는 시공(時空)을 장악하여 주도권을 쥐어야 한다고 강조하는데, 그 핵심은 "적의 상황에 따라 각기 다른 승리의 방책을 구사한다"[因敵而制勝 인적이제승]는 데 있다. 이를 실현할 구체적인 전략은 크게 두 가지다.

첫 번째로 "적은 드러나게 하고, 나는 감추어 드러내지 않는다"[形人而我無形 형인이아무형]. 나의 허와 실을 감춤으로써 적이 자만해 스스로 위험에 빠지게 하거나, 반대로 지나치게 신중해져 수세적 태도에 머물도록 만드는 것이다.

두 번째는 적의 견실한 곳을 피하고 취약한 곳을 공격하는 '피실격허'(避實擊虛)이다. 즉 나의 강점으로 상대의 약점을 치는 것이다. 세상에 완전무결한 존재는 없다. 적에게 약점이 있듯 나에게도 약점이 있고, 서로의 강점이 허점으로 작용하기도 한다. 다시 말해 모든 것에는 허와 실이 공존한다.

따라서 적과 나의 상황을 정확히 파악할 수 있다면, 허실을 자

유로이 운용할 수 있다. 이를테면 "적이 편안하면 피곤하게 만들고, 적의 양식이 풍부하면 고갈되게 만들며, 적이 평온하면 움직이게 하여 평온히 있지 못하게 만든다"[敵佚能勞之, 飽能飢之, 安能動之 적일능로지 포능기지 안능동지]. 이로써 적의 실을 허로 바꿀 수 있으며, 반대로 나의 허를 실로 전환할 수도 있다.

무릇 병법이란 물의 흐름과도 같다. 손자는 물에 일정한 형상이 없듯 전쟁에도 변치 않는 세(勢)는 없다고 했다. 지형의 고저가 물길을 바꾸듯, 형세의 허와 실이 전쟁의 흐름을 좌우한다. 용병에 능한 자는 스스로를 감추고 허실의 본질을 꿰뚫어 형세를 주도하기에 비로소 탁월해지는 것이다.

적의 운명을 설계하라

① 손자는 말한다.

양군이 교전할 때, 전쟁터에 먼저 도착한 군대는 힘을 비축하며 주도권을 장악할 수 있어 편안하지만, 뒤늦게 도착해 황급히 전쟁에 임하는 군대는 피동적일 수밖에 없으며 피로해진다. 그러므로 용병에 능한 자는 적을 자신의 의도대로 움직이게 만들고, 자신은 적의 의도대로 움직이지 않는다. 내가 정한 곳으로 적을 끌어들일 수 있는 까닭은 이익으로 적을 유인하기 때문이고, 적이 원하는 지점에 도달하지 못하게 할 수 있는 까닭은 내가 이미 병력을 배치해 실력으로 길목을 막고 있기 때문이다.

② 즉, 적이 편안하면 피곤하게 만들고, 적의 양식이 풍부하면 고갈되게 만들며, 적이 평온하면 움직이게 하여 평온히 있지 못하게 만든다. 적이 방비하지 않는 곳을 공격하고, 적이 예측하지 못한 곳에 출격한다.

③ 천 리를 행군하고도 피로하지 않은 것은 적이 없거나 방비하지 않는 곳으로 행군하기 때문이다. 공격이 성과를 거두는 것은 적의 방비가 소홀하거나 방비하기 어려운 곳을 공격하기 때문이다. 방비가 굳건한 것은, 애초에 적이 공격하지 않는 곳을 지켰기 때문이다. 그러므로 공격에 능한 자는 적으로 하여금 어디를 지켜

야 할지 알지 못하게 만들고, 방비에 능한 자는 적으로 하여금 어디를 공격해야 할지 알지 못하게 만든다. 심오하고도 정묘하도다! 도무지 흔적조차 보이지 않는다. 신비하고도 현묘하도다! 도무지 어떤 소리도 새어 나오지 않는다. 그러므로 적의 운명을 좌우하는 주재자가 될 수 있다.

④ 내가 전진할 때 적이 제어하지 못하는 것은 적이 비어 있는 곳으로 전진하기 때문이다. 내가 퇴각할 때 적이 추격하지 못하는 것은 이미 신속하게 퇴각해 적이 따라잡을 수 없기 때문이다. 내가 적과 결전하고자 할 때는, 적이 아무리 높은 보루와 깊은 참호를 굳게 지키고 있더라도 부득이 나와서 응전할 수밖에 없다. 적이 반드시 사수해야 할 요충지를 공격하기 때문이다. 적과 교전하고 싶지 않을 때는, 비록 내가 노출된 곳에 머물러 있더라도 적은 나와 교전할 수 없다. 이미 수를 내어 적군의 공격 방향을 바꿔놓았기 때문이다.

① 孫子曰: 凡先處戰地而待敵者佚, 後處戰地而趨戰¹⁾者勞. 故善戰
손 자 왈　 범 선 처 전 지 이 대 적 자 일　 후 처 전 지 이 추 전　 자 로　 고 선 전

者, 致人而不致於人. 能使敵自至者, 利之也; 能使敵不得至者, 害
자　 치 인 이 불 치 어 인　 능 사 적 자 지 자　 리 지 야　 능 사 적 부 득 지 자　 해

之也. ② 故敵佚能勞之, 飽能飢之, 安能動之. 出其所不趨, 趨其
지 야　　 고 적 일 능 로 지　 포 능 기 지　 안 능 동 지　 출 기 소 불 추　 추 기

所不意.
소 불 의

③ 行千里而不勞者, 行於無人之地也. 攻而必取者, 攻其所不守也;
행 천 리 이 불 로 자　 행 어 무 인 지 지 야　 공 이 필 취 자　 공 기 소 불 수 야

守而必固者, 守其所不攻也. 故善攻者, 敵不知其所守; 善守者,
수 이 필 고 자　 수 기 소 불 공 야　 고 선 공 자　 적 부 지 기 소 수　 선 수 자

敵不知其所攻. 微乎微乎, 至於無形; 神乎神乎, 至於無聲, 故能
적 부 지 기 소 공　 미 호 미 호　 지 어 무 형　 신 호 신 호　 지 어 무 성　 고 능

爲敵之司命.
위 적 지 사 명

4

進而不可禦者, 沖其虛也; 退而不可追者, 速而不可及也. 故我
진 이 불 가 어 자　충 기 허 야　퇴 이 불 가 추 자　속 이 불 가 급 야　고 아

欲戰, 敵雖高壘深溝, 不得不與我戰者, 攻其所必救也; 我不欲戰,
욕 전　적 수 고 루 심 구　부 득 불 여 아 전 자　공 기 소 필 구 야　아 불 욕 전

雖畫地而守之, 敵不得與我戰者, 乖其所之也.
수 획 지 이 수 지　적 부 득 여 아 전 자　괴 기 소 지 야

※ 한자 풀이

1) 趨戰(추전) 전(趨)은 '빨리 가다'라는 뜻으로, 추전은 '황급히 전쟁에
임하다'라는 의미로 해석한다.

내가 원하는 대로 상대를 움직여라
– 당 태종이 아낀 병법의 백미 「허실」

중국의 전성기를 이끈 명군, 당 태종 이세민은 뛰어난 명장이기
도 했다. 그는 몸소 전장을 누비며 수많은 승리를 거둔 당나라 건
국의 실질적인 주역이었다. 당 태종은 여러 병법서 가운데서도
『손자병법』이 가장 뛰어나다고 극찬했는데, 그중에서도 「허실」을
정수로 꼽았다. 이정(李靖) 장군과 군사 문제를 주제로 나눈 문답
이 담긴 『이위공문대』(李衛公問對)[1]에서도 그러한 생각이 잘 드러

---

1 중국의 병법에 관한 일곱 가지 책을 이르는 '무경칠서'(武經七書)의 하나다. 여기
　서 이위공(李衛公)은 이정 장군을 이르는 것으로, 그가 위국공(衛國公)에 봉해진
　데서 나온 명칭이다. 『이위공문대』의 저자를 두고 이정 장군이 직접 저술했다는
　설과, 후대 사람들이 그의 언행을 모아 편집했다는 설이 전해진다.

당 태종 이세민 명나라 시대에 그려진 당나라 태종 이세민의 초상화이다. 명군이자 명장이기도 했던 그는 『손자병법』을 최고의 병서로 평가했다.

난다.

"내가 읽은 모든 책 가운데 『손자병법』을 능가하는 것은 없소. 그중에서도 「허실」편이 백미요. 용병에서 허실의 세(勢)를 꿰뚫어 볼 수 있다면 어디서든 반드시 승리를 거둘 수 있소. 제장 모두가 피실격허(避實擊虛)를 이야기하나, 막상 실전에서는 적의 허실을 제대로 파악하지 못하오. 그러니 내가 적을 움직이게 해야 하는데, 도리어 적에게 휘둘려 움직이게 되는 것이오."

이정 장군 또한 이렇게 말했다.

"병법의 수많은 글은 모두 '치인이불치어인'(致人而不致於人), 이 한마디를 벗어나지 못합니다. 신 또한 장수들에게 늘 이 원리를 가르치고 있습니다."

즉, 두 사람 모두 "적을 자신의 의도대로 움직이게 만들고, 자신은 적의 의도대로 움직이지 않는다"라는 내용이 병법의 핵심이라 본 것이다. 전쟁에서 가장 경계해야 할 상황은 적의 의도에 말려들어 피동적으로 끌려다니는 것이다. 주도권을 쥐고 상대를 의도한 대로 움직여 내가 미리 구상한 시간, 장소, 조건에서 적을 상대하면 능히 승리할 수 있다.

상대가 원하는 대로 끌려다니지 마라
– 영락제의 몽골 원정

명나라 영락제는 유독 용렬한 황제가 많았던 명 왕조에서도 보기 드물게 뛰어난 군주였다. 그는 북쪽의 몽골족 정벌을 위해 다섯 차례 친정(親征)에 나섰는데, 고비사막을 넘어 직접 출정한 한족 황제는 그가 유일했다.

1410년에는 50만 대군을 이끌고 북의 몽골을 토벌했고, 안남(安南)이 복종하지 않자 여러 차례 군대를 보내 정벌했다. 특히 아프리카 남단까지 세력을 떨쳤던 무장 정화(鄭和)의 대규모 해상 원정은 역사에 길이 남을 위업이었다.

당시 몽골은 명나라에 의해 중원에서 밀려나 북원(北元)을 세웠다. 명목상 군주는 번야스리 칸이었지만, 실권은 타타르족 출신의 야루타이가 쥐고 있었다. 명에 굴복하지 않던 이들은 어느 날 명나라에서 파견한 사신을 살해했고, 명나라는 분노하며 10만 대군을 파견했다. 그러나 명나라 군대는 적을 경시한 나머지 매복 작전에 휘말려 궤멸당하고 말았다.

이 소식을 들은 영락제는 50만 대군을 이끌고 출정에 나섰다. 몽골군은 명나라군을 유인해 병력을 분산시킨 뒤 각개격파하려는 계책을 세우고, 번야스리는 서쪽으로, 야루타이는 동쪽으로 나뉘어 퇴각하는 작전을 전개했다. 하지만 영락제는 흔들리지 않았다. 그는 오직 서쪽의 번야스리 방면으로 병력을 집중시켰다. 그는 2만 명의 정예 추격대를 편성하여, 전차도 버리고 건조 식량만 휴대한 채 종적이 묘연해진 적군을 맹렬히 추격했다.

그렇게 추격에 나선 지 20일 만에 번야스리의 본대를 따라잡아 대파했고, 번야스리는 몇몇 부하들과 간신히 탈출했다. 이어 영락제는 즉시 부대를 재정비해 동쪽으로 간 야루타이를 뒤쫓았고, 이들 또한 크게 격파했다. 야루타이는 식솔만 거린 채 겨우 도주했을 뿐이다.

　영락제는 몽골의 분산 유인책에 흔들리지 않았다. 그는 시종일관 전쟁의 주도권을 쥔 채 자신의 전략대로 병력을 집중하여 적을 격파할 수 있었다. 무릇 전쟁의 핵심은 주도권 장악이다. 주도권을 빼앗기고 적에게 끌려다니기 시작하면, 패배는 정해진 수순이나 다름없다.

나를 감추어 적을 드러내라

① 적은 드러나게 하고 나는 감추어 드러내지 않으니, 나의 병력은 집중되지만 적의 병력은 분산된다. 나의 병력은 한 군데 집중되지만 적의 병력은 열 군데로 분산되니, 나는 열 배의 병력으로 적을 공격할 수 있다. 집중된 다수 병력으로 분산된 소수 병력을 상대하니, 내가 상대할 적은 미약해진다. 내가 공격할 지점을 알 수 없게 하니, 적은 방어선을 넓게 펼 수밖에 없고, 그럴수록 내가 맞닥뜨릴 병력은 더욱 줄어든다.

② 전방을 방비하면 곧 후방 병력이 부족해지고, 후방을 방비하면 곧 전방 병력이 부족해진다. 좌측을 방비하면 우측 병력이 부족해지고, 우측을 방비하면 좌측 병력이 부족해진다. 모든 곳을 방비하면, 곧 병력이 부족하지 않은 곳이 없어진다. 적의 병력이 적고 힘이 약한 까닭은 모든 곳을 방비하기 때문이다. 내가 병력이 많고 힘이 강한 까닭은 적으로 하여금 병력을 분산시켜 모든 곳을 방비하게 만들기 때문이다.

③ 교전하는 지점과 시간을 미리 알면, 비록 천 리를 행군해도 적과 능히 회전(會戰)[2]할 수 있다. 교전하는 지점도 시간도 알지 못하고 갑자기 적과 조우하면, 좌측은 우측을 지원할 수 없고 우측은 좌측을 지원할 수 없으며, 전방은 후방을 구원할 수 없고 후방

은 전방을 구원할 수 없다. 하물며 서로가 가깝게는 몇 리, 멀게는 수십 리를 떨어져 있다면 어떻게 대처할 수 있겠는가?

내가 미루어 보건대, 월나라의 병력이 비록 많다고는 하나 승리에 무슨 도움이 되겠는가? 그러므로 승리란 쟁취할 수 있는 것이니, 적의 병력이 많다 해도 그들을 분산시켜 모든 역량으로 나와 교전할 수 없게 만들 수 있다.

① 故形人而我無形, 則我專而敵分. 我專爲一, 敵分爲十, 是以十攻
고형인이아무형 즉아전이적분 아전위일 적분위십 시이십공

其一也, 則我衆而敵寡. 能以衆擊寡者, 則吾之所與戰者, 約[1]矣.
기일야 즉아중이적과 능이중격과자 즉오지소여전자 약 의

吾所與戰之地, 不可知, 則敵所備者多, 敵所備者多, 則吾之所與
오소여전지지 불가지 즉적소비자다 적소비자다 즉오지소여

戰者寡矣. ② 故備前則後寡, 備後則前寡, 備左則右寡, 備右則左
전자과의 고비전즉후과 비후즉전과 비좌즉우과 비우즉좌

寡, 無所不備, 則無所不寡. 寡者, 備人者也; 衆者, 使人備己者也.
과 무소불비 즉무소불과 과자 비인자야 중자 사인비기자야

③ 故知戰之地, 知戰之日, 則可千里而會戰; 不知戰之地, 不知戰
고지전지지 지전지일 즉가천리이회전 부지전지지 부지전

之日, 則左不能救右, 右不能救左, 前不能救後, 後不能救前, 而
지일 즉좌불능구우 우불능구좌 전불능구후 후불능구전 이

況遠者數十里, 近者數里乎! 以吾度[2]之, 越人之兵雖多, 亦奚益
황원자수십리 근자수리호 이오탁 지 월인지병수다 역해익

於勝敗哉! 故曰: 勝可擅也. 敵雖衆, 可使無鬪.
어승패재 고왈 승가천야 적수중 가사무투

---

2 '일정한 장소에 양측의 대규모 병력이 집결하여 벌이는 전쟁'이라는 뜻으로, 『손자병법』에서 처음 제기한 개념이다. 손자 이전 시기에는 주로 전차를 중심으로 차전(車戰)을 벌였으나, 춘추전국시대에는 보병전, 특히 공성전이 중심이 되어 양군이 일정한 장소에 모여 치르는 전쟁이 주류로 자리 잡았다. 손자는 이 현상을 날카롭게 포착하여 개념화했다.

속내를 감추고 결정타를 날려라
– 일곱 나라의 반란을 제압한 주아부

한나라의 고조 유방은 천하를 통일한 뒤 공신과 황족들을 제후로 봉해 여러 제후국을 세웠다. 경제(景帝) 때에 이르러 제후국이 지나치게 강성해지자, 조정은 이들의 영토와 권한을 축소하려 했다. 이러한 조치에 불만을 품은 일곱 제후국은 오나라를 주축으로 연합해 ‘오초칠국(吳楚七國)의 난’을 일으켰다. 황제는 주아부(周亞父)를 대장군으로 임명해 반란군 진압을 명했다. 그때 주아부가 황제에게 아뢰었다.

“지금 반란군은 사납고 기세가 등등하여 정면으로 맞서면 승패를 예측하기 어렵습니다. 그러니 우선 양나라 땅을 잠시 내주어 저들의 보급로를 차단해야 합니다.”

황제는 그의 의견을 받아들였다. 주아부는 요충지인 형양(滎陽)에 병력을 집결시켰다. 당시 반란군은 양나라를 공격하고 있었는데, 위기에 처한 양나라는 주아부에게 도움을 요청했다. 하지만 주아부는 일부러 듣지 못한 척하며, 오히려 양나라에서 떨어진 곳에 군대를 주둔시켜 견고한 방어 진지를 쌓았다.

날마다 사자를 보내 호소해도 주아부가 움직이지 않자 양나라는 황제에게 직접 상소했고, 황제는 구원병을 보내라 명령했다. 그러나 주아부는 요지부동이었다. 대신 그는 신뢰할 만한 부하를 보내 기습하여 반란군의 보급로를 차단했다.

보급로가 끊긴 반란군은 굶주림에 시달리며 사력을 다해 싸움을 걸어왔지만, 주아부는 병사들에게 절대 응전하지 말라는 명령을 내렸다. 맹렬한 공격에 동요한 일부 병사가 큰 소란을 일으켰을 때도 장막 안 침상에 누워 눈길조차 주지 않았고, 소란은 저절로 가라앉았다.

반란군은 정예부대를 투입해 성벽을 허물어뜨리려 했지만, 철통같은 방어벽을 뚫을 수 없었다. 결국 제풀에 지친 반란군은 식량마저 떨어지자 철수를 결심했다.

바로 그때, 이제껏 단 한 번도 맞서 싸우지 않던 주아부가 전군에 공격을 명했다. 굳게 닫혀 있던 성문을 열고 모든 병사가 일제히 쏟아져 나와 반란군을 포위했다. 반란군은 제대로 싸워보지도 못한 채 퇴각했다. 반란군의 총수인 오나라 왕 비(濞)는 소수의 호위병과 함께 강남 단도(丹徒)까지 달아났다.

주아부는 반란군을 추격해 포로로 잡고 항복을 받아내고는, 오왕 비의 목에 현상금을 걸었다. 한 달여가 지나 월나라 사람이 오왕의 목을 베었다는 보고가 들어왔다. 이로써 반란은 불과 석 달 만에 진압되었다.

사람들은 그제야 주아부의 작전이 모두 계획된 것임을 깨달았다. 양나라의 구원 요청에도 묵묵부답이던 그는, 자신의 의도를 감추고 적과 교전할 지점과 시간을 뜻한 대로 이끌었다. 반면 갑작스럽게 싸우게 된 반란군은 제대로 대처할 수 없었다. 이 공로로 주아부는 승상의 자리에 올랐다. 그는 적이 나의 의도대로 움직이게 만들라는 『손자병법』의 가르침을 몸소 입증해 보였다.

흐름을 읽고 허를 찔러라

① 그러므로 분석을 통해 적의 계획이 가진 득실과 강약을 가늠하고, 자극을 주어 행동 방식을 살필 수 있다. 또 아군의 거짓된 모습을 일부러 드러내어 적의 강점과 약점을 드러나게 하고, 시험적인 공격으로 병력 배치까지 확인할 수 있다. 이러한 기만책을 극도로 능숙하게 구사하면 아군의 실체는 흔적조차 감출 수 있다. 이 단계에 이르면, 아무리 깊숙이 숨어든 간자(間者)일지라도 나의 허실을 알아낼 수 없고, 아무리 지모가 출중한 적장일지라도 나의 계책에 대응할 수 없다.

② 적정(敵情)에 근거해 세운 승리의 계책은, 비록 많은 사람 앞에 펼쳐 보인다 해도 그 오묘한 이치를 알지 못한다. 사람들은 다만 내가 승리했다는 사실만 알 뿐, 어떠한 방법으로 적을 무너뜨리고 승리했는지는 알지 못한다. 승리의 계책은 결코 되풀이되지 않는데, 상이한 형세에 따라 무궁무진한 방식으로 운용되기 때문이다.

③ 무릇 용병의 규율은 물의 흐름과도 같다. 물이 높은 곳을 피해 낮은 곳으로 흘러가듯, 용병의 규율은 적의 견실한 실(實)을 피해 취약한 허(虛)를 공략하는 데 있다. 물은 지세에 근거하여 흘러가고, 용병은 상이한 적정에 근거하여 각기 다른 승리의 책략을 구

사한다. 용병은 변하지 않는 상세(常勢)가 없고, 물은 변하지 않는 상형(常形)이 없다. 적정의 변화에 근거하여 능히 승리를 거두는 것을 곧 신과 같은 용병이라고 한다.

④ 금(金), 목(木), 수(水), 화(火), 토(土)의 오행(五行)은 서로 상생(相生)하고 상극(相剋)한다. 사계절은 끝없이 순환하고, 해는 길어졌다가 짧아지며, 달은 기울었다가 다시 차오르며 영원히 변화를 거듭한다.

① 故策[1]之而知得失之計, 作[2]之而知動靜之理, 形[3]之而知死生之
고 책　지이지득실지계　작　지이지동정지리　형　지이지사생지

地, 角[4]之而知有餘不足之處. 故形兵之極, 至於無形. 無形, 則深
지 각　지이지유여부족지처　고형병지극　지어무형　무형　즉심

間不能窺, 智者不能謀. ② 因形而措勝於衆, 衆不能知. 人皆知我
간불능규　지자불능모　　인형이조승어중　중불능지　인개지아

所以勝之形, 而莫知吾所以制勝之形. 故其戰勝不復, 而應形於
소이승지형　이막지오소이제승지형　고기전승불부　이응형어

無窮.
무궁

③ 夫兵形象水, 水之形, 避高而趨下; 兵之形, 避實而擊虛. 水因地
부병형상수　수지형　피고이추하　병지형　피실이격허　수인지

而制行, 兵因敵而制勝. 故兵無常勢, 水無常形, 能因敵變化而取
이제행　병인적이제승　고병무상　수무상형　능인적변화이취

勝者, 謂之神. ④ 故五行無常勝, 四時無常位, 日有短長, 月有死
승자　위지신　　고오행무상승　사시무상위　일유단장　월유사

生.
생

※ **한자 풀이**

[1] **策**(책) '분석하다' 혹은 '산정(算定)하다'라는 의미이다.

[2] **作**(작) '자극하는 행동을 하다'라는 뜻이다.

3) 形(형) ‘시형’(示形)을 뜻하는 것으로서, ‘적에게 아군의 거짓 모습을 일부러 보여주다’라는 뜻이다.

4) 角(각) ‘비교하다’라는 의미로, 여기서는 ‘시험적인 공격을 하다’라고 해석한다.

실상을 감추고 허를 꿰뚫어라
– 원수의 손으로 자신의 이름을 빛낸 손빈

손빈은 전국시대 제나라의 병법가로, 손자의 후손이다. 손자 사후 100여 년 후에 태어나 그 또한 병법가로서 명성을 떨쳤다. 어릴 적부터 방연과 함께 귀곡자(鬼谷子)라는 스승 아래서 병법을 배웠으며, 방연이 먼저 위나라의 관직을 얻어 위 혜왕의 장군이 되었다. 그러나 방연은 왕의 신임을 받으면서도 자신이 손빈에 미치지 못한다는 열등감을 품고 있었다.

방연은 손빈을 위나라로 초청했으나 이는 사실 손빈을 해치려는 음모였다. 다시 한번 손빈이 자신보다 뛰어남을 확인한 방연은 손빈에게 간첩 혐의를 덮어씌웠다. 결국 손빈은 양쪽 다리가 잘리는 빈형(臏刑)³에 이어 경형(黥刑)⁴까지 받게 되었다.

방연은 손빈을 관노(官奴)로 전락시켜 다시는 관리가 되지 못하게 할 생각이었다. 자신보다 뛰어난 적수가 다시는 이 세상에서 쓰일 수 없도록 하려는 것이었다. 손빈은 폐인이 되어 하루 종일

---

3 양쪽 다리의 슬개골을 뜯어내는 형벌이다.
4 얼굴에 먹글씨를 새기는 형벌이다.

손빈 제나라 출신 병법가로, 손자의 후손이다. 계릉 전투와 마릉 전투를 승리로 이끌었으며, 병서 『손빈병법』 을 남겼다.

방에 누운 채 세 끼 밥을 받아먹는 신세가 되고 말았다.

그러던 중 제나라 사신이 위나라를 방문하자, 손빈은 남몰래 손을 써서 그와 접촉했다. 사신은 손빈과 나눈 몇 마디만으로 그의 재능을 간파하고는 그를 수레에 숨겨 제나라로 데려갔다. 전기(田忌) 또한 손빈을 알아보고 제나라 위왕(威王)에게 추천했다. 왕은 손빈을 불러 병법에 대해 묻고는 곧바로 그를 군사(軍師)로 임명했다.

십여 년이 흐른 기원전 343년, 위나라가 조나라와 손잡고 한나라를 공격했다. 제나라는 한나라가 구원을 요청하자 전기를 장군으로, 손빈을 군사로 삼아 군대를 보냈다. 손빈과 전기는 기원전 353년 계릉(桂陵) 전투에서 우회 전술로 방연이 이끄는 위나라 군을 격파한 적이 있는데, 이번에도 위나라와 직접 맞붙는 대신 후방을 공격하는 전략을 세워 위나라의 수도 대량(大梁)을 향해 진격했다. 이 소식을 들은 방연은 한나라에 대한 공격을 포기하고 급히 회군했다. 이 무렵 제나라 군대는 이미 국경을 넘어 위나라 서쪽으로 깊숙이 진군하고 있었다.

손빈은 방연의 군대가 곧 도착하리라는 것을 예측하고 전기에게 말했다.

"본래 위나라 군사는 용감무쌍하고, 제나라 군사는 겁쟁이라고 소문나 있습니다. 전쟁을 잘하는 자는 주어진 형세를 이용하여 자신에게 유리하도록 만듭니다. 병법에 이르기를 '백 리 길을 달려온 군대는 상장군(上將軍)을 잃고, 오십 리를 달려온 군대는 절반만 도착한다'[5]라고 했습니다. 만약 적이 우리를 얕보고 겁 없이 덤벼든다면, 그것이 우리에게는 가장 유리한 상황이니 마치 겁을 먹은 것처럼 꾸며 적을 교만하게 만들어야 합니다. 그러니 위나라 땅에 진입하면 첫날은 군사들에게 아궁이를 10만 개 만들게 하고, 이튿날은 5만 개, 그다음 날은 3만 개를 만들도록 하십시오."

위나라로 돌아온 방연은 제나라 군대를 사흘간 추적하며 아궁이 수가 점점 줄어드는 것을 보고 기뻐하며 말했다.

"제나라 군대가 겁쟁이라는 말은 진작부터 들어 알고 있었지만, 우리나라에 들어온 지 사흘 만에 벌써 반수 이상이 도망쳤구나!"

방연은 움직임이 느린 보병대는 버리고 기동력 있는 기병대만을 이끌고 제나라 군대를 추격했다. 손빈은 방연의 속도를 계산해, 그가 해가 진 뒤 마릉(馬陵)에 도착하리라 예측했다. 마릉은 양쪽이 산으로 둘러싸여 길이 좁고 험하여 매복하기에 알맞은 곳이었다. 손빈은 병사들에게 큰 나무의 껍질을 벗기고, 이런 내용을 커다랗게 새기도록 했다.

"방연, 이 나무 아래에서 죽다."

그러고는 활을 잘 쏘는 병사들에게 강궁을 나누어 주고 길가에

5 『손자병법』 제7편 「군쟁」에 나오는 내용이다.

매복시킨 뒤 명령했다.

"날이 저물면 이 나무 아래 불이 켜질 것이다. 그 불빛을 향해 일제히 활을 쏘아라."

과연 그날 밤, 방연은 껍질이 벗겨진 나무 아래에 도착했다. 그는 나무에 무언가 새겨져 있는 것을 발견하고는, 그 글자를 확인하려 불을 밝히게 했다. 이윽고 불이 타오르자 글자를 채 다 읽기도 전에 제나라 병사들의 화살이 비 오듯 쏟아졌다. 위나라 군대는 어둠 속에서 대혼란에 빠졌다.

방연은 이미 손쓸 도리가 없음을 깨닫고 칼을 빼어 자결하며, 죽기 직전 이렇게 탄식했다.

"결국 내가 저 아이의 이름을 빛내주는구나!"

제나라는 이 기세를 몰아 위나라 군을 궤멸시키고 위나라 태자마저 포로로 사로잡아 귀환했다.

손빈은 아궁이 숫자로 실상을 감추고 허를 내보였고, 적정을 정확히 파악해 세운 계책으로 승리를 거두었다. 방연은 스스로 불을 피워 공격 개시를 알리고, 끝내 손빈의 이름을 역사에 새기는 역할을 맡게 되었으니, 이는 실로 손자가 말한 "신과 같은 용병"이라 할 만하다.

제7편

군
쟁

軍爭

주도권 경쟁의 기술

'군쟁'(軍爭)이란 전쟁 중 양측이 주도권을 차지하기 위해 벌이는 경쟁을 뜻한다. 손자는 용병에서 가장 중요한 것으로 군쟁을 꼽으며, 특히 불리한 조건을 유리한 조건으로 전환하는 일의 중요성을 강조한다. 이를 위해서는 지형, 시간, 상황 등 온갖 요소를 면밀히 고려해야 한다.

앞서 「계」편부터 「허실」편에 이르기까지, 손자는 일관되게 대전략의 중요성을 설파해왔다. 그러나 대전략만으로 전쟁에서 승리를 거둘 수 있는 것은 아니다. 계획을 실행에 옮길 때 비로소 성패가 갈린다.

바로 이 점에서 「군쟁」편은 한층 더 실질적인 의미를 지닌다. 지금까지는 전쟁의 원칙을 주로 다루었다면, 이제부터는 전장에서 시행해야 할 현실적인 과제를 탐구한다. 본 편에서는 행군, 지휘 체계 확립, 병사의 사기 진작, 적을 속이는 기만전술 등 주도권을 쟁취하기 위해 필요한 내용을 구체적으로 설명하고 있다.

주도권 경쟁이 승패를 결정한다

1 손자는 말한다.

용병의 원칙에서 장수가 군주의 명을 받아 군대를 소집할 때부터 전쟁터에 도달해 주둔하고 적과 대치할 때까지, 적보다 먼저 유리한 전기(戰機)를 쟁취하여 주도권을 장악하는 군쟁(軍爭)보다 더 중요하고 어려운 것은 없다. 군쟁 가운데 가장 어려운 것은 우회하는 방식으로 진군하여 예정된 전장에 더 신속히 도달하고, 불리한 조건을 유리한 조건으로 전환하는 일이다. 우회하여 전진하고 이익으로 유혹하여 적으로 하여금 내가 어디로 향하는지 알지 못하게 한다. 그리하여 적보다 늦게 출발해도 도리어 목적지에 먼저 도달할 수 있다. 능히 이를 행할 수 있다면, 우직지계(迂直之計)[1]에 통달한 장수이다.

2 군쟁에는 유리함이 있지만 동시에 불리함도 따른다. 유리한 조건을 쟁취하기 위해 전군이 모든 군비(軍備)와 군수품을 갖추고 출동하면, 적보다 먼저 도달할 수 없다. 반면 유리한 조건을 쟁취하기 위해 모든 필수 중장비와 군수품을 버리고 경장(輕裝)으로

---

1 멀리 돌아서 가는 것이 곧바로 가는 것보다 효과적일 수 있다는 계책.

전진하면, 군수물자에 손실이 생긴다. 만일 경장으로 밤낮없이 전속력으로 백 리 길을 행군하면, 삼군(三軍)²의 장수는 모두 포로가 될 것이요, 건장한 병사는 앞서 도달할 수 있으나 그렇지 못한 병사는 뒤처져 결국 병력의 열에 하나만이 기한 내 도달할 것이다. 오십 리를 급히 행군하면, 선두 부대의 장수는 반드시 손실을 입고 병력의 반수만이 기한 내에 도달할 것이다. 삼십 리를 급히 행군하면, 병력의 셋에 둘만이 기한 내에 도달할 것이다. 군대는 군수물자 없이 생존할 수 없고, 군량 없이 생존할 수 없으며, 비축 물자 없이 생존할 수 없다.

③ 여러 제후국의 전략적 의도를 알지 못하면 동맹을 맺을 수 없다. 산림과 소택(沼澤) 등의 지형을 알지 못하면 행군할 수 없다. 향도(鄕導)³ 없이는 유리한 지형을 장악하고 이용할 수 없다.

① 孫子曰: 凡用兵之法, 將受命於君, 合軍聚衆, 交和¹⁾而舍²⁾, 莫難
　　손자왈　범용병지법　장수명어군　합군취중　교화　이사　　막난
於軍爭. 軍爭之難者, 以迂爲直, 以患爲利. 故迂其途, 而誘之以
어군쟁　군쟁지난자　이우위직　이환위리　고우기도　이유지이
利, 後人發, 先人至, 此知迂直之計者也.
리　후인발　선인지　차지우직지계자야

② 故軍爭爲利, 軍爭爲危. 擧軍³⁾而爭利, 則不及; 委軍⁴⁾而爭利,
　　고군쟁위리　군쟁위위　거군　이쟁리　즉불급　위군　이쟁리

---

2 오늘날의 육군, 해군, 공군 체제가 아닌, 춘추전국시대에 전군(前軍), 중군(中軍), 후군(後軍)으로 구성되었던 군 체제를 이른다. 전군은 정찰을 비롯해 소규모 전투 대응, 도로와 교량 개척, 일부 군수품 운반 등을 맡았다. 중군은 지휘본부와 기병 및 보병 등 주력 부대가 있는 본대이다. 후군은 군수물자 운반, 목공, 민공(民工) 등 후방 지원 임무를 담당했다.

3 지형을 잘 알아 군사를 거느리고 행군할 때 인도하는 자를 말한다.

則輜重捐. 是故卷甲而趨, 日夜不處, 倍道兼行, 百里而爭利, 則
즉치중연　시고권갑이추　일야불처　배도겸행　백리이쟁리　즉

擒三軍將, 勁者先, 疲者後, 其法十一而至; 五十里而爭利, 則蹶
금삼군장　경자선　피자후　기법십일이지　오십리이쟁리　즉궐

上軍將, 其法半至; 三十里而爭利, 則三分之二至. 是故軍無輜
상군장　기법반지　삼십리이쟁리　즉삼분지이지　시고군무치

重[5]則亡, 無糧食則亡, 無委積[6]則亡. ❸ 故不知諸侯之謀者,
중　즉망　무양식즉망　무위적　즉망　　　고부지제후지모자

不能豫交[7]; 不知山林·險阻·沮澤之形者, 不能行軍; 不用鄕導者,
불능예교　부지산림 험조 저택지형자　불능행군　불용향도자

不能得地利.
불능득지리

※ 한자 풀이

[1] 交和(교화) 화(和)는 군문(軍門)으로, 교화는 '양군 대치'라는 뜻이다.

[2] 舍(사) '주둔'이라는 뜻이다.

[3] 擧軍(거군) '모든 군비(전쟁 수행을 위한 시설 및 장비)와 군수품으로 무
장하다'라는 뜻이다.

[4] 委軍(위군) '모든 필수 중장비와 군수품을 포기하다'는 뜻이다.

[5] 輜重(치중) '군대에 필요한 일체의 물품', 즉 '군수물자'라는 뜻이다.

[6] 委積(위적) '군비 물자', '비축 물자'를 의미한다.

[7] 豫交(예교) 예(豫)는 '참여할 여'(與)와 같은 뜻으로 쓰였다. 즉 예교
란 '외교에 참여하다', '동맹을 맺다'라는 뜻이다.

때로는 돌아가는 길이 가장 빠르다
– 위나라 등애의 우회 전략

『삼국지』에 따르면, 위나라의 정권을 장악한 사마소(司馬昭)는 종

회(鍾會)를 대장으로 삼고 등애(鄧艾)와 함께 촉나라를 공략하라
고 명했다. 이에 종회와 등애는 촉나라로 진군했고, 촉나라는 전
략적 요충지인 검각(劍閣)을 방어하기 위해 강유(姜維)에게 병력
을 맡겼다.

나라의 운명을 짊어진 촉나라 군사들의 결사적인 저항에 가로
막혀 위나라 군대는 검각에서 촉나라 군대와 대치하게 되었다.
검각은 백 명이 천 명을 막아낼 수 있을 만큼 견고한 천혜의 요새
였기에, 위나라 군대가 우세한 상황에서도 돌파하기가 쉽지 않았
다. 더구나 군량마저 바닥난 위나라는 결국 회군을 결정했다.

이 어려운 국면에서 등애가 나섰다. 그는 검각을 정면 돌파하
기보다 우회해 촉나라를 계속 공략하자고 제안했다. 그러나 종회
는 등애의 계책을 비웃으며 거절했다.

등애는 뜻을 굽히지 않았다. 그는 부대를 이끌고 인가 하나 없
는 황량한 땅 7백 리를 나아갔다. 산을 뚫어 길을 내고, 골짜기에
는 나무로 잔도(棧道)를 놓으며 전진하는 강행군이었다. 때로는
담요로 몸을 감싼 뒤 밧줄을 타고 낭떠러지를 내려가기도 했다.
등애는 온갖 방법을 동원해 난관을 돌파했다.

마침내 등애가 촉나라 수도인 성도(成都)를 급습했다. 촉나라는
전혀 예상치 못한 공격에 속수무책으로 당한 끝에 항복을 선언할
수밖에 없었다.

이는 '이우위직, 이환위리'(以迂爲直, 以患爲利), 즉 "우회하는 방
식으로 진군하여 예정된 전장에 더 신속히 도달하고, 불리한 조
건을 유리한 조건으로 전환한다"라는 구절을 그대로 실현한 사례
이다. 멀리 돌아가는 길이 때로는 가장 빠른 길이 될 수 있으며,

위기 속에서 오히려 절호의 기회를 찾아낼 수 있다.

여기서 이우위직은 단순히 거리상의 우회가 아니라 작전이나 전술의 우회를 두루 의미한다. 『손자병법』에서 "용병의 최고 책략은 전쟁을 하지 않고 모략으로써 적을 굴복시키는 것이다"[上兵伐謀 상병벌모] 혹은 "싸우지 않고도 적을 굴복하게 만드는 것이 최고의 책략이다"[不戰而屈人之兵, 善之善者也 불전이굴인지병 선지선자야]라고 강조하듯이, 실제 우리의 사회생활에서도 직접적인 행동보다 간접적인 통로나 방법을 통해 문제를 해결하고 목적을 달성하는 경우가 많다. 직접적인 충돌이 아닌 지모와 책략을 통해 적을 꺾는 것이 우회 전략의 본질이라 할 수 있다.

이로움의 이면에는 해로움이 있다
– 진시황의 만리장성 축조

군쟁(軍爭)은 전쟁의 주도권을 놓고 벌이는 경쟁을 뜻한다. 주도권을 누가 장악하느냐에 따라 승패가 갈리기에, 이는 전쟁 진행 과정에서 대단히 중요한 요소로 작용한다. 그러나 세상만사가 그러하듯, 군쟁에는 분명 유리한 측면이 있지만 해로운 측면도 존재한다. 대표적 사례가 진시황의 흉노 정벌과 만리장성 축조다.

진시황이 천하 통일의 대업을 이룬 뒤, 더 이상 그에게 도전할 자는 없는 듯했다. 그러나 여전히 진시황의 신경을 곤두서게 만드는 존재가 있었다. 북쪽에 자리한 흉노 세력이었다. 승상 이사(李斯)를 비롯한 신하들은 천하가 막 통일된 시점이니 이제는 전

만리장성 중국이 북방 유목민족의 침입을 막기 위해 쌓은 성으로, 진시황이 기존의 성벽을 크게 증축하여 완성했다. 백성의 피와 땀으로 쌓아 올린 만리장성은 진나라의 몰락을 부른 반란의 원인이 되었다.

쟁을 멈추고 안정을 도모해야 한다고 간언했으나, 정복 황제 진시황은 자신의 뜻대로 흉노를 정벌하기로 결심했다.

진시황은 30만 명의 대군을 동원해 흉노를 몰아냈다. 그러나 그는 이에 만족하지 않고 흉노의 침략을 근본적으로 막기 위해 만리장성을 쌓고자 했다. 진시황은 몽염 장군에게 기존의 성벽을 보수하고 연결하는 장성 건축 지휘를 맡겼다. 몽염은 긴 세월 운신하지 못한 채 지형지물을 최대한 활용하여 요새를 구축했고, 10여 년 만에 임조(臨兆)에서 시작하여 요동(遼東)에 이르는 총 길이 1만여 리의 대장성이 만들어졌다.

이 대공사에는 수십만 명이 동원되었다. 강제로 끌려온 이들은 혹독한 노동에 시달리며 길바닥에서 숙식을 해결해야 했다. 자신의 목표에만 골몰한 황제의 무리한 사업은 백성은 이루 말할 수 없는 고통 속으로 몰아넣었고, 끝내 각지에서 일어난 반란이 들불처럼 번져나갔다. 훗날 진나라 멸망의 직접적 요인으로 작용한 진승(陳勝)과 오광(吳廣)의 반란도 만리장성 축조의 고통에서 비롯된 것이었다.

지나친 주도권 경쟁은 화를 부른다
- 맹강녀의 비극과 진나라의 몰락

만리장성 축조가 한창이던 어느 날, 북쪽 변방의 공사 현장으로 제나라 출신의 맹강녀(孟姜女)라는 여인이 찾아왔다. 그녀가 혹독한 추위를 견디며 먼 길을 달려온 까닭은 오직 하나, 장성 공사에 끌려간 남편에게 두툼한 겨울옷을 전해주기 위해서였다. 그러나 그녀를 맞이한 것은 그토록 그리워하던 남편이 이미 죽었다는 청천벽력 같은 소식이었다.

망연자실한 맹강녀는 남편의 시신이라도 찾으려 미친 듯이 변방을 헤매었으나 도무지 찾을 길이 없었다. 절망한 그녀가 성벽 아래에서 하늘을 우러러 통곡하자, 거대한 장성이 무너져 내리며 남편의 유해가 드러났다. 그녀가 시신을 부여안고 애달피 오열하는 사이 병사들이 들이닥쳐 성벽을 허물었다는 죄목으로 끌고 갔다.

맹강녀는 특출한 미모를 지니고 있었는데, 이 때문에 마침 시찰을 나온 진시황의 눈에 들게 되었다. 황제가 수청을 들라고 강요하자, 맹강녀는 남편의 장례를 치른 후에 그리하겠노라 답했다. 그러나 그녀는 남편의 장례를 치르자마자 칼을 물고 엎어져 자결했다.

이는 만리장성 축조가 불러온 수많은 비극의 일면에 불과하다. 온 나라의 젊은이가 십수 년간 고된 강제 노동에 동원되었다. 농민 반란의 불씨를 지핀 진승과 오광을 비롯해, 훗날 진나라를 무너뜨리고 한나라를 세운 유방 또한 만리장성 축조에 동원된 인물이었다.

이렇듯 젊은이는 모두 변방으로 끌려가 국내에는 노약자와 부녀자만 남아 있었고, 식량과 수레 등 각종 군수물자도 모조리 징발된 상태였다. 국력이 고갈된 진나라는 곳곳에서 발생한 반란에 제대로 대처하지 못했다.

본래 진시황이 천하를 통일한 후 "진나라는 '호'(胡) 때문에 망할 것이다”라는 소문이 돌았다. 진시황은 여기서 말하는 호가 북방의 오랑캐[胡]라고 여겨 흉노를 토벌하는 데 온 힘을 쏟았다. 그러나 정작 진나라를 멸망으로 이끈 것은 흉노가 아니라 그의 아들인 2세 황제 ‘호해’(胡亥)였다.

진시황의 신하였던 이사와 조고(趙高)는 황제가 세상을 떠나자 그의 맏아들 부소(扶蘇)를 제거하고 서자인 호해를 황제로 세웠다. 무능하고 어리석은 호해는 간신의 농간에 휘둘리며 국내의 위기에 아무런 대응도 하지 못했고, 진나라는 천하 통일 후 고작 15년 만에 몰락했다.

진나라는 만리장성을 쌓아 외침을 막았지만, 그로 인해 일어난 내부 반란으로 무너지고 말았다. 결국 흉노와의 군쟁에서 주도권을 쥐려던 진시황의 집념은 백성의 고통과 반란을 불러왔고, 제국을 무너뜨리는 결과를 낳았다.

주도권 싸움에서 지켜야 할 원칙

① 무릇 용병이란 계략으로써 운용된다. 이익을 행동의 동력으로 삼고, 분산과 집중을 변화의 원리로 삼아야 한다. 군대가 빠르게 움직일 때는 질풍처럼 신속해야 하고, 서서히 행군할 때는 대오가 우거진 숲처럼 나아가야 한다.[4] 공성(攻城)에 나설 때에는 열화처럼 맹렬해야 하고, 방비에 나설 때에는 높은 산처럼 우뚝 솟아 꿈쩍하지 않아야 한다. 군대를 은폐해야 할 때에는 검은 구름이 온 하늘을 뒤덮듯 아무것도 보이지 않게 하며, 출격할 때에는 뇌성벽력처럼 강력한 기세를 드러내야 한다. 적의 고을을 약탈할 때에는 골고루 나누고,[5] 새로운 영토를 개척할 때에는 이해관계를 분명히 정리하고,[6] 적과 아군의 정세를 잘 살펴 적절히 대처해야

---

4 원문은 其疾如風 其徐如林 侵掠如火 不動如山(기질여풍 기서여림 침략여화 부동여산)이다. 각 구절의 마지막 글자를 따서 '풍림화산'(風林火山)이라는 사자성어가 나왔다. 용병의 원칙과 불굴의 전투 정신을 상징하는 표현으로 쓰인다.

5 원문은 掠鄕分衆(약향분중)이다. 흔히 두 가지로 풀이하는데, "고을을 약탈할 때 부하들에게도 골고루 나누어 준다"는 해석과 "고을을 약탈할 때 병사를 여러 갈래로 나누어 공격한다"는 해석이 있다.

6 원문은 廓地分利(확지분리)이다. 이 또한 두 가지로 해석하는데, "새로운 영토를 개척할 때 이해관계를 분명히 정리한다"는 해석과 "새로운 영토를 개척하고 유공자에게 나누어 준다"는 해석이 있다.

한다. 먼저 우직지계(迂直之計)를 알아야 승리할 수 있다. 이것이 군쟁의 원칙이다.

② 『군정』(軍政)[7]은 말한다. "언어로 하는 지휘가 잘 들리지 않기에 징과 북을 사용하고, 손짓으로 하는 지휘가 잘 보이지 않기에 깃발을 사용한다." 징과 북과 깃발을 사용함으로써 군대의 명령과 지휘 체계를 하나로 통일한다. 이렇듯 명령과 지휘 체계를 통일하면, 용감한 병사도 제멋대로 돌진하지 않고, 겁 많은 병사도 혼자 퇴각하지 않는다. 이것이 대군(大軍) 동원 작전을 지휘하는 방법이다. 야간 작전에는 여러 곳에 불을 밝히고 북을 빈번히 울리며, 주간 작전에는 여러 곳에 깃발을 세운다. 이러한 방법으로 적을 교란할 수 있다.

① 故兵以詐立, 以利動, 以分合爲變者也. 故其疾如風, 其徐如林,
　　고 병 이 사 립　이 리 동　이 분 합 위 변 자 야　고 기 질 여 풍　기 서 여 림

侵掠如火, 不動如山, 難知如陰, 動如雷震. 掠鄕分衆, 廓地分利,
침 략 여 화　부 동 여 산　난 지 여 음　동 여 뇌 정　약 향 분 중　확 지 분 리

懸權而動. 先知迂直之計者勝, 此軍爭之法也.
현 권 이 동　선 지 우 직 지 계 자 승　차 군 쟁 지 법 야

② 《軍政》曰:「言不相聞, 故爲金鼓; 視不相見, 故爲旌旗.」夫金鼓
　　군 정 왈　언 불 상 문　고 위 고 금　시 불 상 견　고 위 정 기　　부 금 고

旌旗者, 所以一人之耳目也. 人旣專一, 則勇者不得獨進, 怯者不
정 기 자　소 이 일 민 지 이 목 야　인 기 전 일　즉 용 자 부 득 독 진　겁 자 부

得獨退, 此用衆之法也. 故夜戰多金鼓, 晝戰多旌旗, 所以變人之
득 독 퇴　차 용 중 지 법 야　고 야 전 다 금 고　주 전 다 정 기　소 이 변 인 지

耳目也.
이 목 야

7　지금은 전하지 않는 서주(西周) 시대의 군사 서적으로, 고대의 전쟁 방식과 경험을 다루었다.

이익으로 적을 움직여라
– 낙양의 두 군웅을 물리친 당 태종

당 태종 이세민은 아버지 이연(李淵)을 도와 북쪽으로는 군웅 유무주(劉武周)를 제압하고, 서쪽으로는 설인고(薛仁杲)를 토벌하여 천하 통일의 길목에 섰다. 이제 남은 것은 낙양(洛陽)에 있는 왕세충(王世充)과 두건덕(竇建德)을 평정하는 일이었다.

이세민이 낙양으로 진군해 왕세충을 공격하자, 위기에 몰린 왕세충은 두건덕에게 구원을 요청했다. 이때 당 고조 이연은 두건덕과 손을 잡으려 했으나, 두건덕은 겉으로만 제안을 수락했을 뿐 실제로는 당군의 힘이 소모되기를 기다리며 왕세충과 내통하고 있었다.

그러나 이세민은 두건덕의 심산을 간파했다. 전투에 임할 때 항상 지형을 면밀히 살피는 이세민은 낙양의 동쪽 관문인 호뢰관(虎牢關)이 왕세충과 두건덕의 군대를 연결하는 통로임을 확인했다. 장차 당나라가 두건덕과 충돌할 때 반드시 먼저 차지해야 할 전략적 요충지였다.

이세민의 계획은 명확했다. 왕세충 군대는 물샐 틈 없이 포위하되 공격하지 않으며 군량을 바닥나게 하고, 두건덕 군대에는 주력군을 투입해 전멸시킬 생각이었다.

그는 병력을 둘로 나누어 동쪽에서는 왕세충을 철저히 포위해 성 밖으로 나오지 못하게 막는 한편, 다른 한쪽에서는 직접 정예병 3천5백 명을 이끌고 호뢰관을 기습했다.

두건덕의 군대는 병력이 많다고 자만했으나, 주력은 산동 지방에서 일으킨 농민군으로 전투 경험과 기율이 부족했다. 이세민이 소수의 경기병을 이끌고 직접 본영을 급습하자, 두건덕의 군대는 혼비백산하여 달아나기 바빴다. 곧이어 당나라의 본대가 들이닥 쳤고 두건덕은 속수무책으로 패하여 부상당한 채 생포되었다.

이 호뢰관 전투는 소수 병력으로 대군을 격파한 전형적인 사례로 기록되었다. 이때 두건덕의 병사 5만 명을 포로로 잡았지만, 이세민은 이들을 모두 고향으로 돌려보냈다. 두건덕의 구원군이 힘없이 무너지자 왕세충 또한 항복했다. 이로써 당나라의 천하 통일이 완성되었다.

두건덕은 호뢰관이라는 절대 요충지를 선점할 생각조차 하지 못했고, 이세민의 작전 의도를 전혀 파악하지 못했으며, 정확한 작전도 수립하지 못했다. 시종여일 주도권을 빼앗긴 채 피동적으로 끌려다닌 것이다.

반면 당 태종의 전술은 "무릇 용병이란 계략으로써 운용된다"[兵以詐立 병이사립]라는 『손자병법』의 선언에 정확히 부합했다.

이세민은 "이익을 행동의 동력으로 삼고, 분산과 집중을 변화의 원리로 삼아"[以利動, 以分合爲變者也 이리동 이분합위변자야] 병사를 운용했다. 이처럼 모든 전략과 전술에서 탁월했으니, 두건덕의 패배는 필연적인 결과였다.

나를 다스리고 적을 다루는 방법

1 이로써 모든 적군 병사의 사기를 꺾을 수 있고, 적장의 결심을 흔들어 투지를 상실하게 만들 수 있다. 대체로 군대의 사기는 전투 초기에 가장 왕성하고, 시간이 흐를수록 약해져 마지막에는 완전히 고갈된다. 그러므로 용병에 능한 자는 적군의 예기(銳氣)가 드높은 때를 피하고, 적군의 사기가 해이해지고 쇠진할 때를 기다려 다시 공격을 개시한다. 이것이 사기를 운용하는 원칙이다. 엄정한 질서를 유지하는 부대로 혼란스러운 부대를 상대하고, 평온한 부대로 조급하고 소란스러운 부대를 상대한다. 이것이 군심(軍心)을 운용하는 원칙이다. 전쟁터에 가장 마지막에 도착한 부대로 장거리를 행군해 온 적군을 상대하고, 편안히 휴식을 취한 부대로 피로에 지친 적군에 대응하며, 배불리 먹은 부대로 기아에 허덕이는 적군을 맞이한다. 이것이 병력의 힘을 운용하는 원칙이다. 깃발이 질서정연하고 대오가 잘 갖춰진 부대는 공격하지 말고, 진용이 단정하고 사기충천한 부대 역시 공격하지 말아야 한다. 이것이 임기응변으로 용병하는 원칙이다.

2 　그러므로 용병의 원칙에 따라 적이 고지를 점령했을 때에는 공격하지 말아야 한다. 적이 산과 구릉을 배후에 두었을 때에는 정면 공격을 피해야 한다. 적이 후퇴하는 것처럼 위장할 때에는 추

격하지 말아야 한다. 적의 정예부대는 공격하지 말아야 한다. 적의 유인 부대를 마주쳤을 때에는 탐내지 말아야 한다. 적이 철수하여 본국으로 돌아갈 때에는 막아서지 말아야 한다. 포위된 적에게는 도주할 탈출구를 남겨두어야 한다. 궁지에 빠진 적을 지나치게 몰아붙이지 말아야 한다. 이 모든 것이 용병의 기본 원칙이다.

① 故三軍可奪氣, 將軍可奪心. 是故朝氣銳, 晝氣惰, 暮氣歸. 故善
고 삼 군 가 탈 기 장 군 가 탈 심 시 고 조 기 예 주 기 타 모 기 귀 고 선

用兵者, 避其銳氣, 擊其惰歸, 此治氣者也; 以治待亂, 以靜待嘩,
용 병 자 피 기 예 기 격 기 타 귀 차 치 기 자 야 이 치 대 란 이 정 대 화

此治心者也; 以近待遠, 以佚待勞, 以飽待饑, 此治力者也; 無
차 치 심 자 야 이 근 대 원 이 일 대 로 이 포 대 기 차 치 력 자 야 무

邀正正之旗, 無擊堂堂之陣, 此治變者也.
요 정 정 지 기 무 격 당 당 지 진 차 치 변 자 야

② 故用兵之法, 高陵勿向, 背丘勿逆, 佯[1]北[2]勿從, 銳卒勿攻, 餌兵
고 용 병 지 법 고 릉 물 향 배 구 물 역 양 배 물 종 예 졸 물 공 이 병

勿食, 歸師勿遏, 圍師必闕, 窮寇勿迫, 此用兵之法也.
물 식 귀 사 물 알 위 시 필 궐 궁 구 물 박 차 용 병 지 법 야

※ **한자 풀이**

[1] 佯(양) '위장하다'라는 뜻이다.

[2] 北(배) '패배'라는 뜻이다.

힘을 비축해 피로한 적을 상대하라
– 풍이 장군의 외효 진압

광무제 유수는 후한을 건국한 이후에도 천하를 완전히 통일하지는 못했다. 서북 지역에서 외효(隗囂)가 일으킨 반란군 등이 세력을 떨치고 있었기 때문이다.

광무제는 외효를 진압하기 위해 풍이(馮異) 장군[8]을 파견했다. 외효는 풍이가 반드시 구읍(枸邑)을 통과하리라 예측하고 수하의 장수를 보내 구읍을 선점하려 했다. 풍이 장군 역시 서둘러 구읍으로 향했다. 그때 장군의 부하가 말했다.

"지금 외효의 군대는 사기가 충천해 있습니다. 그들과 정면으로 싸우는 것은 좋지 않습니다."

이에 풍이 장군은 답했다.

"맞는 말이다. 분명히 외효와 정면으로 승부해서는 승리할 수 없다. 하지만 우리는 방어할 만한 힘은 충분히 가지고 있다. 외효는 구읍을 점령해 우리 병사들을 동요시키고자 한다. 그러니 우리가 먼저 구읍을 차지하고 편안히 쉬며 피로한 적을 맞아야만 승리할 수 있다."

풍이 장군은 말을 마치자마자 즉시 병력을 이끌고 구읍을 점령한 뒤, 병사들에게 쥐 죽은 듯 조용히 대기하라는 명령을 내렸다.

---

8 광무제를 도와 후한을 건국한 인물로 대수장군(大樹將軍)이라 불렸다. 그는 인품이 온후하고 겸손하여 결코 자신의 공로를 자랑하지 않았는데, 다른 장수들이 서로 공을 내세우며 다툴 때면 언제나 큰 나무[大樹] 뒤에 숨어서 모른 체했다는 데서 대수장군이라는 호칭을 얻었다.

외효의 군대는 구읍 성안에 아무도 없다고 판단하고는 아무런 경계 없이 성으로 다가왔다.

그 순간, 풍이 장군의 병사들이 사방에서 쏟아져 나와 벌떼처럼 기습 공격을 퍼부었다. 전혀 예상치 못한 급습에 외효 군대는 속수무책으로 대패할 수밖에 없었다.

풍이 장군은 '이일대로'(以逸待勞), 즉 "편안히 휴식을 취한 부대로 피로에 지친 적군에 대응한다"라는 전략을 완벽히 활용해, 멀리서 행군해 온 외효의 부대를 손쉽게 무찔렀다.

제8편
구변
九變

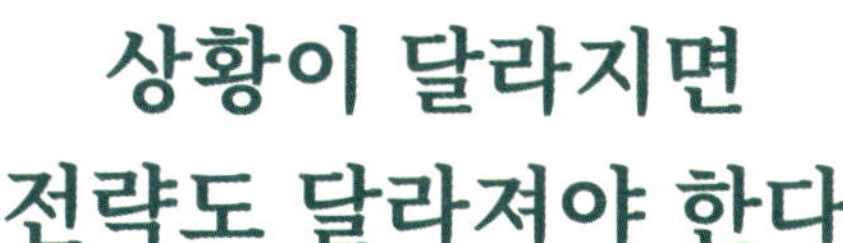

상황이 달라지면
전략도 달라져야 한다

손자는 「구변」(九變)편에서 전쟁은 고정불변의 원칙이나 이론에 따라 움직이지 않기에, 반드시 상황에 따른 임기응변과 변통(變通)이 뒷받침되어야 한다는 점을 강조한다.

'변'(變)이라는 글자는 『손자병법』 전편에 걸쳐 총 14차례 등장한다. 횟수만 놓고 보면 그리 많은 편은 아니지만, 이에 근거한 사유 방식은 이 책 전체를 관통하고 있다.

전쟁은 본질적으로 예측하기 어려운 변화의 연속이다. 따라서 전쟁의 승패는 단순히 병력의 규모나 무력의 크기에 따라 갈리는 것이 아니다. 끊임없이 변화하는 국면에 얼마나 민첩하게 대응하는가, 전략과 전술을 얼마나 정밀하게 수립하는가, 그리고 지휘관이 그것을 얼마나 기민하게 운용할 수 있는가에 따라 전쟁의 향방이 결정된다.

동서고금의 뛰어난 군사가는 모두 천변만화하는 상황을 읽고, 변화에 적절히 대응함으로써 승리를 쟁취했다. 손자는 전쟁에서 마주하는 무수한 변화와 그에 대처하는 방식을 '구변'(九變)이라

제8편 × 구변

는 개념 아래 체계적으로 정리했다. 또한 전쟁 수행 과정에서 이로운 요소와 해로운 요소를 모두 고려해야 하며, 요행을 바라지 않고 스스로 충분한 역량을 갖추는 것이 승리의 조건임을 일깨워준다.

원칙은 유지하되 유연하게 대응하라

1 손자는 말한다.

용병의 기본은 장수가 군주의 명을 받아 병력을 소집하고 군대를 조직하는 데 있다. 통행이 곤란한 곳[圮地 비지]에 주둔해서는 안 된다. 사통팔달한 교통의 요지[衢地 구지]에서는 인근 국가와의 관계에 주의해야 한다. 적국의 국경이 가까워 생존하기 어려운 곳[絶地 절지]에 머물러서는 안 된다. 지세가 험하고 포위당하기 쉬운 곳[圍地 위지]에서는 미리 대비책을 세워두어야 한다. 만약 되돌아갈 길이 없는 곳[死地 사지]에 잘못 진입했을 때는 과감히 결전을 벌여야 한다. 상황에 따라 어떤 길은 가지 말아야 하고, 어떤 적군과는 교전하지 말아야 하며, 어떤 성은 공격하지 말아야 하고, 어떤 땅은 탐하지 말아야 하며, 군주의 불합리한 명령은 받아들이지 말아야 한다.

2 그러므로 위에서 말한 구변(九變)[1]의 구체적 운용에 정통한 장수야말로 진정 용병을 아는 자라 할 수 있다. 구변에 정통하지 못한 장수는 비록 지형에 익숙할지라도 그 지리(地利, 지리적 이점)를

---

1 위에서 설명한 항목은 모두 열 가지로, 구변은 이 중에서 "군주의 불합리한 명령" 항목을 제외한 아홉 가지를 일컫는다.

얻지 못한다. 구변에 정통하지 못한 장수는 비록 다섯 가지 지형의 이익과 폐단을 알고 있을지라도 부대의 전투력을 충분히 발휘하지 못한다.

③ 그러므로 지혜로운 장수는 어떤 문제를 고려할 때 반드시 이로움과 해로움을 함께 살핀다. 불리한 정황에서도 유리한 요소를 충분히 찾아내므로 대사가 순조롭게 진행된다. 유리한 정황에서도 불리한 요소를 충분히 경계하여 화란(禍亂)을 미리 피할 수 있다. 그러므로 적에게는 가장 두려운 손실로 위협해 굴복시키고, 위험하고 번잡한 일을 강요해 지치게 만들며, 이익을 내세워 유인함으로써 복종하게 한다.

① 孫子曰: 凡用兵之法, 將受命於君, 合軍聚眾. 圮地無舍, 衢地合
손 자 왈 범 용 병 지 법 장 수 명 어 군 합 군 취 중 비 지 무 사 구 지 합

交, 絕地無留, 圍地則謀, 死地則戰. 途有所不由, 軍有所不擊, 城
교 절 지 무 류 위 지 칙 모 사 지 즉 전 도 유 소 불 유 군 유 소 불 격 성

有所不攻, 地有所不爭, 君命有所不受. ② 故將通於九變之利者,
유 소 불 공 지 유 소 부 쟁 군 명 유 소 불 수   고 장 통 어 구 변 지 리 자

知用兵矣; 將不通於九變之利, 雖知地形, 不能得地之利矣; 治兵
지 용 병 의 장 불 통 어 구 변 지 리 수 지 지 형 불 능 득 지 지 리 의 치 병

不知九變之術, 雖知五利, 不能得人之用矣.
불 지 구 변 지 술 수 지 오 리 불 능 득 인 지 용 의

③ 是故智者之慮, 必雜¹⁾於利害, 雜於利而務可信也, 雜於害而患可
시 고 지 자 지 려 필 잡 어 리 해 잡 어 리 이 무 가 신 야 잡 어 해 이 환 가

解也. 是故屈諸侯者以害, 役²⁾諸侯者³⁾以業⁴⁾, 趨⁵⁾諸侯者以利.
해 야 시 고 굴 제 후 자 이 해 역 제 후 자 이 업 추 제 후 자 이 리

※ 한자 풀이

1) 雜(잡) '두루 살피다', '함께 고려하다'라고 해석할 수 있다.

2) 役(역) '부리다'라는 의미이다.

3) 諸侯者(제후자) '적국'이라는 의미이다.

4) 業(업) '일'이라는 뜻으로, 여기에서는 '위험한 일'로 해석한다.

5) 趨(추) '귀순', '의존', 또는 '귀부'(歸附, 스스로 와서 복종하다)나 '의
부'(依附, 의지하여 좇다)라는 의미가 있다.

이로움과 해로움을 함께 살펴라
- 정나라 명재상 자산의 혜안

춘추전국시대, 정나라는 강대국 사이에 낀 소국 중에서도 특히
작은 나라였다. 그럼에도 정나라가 강국의 틈바구니에서 오랫동
안 살아남을 수 있었던 것은 자산(子産)이라는 명재상이 있었기
때문이다.

자산이 아직 어렸을 때, 정나라는 자신보다 더 약소한 인근의
채나라를 공격해 대승을 거두고 채나라 공자까지 포로로 잡는 커
다란 전과를 세웠나. 정나라의 백성과 대신 모두가 완호삭약했
다. 당시 정나라의 고위 관리를 지내던 자산의 아버지 자국(子國)
도 다른 이들과 마찬가지로 채나라 정벌을 크게 반겼다. 그러나
이때 조금도 기뻐하지 못하고 오히려 깊은 걱정에 빠진 단 한 사
람이 있었으니, 바로 어린 자산이었다. 자산은 이렇게 말했다.

"소국이 문덕(文德)도 없이 무력으로 채나라를 침략했으니, 뒤
에 닥칠 후환이 너무도 클 것입니다. 채나라가 의지하는 대국 초
나라가 반드시 쳐들어올 것이고, 초나라에 굴복하면 초나라와 경

자산 청나라 시대에 그려진 자산의 초상화다. 그는 강대국 진나라와 초나라 사이에서 약소국 정나라의 평화를 지켜낸 명재상이다. 공자는 "사람들이 그가 어질지 않다 말한다 해도, 나는 그 말을 믿지 않을 것이다"라며 자산의 인품을 높이 평가했다.

쟁하는 진나라 또한 가만히 있지 않을 것입니다. 그렇게 초나라와 진나라가 모두 우리 정나라를 침공한다면, 앞으로 4, 5년은 단 하루도 편안할 날이 없을 것입니다."

그러자 자국은 자신의 아들을 크게 꾸짖었다.

"아직 어린 네가 뭘 안다고 그런 말을 하느냐? 국가의 대사는 대신들이 알아서 처리하고 있다. 네가 또다시 그따위 말을 하면 목숨을 잃게 될 것이다!"

하지만 얼마 지나지 않아 자산의 예측은 그대로 현실이 되었다. 정나라가 동생의 나라를 침략하자, 초나라는 대응 차원에서 공격에 나섰다. 이어 초나라와 경쟁하던 진나라까지 군사를 일으켜 정나라를 침공했다. 결국 정나라는 자산이 내다본 대로 몇 해 동안 초나라와 진나라의 침공에 시달리며 온갖 고초를 겪어야 했다.

무릇 어떤 일을 실행하고자 할 때는 그로 인한 이로움뿐 아니라, 반드시 그에 뒤따를 해로움까지 살펴야 한다.

거듭 흔들어 무너뜨려라

- 오자서의 복수

오나라 장군 오자서는 본래 초나라 사람이었다. 그러나 초나라 왕이 간신의 말만 믿고 그에게 충성을 다하던 아버지와 형을 죽이자, 오자서는 간신히 탈출해 오나라로 망명했다. 이후 그는 자나 깨나 초나라에 대한 복수를 다짐했다.

그러던 오자서가 오나라의 장군이 되어 초나라를 공격하게 되었다. 그는 군대를 세 부대로 나눈 뒤, 먼저 1부대로 초나라를 침공했다. 이에 초나라는 전국에 총동원령을 내려 맞섰다. 하지만 오나라 군대는 금세 철수하여 휴식을 취했고, 이 모습을 본 초나라는 안심하고 군대를 해산했다.

얼마 지나지 않아 오나라의 2부대가 초나라를 재차 공격해왔다. 초나라는 또다시 총동원령을 내려 출병했으나, 이번에도 오나라는 곧바로 철수하여 휴식을 취했다. 초나라 군대도 다시 해산했다.

그런데 또다시 오나라의 3부대가 기습 공격을 개시했다. 전차가 굉음을 내며 몰려왔지만, 거듭된 침략에 거국적으로 맞서느라 극도로 지쳐 있었던 초나라는 제대로 대응하지 못했다. 마침내 오나라는 세 부대를 모두 출동시켜 초나라 군대를 대파하고, 기세를 몰아 수도 영(郢)까지 점령하였다.

오자서는 "위험하고 번잡한 일을 강요해 지치게 만들어라"[役諸侯者以業 역제후자이업]라는 구절대로 오랫동안 꿈꿔온 복수를 실현했다.

적이 판 함정을 발판으로 삼아라
– 정국의 진나라 수로 건설

앞서 소개한 이야기와 비슷하지만, 결과는 정반대였던 사례가 있다.

전국시대에 소국 한(韓)나라는 이웃의 강대국 진(秦)나라에 시달리며 늘 짓밟히는 신세였다. 이에 한나라가 한 가지 꾀를 냈다. 진나라의 국력을 소모시켜 한나라를 공격할 여력을 없애기 위해, 진나라가 대규모 수로 공사에 매달리게 만들기로 한 것이다. 당시 수로 건설은 막대한 인력과 재정을 쏟아부어야 하는 국가적 역사(役事)였다. 한나라는 수로 기술자 정국(鄭國)을 첩자로 보내어 진나라를 설득하게 했다.

진나라는 정국의 제안을 받아들였고, 마침내 본격적인 공사가 시작되었다. 한나라의 계책이 드디어 빛을 발하는 듯했다. 그러나 불운하게도 정국이 한나라에서 파견한 첩자라는 사실이 발각되고 말았다.

당시 진나라의 왕은 훗날 천하를 통일할 진시황이었다. 그는 격노하여 정국을 즉시 처형하려 했으나, 그의 앞으로 붙잡혀 온 정국은 이렇게 말했다.

"소신이 한나라 첩자인 것은 사실입니다. 그러나 수로가 완성되면 진나라를 위해서도 만세의 공으로 남을 것입니다."

진시황은 그의 말을 듣고 곰곰이 생각해보았다. 당시 진나라는 수자원을 다루는 기술이 매우 뒤떨어진 상황이었다. 결국 진시황은 정국을 살려주었을 뿐 아니라 그에게 수로 건설을 이어가도록 명했다.

정국은 임무를 성실히 수행했고, 10년 만에 수로가 완공되었다. '정국거'(鄭國渠)라 이름 붙여진 이 수로는 오늘날까지도 그대로 남아 있다. 원래 진나라의 중심지인 관중(關中)은 비가 적고 척박한 땅이었으나, 수로 덕분에 비옥한 토지로 탈바꿈하여 농업 생산력이 비약적으로 향상되었다. 이는 진나라가 더욱 강성해지는 결정적 계기가 되었다.

결국 한나라가 적국을 피폐하게 만들고자 꾸민 계책은, 도리어 진나라를 부강하게 만드는 결과를 가져왔다. 진나라의 입장에서는 적이 판 함정을 자양분으로 삼은 셈이다.

관중과 장안 왼쪽은 1960년대의 관중 평원, 오른쪽은 관중의 중심 도시 장안(長安)의 2010년대 모습(ⓒchensiyuan)이다. 진나라의 중심지였던 관중은 중국 북부 섬서성의 웨이허강(渭河江) 분지 일대를 이른다. 사방이 함곡관, 무관, 산관, 소관의 네 관으로 둘러싸인 데서 '관중'(關中)이라는 이름이 유래했다. 본디 메마른 지역이었지만, 정국의 수로 건설로 진나라의 경제를 떠받치는 비옥한 땅이 되었다.

제8편 × 구변

리더의 지혜는 경청에서 나온다
– 두 사람의 항명, 서로 다른 처벌

전국시대, 진나라가 한나라를 공격하고 조나라의 영토 알여(閼與)에 군사를 주둔시켰다. 이에 조나라 왕이 염파 장군에게 "가서 구원할 수 있겠는가?"라고 물었다. 염파는 대답했다.

"길이 멀고 험한 데다 지형도 협소하여 어려울 것 같습니다."

다음으로는 악승(樂乘) 장군에게 물었지만 같은 답변이 돌아왔다. 마지막으로 왕이 조사(趙奢) 장군에게 묻자, 조사가 이렇게 답했다.

"길은 멀고 험한 데다 협소합니다."

여기까지는 다른 장수와 같은 대답이었다. 그러나 조사 장군은 이렇게 덧붙였다.

"그곳은 마치 쥐 두 마리가 쥐구멍 안에서 싸우는 것과 같으니, 용감한 쪽이 반드시 이길 것입니다."

시작은 같았지만 결론은 완전히 달랐던 것이다. 이에 왕은 조사 장군을 장군으로 삼아 진나라에 대적하게 했다.

조사 장군은 수도 한단에서 불과 30리 떨어진 곳에 진을 쳤다. 그는 그곳에 28일 동안이나 머물며 보루를 쌓고 군영을 단단히 구축했지만 진군하지는 않았다. 그러면서 군중에 이러한 명령을 내렸다.

"군사(軍事)에 관해 간언하는 자는 사형에 처할 것이다!"

진나라는 조나라의 알여 구원 의지를 꺾기 위해 일부 병력을 무안(武安)성에 파견하여 서쪽에 진을 치고, 북을 울리고 함성을

조사 조나라 말기의 명장으로, 알여 전투에서 진나라 군대를 크게 격파했다. 장평대전에서 40만 명의 포로를 잃은 장군 조괄의 아버지로, 본인의 아들에 대해 냉정한 평가를 내렸다고 전해진다.

지르며 위세를 과시했다. 그 기세가 대단하여 무안성의 기왓장이 모조리 흔들릴 정도였다. 이때 조나라의 척후병 하나가 어서 무안을 구원해야 한다며 간언하자, 조사 장군은 그 자리에서 그의 목을 베어 죽였다.

이후 진나라가 첩자를 보내 조나라 군영을 탐색하려 하자, 조사 장군은 그에게 훌륭한 음식을 대접하고 무사히 돌려보냈다. 첩자는 진나라 장군에게 돌아가 이렇게 보고했다.

"조나라 군대는 도성에서 불과 30리밖에 떨어지지 않은 곳에 주둔하여 진군하지 않고 오직 보루만 쌓고 있습니다. 알여는 더 이상 조나라 땅이 아닙니다."

이에 진나라 장군은 크게 기뻐했다. 그러나 이는 조사 장군의 계략이었다. 그는 첩자를 돌려보내자마자 즉시 전군에 명령을 내렸다. 갑옷을 벗고 경무장하여 전속력으로 진군하라는 것이었다. 이틀도 채 되지 않아 조사 장군의 군대는 진나라의 감시와 방해 없이 알여 부근까지 진출할 수 있었다. 사실 조사 장군이 한단에서 멀지 않은 곳에 진을 친 것은, 진나라로 하여금 조나라가 알여를 구하려는 의사가 없다고 믿게 하려는 의도였다. 그리하여 진나라가 경계를 풀면 그 틈을 타 기습적으로 알여에 진출하려는 계책이었다.

조나라가 완전한 진영을 갖추자, 진나라 군대는 크게 놀라며 무안에 파견한 군대까지 급히 불러 병력을 총집결시키며 전투 준비에 들어갔다. 이때 조나라의 군사(軍士) 허력(許歷)이 간할 말이 있다고 하여 조사는 그를 불러들였다. 허력은 말했다.

"진나라는 조나라 군대가 갑자기 이곳에 올 줄은 전혀 예상하지 못했으니, 격분한 그들은 반드시 맹렬한 기세로 쳐들어올 것입니다. 장군께서는 병력을 집중하여 진지를 두텁게 하고 대기하셔야 합니다. 그렇지 않으면 반드시 패할 것입니다."

조사 장군이 허력의 말을 듣고 말했다.

"그대의 건의를 받아들이겠다."

그러자 허력은 "저를 사형에 처하십시오" 하고 청했으나, 조사 장군은 "그 일은 나중에 한단에 돌아가서 다시 논의하자"라고 답했다.

그러자 허력은 말할 것이 또 있다며 진언을 이어갔다.

"알여의 북쪽 산을 먼저 점령하는 쪽이 반드시 이길 것이고, 늦게 가는 쪽은 반드시 패할 것입니다."

조사 장군은 이 의견도 받아들이고는, 즉시 병사 만 명을 출동시켜 전속력으로 알여 북쪽의 높은 산을 점령하게 했다. 진나라 군대가 뒤늦게 달려와 고지를 빼앗으려 했지만, 이미 요충지를 점령한 조사 장군이 대군을 지휘하여 공격하자, 진나라 군대는 완패하고 말았다.

조사 장군은 군사에 관해 간언하는 자는 처형한다는 군명을 내렸음에도, 처음 간언한 병사는 처형하고 두 번째로 간언한 허

력은 살려주었다. 같은 항명임에도 둘을 달리 대한 까닭은 무엇
일까?

처음 간언한 자는 눈앞의 상황만 보고 전체를 읽지 못했다. 반
면 허력은 전체 형세를 꿰뚫어 보고, 스스로의 목숨을 내걸며 국
가를 위해 진언했던 것이다. 허력은 처형되기는커녕 오히려 공을
인정받아 국위(國尉)의 자리에 올랐다.

『손자병법』은 말한다. "때로는 군주의 불합리한 명령을 받아들
이지 않을 줄도 알아야 한다"[君命有所不受 군명유소불수]. 이는 지휘관
의 뜻을 무조건 꺾으라는 것이 아니다. 전쟁터에서 지휘관에게
항명하는 것은 지극히 위험한 일이다. 반드시 형세에 대한 통찰
과 대의를 위한 희생정신이 전제되어야 한다.

리더십은 자신의 뜻을 밀고 나가는 결단력과, 때로는 다른 이
의 올바른 뜻을 받아들일 줄도 아는 지혜에서 나온다.

요행을 바라지 말고 역량을 쌓아라

① 그러므로 용병의 원칙은 적이 침범하지 않을 것이라는 요행을 바라지 아니하고, 나의 힘에 의거해 충분한 준비를 갖추는 것이다. 적이 공격해오지 않을 것이라고 바라지 아니하고, 적이 공격해올 수 없도록 나의 역량을 쌓아나가는 것이다.

② 장수에게는 다섯 가지 치명적인 약점이 있다. 지나치게 용맹하여 오직 사생결단으로 치달으면 적의 꾀임에 빠져 죽고, 겁이 많아 오직 생존만을 추구하면 포로가 된다. 성격이 조급하고 화가 많으면 적의 가벼운 모욕에도 이성을 잃고, 지나치게 청렴하고 명예를 추구하면 적의 유언비어에 흔들려 충동에 빠진다. 백성을 지나치게 사랑하고 인의를 중시하면 적이 백성을 괴롭히는 것에 번뇌하며 움츠러든다.

③ 이 다섯 가지는 장수가 범할 수 있는 과실로 용병의 재난이다. 전군이 몰살되고 장수가 죽게 되는 것은 모두 이 다섯 가지 위험에서 초래되니, 장수 된 자는 반드시 경계하지 않으면 안 된다.

① 故用兵之法, 無恃其不來, 恃吾有以待之; 無恃其不攻, 恃吾有
　　고 용 병 지 법　무 시 기 불 래　시 오 유 이 대 지　무 시 기 불 공　시 오 유

所不可攻也.
소 불 가 공 야

② 故將有五危: 必死, 可殺也; 必生, 可虜也; 忿速[1], 可侮也; 廉潔,
　　고장유오위 필사 가살야 필생 가로야 분속 　가모야 염결

可辱也; 愛民, 可煩也. ③ 凡此五者, 將之過也, 用兵之災也. 覆
가욕야 애민 가번야 　　범차오자 　장지과야 　용병지재야 　복

軍殺將, 必以五危, 不可不察也.
군 살 장 　필 이 오 위 　불 가 불 찰 야

※ 한자 풀이

[1] 忿速(분속) '쉽게 분노하는 급한 성격'을 말한다.

과신은 스스로를 망친다
– 천하영웅 항우의 몰락

항우는 흔히 '우지신용, 천고무이'(羽之神勇, 千古無二)라는 표현으
로 묘사된다. 이는 "항우의 신묘한 용맹스러움은 천고에 다시없
다"라는 뜻이다. 또한 그는 이른바 '용관삼군'(勇冠三軍), 즉 용맹
함이 삼군 중 으뜸가는 용장이었다.

　그는 일찍이 진나라 공격을 미루고 아들을 위해 연회를 벌인
상장군 송의(宋義)를 마치 초개처럼 가볍게 베어버렸다. 거록(巨
鹿) 전투에서는 솥을 깨뜨리고 배를 가라앉히는 '파부침주'(破釜
沈舟)로 결사항전의 의지를 다지며 진나라 대군을 격파해 천하의
제후들이 떨며 무릎으로 기어다니게 만들었다. 팽성 전투에서는
3만 명의 병사로 한나라의 수십만 대군을 격파하여 강물이 시신
으로 가로막혔을 정도였다. 유방과 최후의 결전을 벌인 해하(垓
下) 전투에서는 단 28기로 한나라 진영을 유린하였다.

항우의 패기와 기개는 어릴 적부터 드러났는데, 그가 9세였을 때 진시황의 행차를 보고 "저자의 자리를 내가 대신할 수 있다!"라고 말한 데에서 그의 성향을 엿볼 수 있다. 그는 가는 곳마다 용맹을 떨쳤고, 그 호방한 기세는 자기 스스로 읊은 '역발산기개세(力拔山氣蓋世)'라는 구절처럼 그야말로 천하를 뒤덮었다. 그러나 항우는 자신의 무용에 도취하여 결국 스스로를 무너뜨리고 말았다.

『사기』「항우본기」에서 사마천은 항우의 잔혹한 면모를 자세히 묘사하며, 그것이 그가 천하를 잃은 주된 원인이라 지적한다. 그는 회계군수를 죽이고 송의를 죽였으며, 진나라 수도 함양을 도륙하고 의제(義帝)를 시해했다. 더구나 진나라의 병사 20만 명을 산 채로 파묻은 사건에서 그의 잔혹함은 극에 달했다. 사람 죽이기를 밥 먹듯이 한 그의 행적은 민심이 떠나게 만든 결정적 요인이었다.

사마천은 그를 이렇게 평했다.

항우가 의제를 시해하고 스스로 왕이 된 것은 사람들이 도저히 용납할 수 없는 일이었다. 그런데도 그는 도리어 제후들이 자신을 배반한 것을 원망했다. 이렇게 하고도 배반당하지 않기를 바라는 것은 실로 어려운 일이다.

해하에서 사면초가에 몰린 항우가 애첩 우미인(虞美人)과 애마 추(騅)를 잃을까 애통해하며 〈해하가〉(垓下歌)를 읊었을 때, 그의 얼굴에는 눈물이 흘러내렸다. 그에게는 아녀자를 향한 정은 있었지만, 유방처럼 아랫사람을 너그럽게 포용하는 마음은 없었다. 그는 늘 곁에 있는 사람을 시기하고 믿지 않았다. 사마천은 이렇게 썼다.

항우는 오직 자신의 공로를 과시하고 자신의 지혜만을 믿었으며, 옛 사람을 본받지 않았다. 그러면서 이미 패왕의 사업이 이뤄졌다고 자만하고, 오직 무력으로써 천하를 정벌하고 경영하려 했다.

결국 한신을 비롯하여 진평, 경포(黥布) 등 유능한 인재가 차례로 떠나 유방 진영에 합류하며 항우의 몰락을 재촉했다. 분노와 무모함이라는 장수의 치명적 과실을 범한 그는 스스로를 망치고 말았다.

제 9 편
행군
行軍

적의 움직임에 답이 있다

「행군」(行軍)은 이어지는 「지형」(地形), 「구지」(九地)편과 함께 지리적 형세를 큰 줄기로 삼고, 작전 지휘를 세부 가지로 삼아 관련 내용을 논한다.

이 중 첫 번째인 「행군」편에서는, 행군 시 마주치는 상이한 자연 지형과 적정(敵情)을 올바로 파악하고 그에 대응하여 활용할 수 있는 책략을 설명한다. 나아가 행군과 밀접한 관계가 있는 군대의 주둔, 내부 관리 원칙 또한 구체적으로 다룬다.

좋은 자리를 차지하는 자가 승리를 차지한다

① 손자는 말한다.

군대를 지휘해 주둔하며 적정(敵情)을 관찰할 때는 여러 측면을 살펴야 한다. 산지를 통과할 때는 수초가 있는 골짜기를 끼고 나아가야 하며, 높은 산의 해를 바라보는 쪽에 주둔해야 한다. 적이 고지를 점령하고 있을 때는 고지를 향해 공격해서는 안 된다. 이것이 산지에서 군대를 포진하는 원칙이다.

② 강을 건넌 뒤에는 강에서 멀리 떨어진 곳에 주둔해야 한다. 적이 강을 건너 진격해올 때는 강 한가운데서 맞서지 말고, 적이 강을 절반쯤 건넜을 때 공격해야 유리하다. 만약 적과 결전을 치르려 한다면 강변 가까이에 진을 쳐서는 안 된다. 해가 보이는 높은 곳에 주둔하는 것이 좋으며, 적보다 하류에 주둔해서는 안 된다.[1] 이것이 하천지대에서 군대를 포진하는 원칙이다.

③ 염지(鹽地)와 소택지(沼澤地)에서는 신속하게 행군하고 멈춰서는 안 된다. 만약 이때 적과 조우하면 반드시 수초와 나무를 등져야 한다. 이것이 염지와 소택지에서 군대를 포진하는 원칙이다.

---

1 적이 상류에서 물길을 끊거나 물에 독극물을 타는 등 위험에 노출될 수 있기 때문이다.

④　평원에서는 마땅히 드넓은 지대를 점령해야 하고, 측면 부대는 고지를 배후로 삼아야 하며, 전면은 낮고 후면은 높은 곳에 주둔해야 한다. 이것이 평원에서 군대를 포진하는 원칙이다.

⑤　이 네 종류의 군대 포진 원칙을 통달하고 응용에 성공하는 것이 바로 과거에 황제(黃帝)가 능히 다른 사제(四帝)[2]에 승리할 수 있었던 요인이다.

⑥　주둔지는 건조하고 높은 곳이 좋으며 습윤한 늪지대는 피한다. 양지바른 곳을 중시하고 음지는 기피한다. 수초가 무성해 양식이 풍족하고 군수물자 공급이 편리한 곳에 주둔하면 병사들에게 질병이 발생하지 않는다. 이것이 필승의 조건이다. 구릉이나 제방이 있는 지대에서는 반드시 양지바른 곳에 주둔하고 주력 측면 부대도 양지를 배후로 삼아야 한다. 이러한 조치가 용병에 유리한 까닭은 지형의 이점을 최대한 활용할 수 있기 때문이다.

⑦　하천 상류에 비가 내려 홍수가 났을 때 강을 건너려 한다면 수세가 안정되기를 기다려야 한다.

⑧　무릇 지형에는 깊고 험준한 계곡 가운데로 물이 흐르는 절간(絶澗), 사방이 높고 험준한 분지로서 포위당하기 쉬운 천정(天井), 높은 산으로 둘러싸여 들어오기는 쉽지만 나가기는 어려운 천뢰(天牢), 수풀이 빽빽이 밀집해 통행이 어렵고 매복에 당하기 쉬운 천라(天羅), 저지대에 길이 질퍽거려 행군하기 어려운 천함(天陷), 좌우로 높은 산이 솟아 있고 길이 매우 좁아 행군하기 어려운 천극

2　고대 중국의 황제는 치우(蚩尤), 염제(炎帝) 등 주변 네 개 부락의 영수를 제압하고 황하 유역을 통일했다.

(天隙) 등이 있다. 이러한 지형을 만났을 때는 반드시 신속하게 통과하고 절대 멈춰서는 안 된다. 아군은 이런 지형에서 멀어지고, 적은 가까이 가도록 한다. 아군은 그곳을 마주 보고 적은 등지도록 한다.

⑨ 주둔지 부근에 험준하고 좁은 길이나 소택지, 갈대가 우거진 늪지나 울창한 숲이 있을 때는 반복해서 자세히 탐색해야 한다. 그런 곳에는 적이 매복병이나 정탐원을 숨겨놓았을 가능성이 높기 때문이다.

① 孫子曰: 凡處軍[1]相[2]敵, 絕山依谷, 視生處高, 戰隆無登, 此處山
손 자 왈 범 처 군 상 적 절 산 의 곡 시 생 처 고 전 륭 무 등 차 처 산
之軍也. ② 絕水必遠水, 客絕水而來, 勿迎之于水內, 令半濟而擊
지 군 야   절 수 필 원 수 객 절 수 이 래 물 영 지 우 수 내 영 반 제 이 격
之, 利; 欲戰者, 無附于水而迎客, 視生處高, 無迎水流, 此處水上
지 리 욕 전 자 무 부 우 수 이 영 객 시 생 처 고 무 영 수 류 차 처 수 상
之軍也. ③ 絕斥澤, 惟亟去無留, 若交軍於斥澤之中, 必依水草,
지 군 야   절 척 택 유 극 거 무 류 약 교 군 어 척 택 지 중 필 의 수 초
而背眾樹, 此處斥澤之軍也. ④ 平陸處易, 而右背高, 前死後生,
이 배 중 수 차 처 척 택 지 군 야   평 륙 처 이 이 우 배 고 전 사 후 생
此處平陸之軍也. ⑤ 凡此四軍之利, 黃帝之所以勝四帝也.
차 처 평 륙 지 군 야   범 차 사 군 지 리 황 제 지 소 이 승 사 제 야

⑥ 凡軍好高而惡下, 貴陽而賤陰, 養生[3]而處實[4], 軍無百疾, 是謂
범 군 호 고 이 오 하 귀 양 이 천 음 양 생 이 처 실   군 무 백 질 시 위
必勝. 丘陵堤防, 必處其陽, 而右背之, 此兵之利, 地之助也. ⑦
필 승 구 릉 제 방 필 처 기 양 이 우 배 지 차 병 지 리 지 지 조 야
上[5]雨, 水沫[6]至, 欲涉者, 待其定也.
상 우 수 말 지 욕 섭 자 대 기 정 야

⑧ 凡地有絕澗·天井·天牢·天羅·天陷·天隙, 必亟去之, 勿近也. 吾
범 지 유 절 간 천 정 천 뢰 천 라 천 함 천 극 필 극 거 지 물 근 야 오
遠之, 敵近之; 吾迎之, 敵背之. ⑨ 軍旁有險阻·潢井·葭葦·林木·
원 지 적 근 지 오 영 지 적 배 지   군 방 유 험 조 황 정 가 위 임 목

翳薈者, 必謹覆索之, 此伏奸之所處也.
예 회 자　필 근 부 색 지　차 복 간 지 소 처 야

※ 한자 풀이

1) 處軍(처군) '주둔', '숙영'이라는 뜻이다.

2) 相(상) '관찰'이라는 뜻이다.

3) 養生(양생) '수초가 무성하고 양식이 충분하여 군대가 지내기 좋다'는 뜻이다.

4) 處實(처실) '군수물자를 공급하기 편리하다'라는 뜻으로 해석한다.

5) 上(상) '상류'라는 의미이다.

6) 沫(말) '홍수'라는 의미로 해석한다.

적이 대응하지 못할 판을 짜라
- 강 한가운데서 패한 조구

항우와 유방이 천하의 패권을 놓고 다툴 때, 팽월(彭越)은 유방을 도와 신출귀몰하며 유격전으로 항우를 괴롭혔다. 이에 항우는 친히 팽월을 공격하러 나섰다. 그는 대사마 조구(曹咎)에게 이렇게 일러두었다.

"그대는 성고(成皐)를 신중하게 수비하라. 한나라 군대가 싸움을 걸어와도 절대로 응전하지 말고, 그들이 동쪽으로 가지 못하게만 하라. 나는 보름 내로 반드시 양(梁) 지역을 평정하고 돌아오겠다!"

그러고는 곧장 진류(陳留), 외황(外黃), 수양(沭陽)을 공격하여 모두 함락시켰다.

그동안 한나라 군대는 초나라 군대에 여러 차례 싸움을 걸었으나 초나라는 결코 응하지 않았다. 이에 한나라 진영에서는 사람을 보내어 대엿새 내내 초나라 군대에게 욕설을 퍼붓게 했다. 격노한 조구는 병사를 거느리고 사수(汜水)를 건넜다.

초나라 군대가 강을 반쯤 건넜을 때 갑자기 어디선가 팽월이 이끄는 한나라 군대가 나타나 기습을 가했다. 이들은 초나라 군대를 대파하고 금은보화와 재물을 모두 빼앗았다. 전투에서 대패한 대사마 조구와 장사 사마흔(司馬欣)은 사수에서 자결했다.

손자는 유리한 지형과 위험한 지형을 설명하며, 그 이점을 제대로 활용하는 것이 필승의 조건임을 강조한다. 팽월은 하천지대에서는 "적이 강을 절반쯤 건넜을 때 공격해야 유리하다"[令半濟而擊之, 利 영반제이격지 리]라는 손자의 가르침을 그대로 실천했다. 이처럼 상황을 면밀히 파악하고 적이 대응하기 어려운 상황을 조성하면, 싸우기 전에 유리한 위치를 점할 수 있다.

적의 동태를 파악하는 방법

1 적이 가까이 있으면서도 평온한 것은 그들이 점유하고 있는 험준한 요새를 믿기 때문이다. 적이 멀리 와서 도발하는 것은 아군을 끌어내려 유인하는 것이다. 적이 요새를 점령하지 않고 평지에 주둔하는 것은 그곳에 그들에게 유리한 점이 있기 때문이다. 숲의 나무들이 흔들리는 것은 적이 기습해오는 것이다. 풀숲에 많은 차폐물을 만들어둔 것은 아군을 미혹시키려는 것이다. 새들이 놀라 날아가는 것은 매복병이 있다는 것이다. 들짐승이 놀라 달아나는 것은 적군이 대거 기습해온다는 것이다.

2 흙먼지가 높고 맹렬하게 이는 것은 적의 전차가 돌격해오기 때문이다. 흙먼지가 낮고 넓게 퍼지는 것은 적의 보병이 행군해오기 때문이다. 흙먼지가 흩어져 날리는 것은 적이 땔감을 마련하고 있기 때문이다. 흙먼지가 작게 일었다가 가라앉았다가 거듭되는 것은 적이 진을 치고 주둔하려는 것이다.

3 적군 사신의 언사가 겸손하고 비굴하지만 실제로는 전비(戰備)를 갖추었다면 공격을 준비하고 있다는 의미이다. 사신의 언사가 강경하고 곧 공격할 자세를 보이는 것은 철수를 준비하고 있다는 의미이다. 적의 전차가 앞서 나와 양 측면에서 대오를 갖추는 것은 포진하고 작전을 준비하는 것이다. 적이 큰 타격을 입지 않았

는데도 먼저 강화를 청하는 것은 다른 음모를 꾸미기 때문이다. 적이 빠른 속도로 이동하며 진용을 정돈하는 것은 결전을 준비하는 것이다. 적이 전진하는 듯하다가 후퇴할 듯 하는 것은 아군을 유인하려는 것이다.

❹　적이 병기(兵器)에 기대어 서 있는 것은 군량이 떨어졌다는 뜻이다. 물 공급을 담당하는 적병이 서로 먼저 마시려 다투는 것은 물이 부족하다는 뜻이다. 적이 눈앞의 이익을 보고도 나아가지 않는 것은 군대가 피로에 지쳐 있다는 뜻이다. 적의 진영 상공에 새 떼가 모여드는 것은 군영이 비어 있다는 뜻이다. 적이 밤중에 소리를 지르는 것은 두려워하고 있다는 뜻이다. 적의 진영이 시끄럽고 번잡한 것은 장수가 위엄이 없다는 뜻이다. 적의 깃발이 흔들리고 정연하지 못한 것은 군기가 엄정하지 못하고 대오가 혼란하다는 뜻이다. 적의 장수가 쉽게 화를 내는 것은 전군이 피곤에 지쳤다는 뜻이다.

❺　적이 군량으로 말을 먹이고 짐 운반하는 소를 잡아먹으며, 찬구(饌具)는 그대로 걸어두고 병사들이 진영으로 돌아가지 않는 것은 결사 항전하려는 뜻이다.[3] 병사들이 낮은 목소리로 의론(議論)하는[수군대는] 것은 장수가 신뢰를 잃었다는 뜻이다.[4] 병사에게

3　이 구절을 "적이 말을 잡아먹고 찬구를 그대로 걸어놓은 채 진영으로 돌아가지 않는 것은 궁구(窮寇), 즉 궁지에 빠졌다는 것으로, 양식이 떨어졌다는 뜻이다"라고 해석하는 견해도 있다. 그러나 궁구는 「군쟁」편의 "궁지에 빠진 적을 지나치게 몰아붙이지 말아야 한다"[窮寇勿迫]라는 구절에서 유추할 수 있듯, 항우의 '파부침주'(「구지」편 참고)처럼 '결사 항전하려는 병사'로 해석하는 편이 합리적이다.

4　이 구절을 장수가 병사와 나직하게 이야기를 나누는 상황이라고 해석하는 견해도 있다. 그러한 상황 역시 군대 내의 분위기가 좋지 않다는 표현이다.

끊임없이 상을 내리는 것은 적이 곤경에 처했다는 뜻이다. 병사를 끊임없이 징벌하는 것은 달리 취할 조치가 없다는 뜻이다. 적장이 처음에는 병사에게 흉폭하게 굴다가 나중에는 병사를 두려워하는 것은 가장 무능한 장수라는 표현이다. 적이 사신을 파견해 선물을 보내고 좋은 말을 건네는 것은 휴식과 휴전을 바라기 때문이다. 적이 기세등등하게 공격해오고는 교전을 피하고 철수하지도 않는다면 반드시 그 의도를 신중히 관찰해야 한다.

① 敵近而靜者, 恃其險也; 遠而挑戰者, 欲人之進也; 其所居易者,
적근이정자 시기험야 원이도전자 욕인지진야 기소거이자

利也; 衆樹動者, 來也; 衆草多障者, 疑也; 鳥起者, 伏也; 獸駭者,
리야 중수동자 래야 중초다장자 의야 조기자 복야 수해자

覆也; ② 塵高而銳者, 車來也; 卑而廣者, 徒來也; 散而條達者, 樵采
복야　진고이예자 거래야 비이광자 도래야 산이조달자 초채

也; 少而往來者, 營軍也; ③ 辭卑而益備者, 進也; 辭強而進驅者,
야 소이왕래자 영군야　사비이익비자 진야 사강이진구자

退也; 輕車先出, 居其側者, 陣也; 無約而請和者, 謀也; 奔走而陳
퇴야 경거선출 거기측자 진야 무약이청화자 모야 분주이진

兵者, 期也; 半進半退者, 誘也; ④ 杖而立者, 饑也; 汲而先飲者, 渴
병자 기야 반진반퇴자 유야　장이립자 기야 급이선음자 갈

也; 見利而不進者, 勞也; 鳥集者, 虛也; 夜呼者, 恐也; 軍擾者, 將不
야 견리이부진자 노야 조집자 허야 야호자 공야 군요자 장부

重也; 旌旗動者, 亂也; 吏怒者, 倦也; ⑤ 粟馬¹⁾肉食²⁾, 軍無懸瓶,
중야 정기동자 난야 이노자 권야　속마 육식 군무현병

而不返其舍者, 窮寇也; 諄諄翕翕³⁾, 徐與人言者, 失衆也; 數賞者,
이불반기사자 궁구야 순순흡흡　서여인언자 실중야　삭상자

窘也; 數罰者, 困也; 先暴而後畏其衆者, 不精之至也; 來委謝者,
군야 삭벌자 곤야 선포이후외기중자 불정지지야 내위사자

欲休息也. 兵怒而相迎, 久而不合, 又不相去, 必謹察之.
욕휴식야 병노이상영 구이불합 우불상거 필근찰지

1) 粟馬(속마) '사병들이 먹는 군량을 말에게 먹이다'라는 뜻으로 해석한다.

2) 肉食(육식) '짐을 운반하는 소를 잡아먹다'라는 뜻으로 해석한다.

3) 諄諄翕翕(순순흡흡) 순순(諄諄)은 매우 간절한 모습을, 흡흡(翕翕)은 입술을 열었다 닫았다 하는 모습을 형상화한 말이다.

적의 의도를 역이용하라
– 한신이 패전한 척 후퇴한 이유

한나라 유방이 천하를 차지할 수 있었던 데에는 실로 한신 장군의 공이 컸다. 한신은 뛰어난 계책으로 전쟁에서 패배하는 법이 없었다. 특히 항우와의 대결이 시작된 초기에 제나라를 둘러싸고 벌인 전투에서 그의 전략이 더욱 빛났다.

한신이 제나라를 공격해 도읍인 임치(臨淄)에 이르자 제나라 왕은 달아나 초나라의 항우에게 도움을 청했다. 한신은 임치를 함락한 뒤 곧장 그를 추격했다. 이에 항우는 용저(龍且)를 장군으로 삼고 20만 대군을 주어 제나라를 돕게 했다.

용저가 제나라 왕과 함께 한신과 대치하고 있을 때, 어떤 사람이 용저에게 말했다.

"한나라는 멀리서 싸우러 와 사력을 다할 테니 그 날카로운 기세를 꺾기가 매우 어렵습니다. 이에 비해 초나라와 제나라는 자기 땅에서 싸움을 벌이니 불리하면 곧 물러날 수 있습니다. 장군

한신 명나라 시대에 제작한 초상화이다. 한신은 중국 역사에서 손꼽히는 명장으로, 당대의 상식을 뛰어넘는 병법으로 연전연승을 이루었다. 유방을 도와 천하를 제패하고, 그 자신도 제나라와 초나라의 왕의 자리까지 올랐다.

께서는 성을 굳게 지키시며 제나라 왕으로 하여금 빼앗긴 성읍에 신하를 파견하도록 하십시오. 그곳 백성들은 아직 제나라 왕이 살아 있고 또 초나라가 돕는다는 사실을 알면 반드시 한나라를 배반할 것입니다. 한나라 군대는 2천 리나 떨어진 곳에 와 싸우고 있는 형편이니, 이미 항복한 성이 모두 배반한다면 그들은 식량 조차 구하지 못한 채 무너질 것입니다.”

그러나 용저는 이렇게 답했다.

“나는 어릴 적 한신과 가까운 동네에 살았기 때문에 그 위인을 잘 알고 쉽게 대처할 수 있다. 더구나 나는 지금 제나라를 도우러 왔는데, 싸우지도 않고 한나라의 항복을 받는다면 내게 무슨 공이 있겠는가? 지금 내가 한나라를 격파하면 제나라의 절반은 내가 차지하게 될 터인데 어찌 전쟁을 중지한다는 말인가?”

결국 양군은 유수(濰水)를 사이에 두고 진을 쳤다. 한신은 밤이 되자 병사들에게 모래주머니 만여 개를 만들어 유수 상류를 막게 했다. 그러고는 병사의 절반만 이끌고 유수를 건너 용저를 기습했다가, 일부러 패한 척하며 철수했다. 용저는 크게 기뻐하며 말했다.

“보라, 내가 알던 대로 한신은 겁쟁이가 아닌가!”

그는 즉시 병사를 이끌고 유수를 건너 한신을 맹추격하기 시작했다. 유수는 용저의 군사로 가득 찼다. 바로 그때 한신이 사람을 보내 상류의 모래주머니를 한꺼번에 무너뜨리자, 거센 물줄기가 갑작스레 밀어닥쳤다. 용저의 병사들은 아직 강을 건너고 있거나 일부는 강으로 들어서지도 못한 상태였다. 한신은 곧바로 반격 명령을 내려 용저를 죽였다. 유수 동쪽에 있던 용저의 초나라 군대는 사분오열되어 도망쳤고 제나라 왕마저 달아났다. 한신은 성양(城陽)까지 추격하여 초나라의 모든 패잔병을 포로로 잡았다.

손자는 적의 동태를 면밀히 살펴 그 의도를 파악할 수 있다고 말한다. 한신은 "적이 전진하는 듯하다가 후퇴할 듯하는 것은 아군을 유인하려는 것이다"[半進半退者, 誘也 반진반퇴자 유야]라는 손자의 말대로, 스스로 패주하는 듯 꾸며 적을 유인했고, 적이 함정에 빠진 순간을 놓치지 않았다.

승리하는 군대를 다스리는 법

1 무릇 군대란 병력이 많다고 반드시 좋은 것은 아니다. 경솔히 공격하지 않고 병력을 집중하며, 적정(敵情)을 면밀히 분석하고 판단하여 적에게서 승리를 거두면 그것으로 충분하다. 깊이 헤아리고 계책을 세우지 않은 채 적을 경시하는 자는 반드시 적에게 포로로 잡힐 것이다.

2 사졸들이 아직 친근하지 않고 장수를 따르지 않는데 징벌을 내리면, 그들은 명령을 받아들이지 않는다. 명령을 따르지 않으면 그들을 전쟁에 내보낼 수 없다. 사졸들이 이미 친근해지고 장수를 따르는데도 군율과 군법을 집행하지 않으면, 그들 또한 전쟁을 치를 수 없다.

3 그러므로 문(文)의 수단, 즉 정치와 도의로써 사졸을 교육하고, 무(武)의 수단, 즉 군율과 군법으로 보조를 맞춰나가면, 반드시 전쟁에서 승리할 수 있다. 평소 명령을 엄정히 집행해 사졸들을 가르치고 이끌면 그들은 자연히 명령에 복종하는 습관을 익힌다. 그러나 평소 이를 소홀히 하면 그들은 불복하는 습관에 젖는다. 평소 명령이 제대로 집행되는 것은 장수와 사졸들 간에 상호 신뢰가 형성되어 있기 때문이다.

① 故兵非貴益多也, 惟無武進[1], 足以併力[2]·料敵[3]·取人[4]而已. 夫
고 병 비 귀 익 다 야　유 무 무 진　족 이 병 력　료 적　취 인　이 이　부

惟無慮而易敵者, 必擒於人.
유 부 려 이 이 적 자　필 금 어 인

② 卒未親附而罰之, 則不服, 不服則難用也. 卒已親附而罰不行, 則
졸 미 친 부 이 벌 지　즉 불 복　불 복 즉 난 용 야　졸 이 친 부 이 벌 불 행　즉

不可用也. ③ 故令之以文[5], 齊之以武[6], 是謂必取. 令素[7]行[8]以
불 가 용 야　　고 령 지 이 문　제 지 이 무　시 위 필 취　영 소　행　이

教其民, 則民服; 令素不行以教其民, 則民不服. 令素行者, 與衆
교 기 민　즉 민 복　영 소 불 행 이 교 기 민　즉 민 불 복　영 소 행 자　여 중

相得也.
상 득 야

※ 한자 풀이

[1] 武進(무진) '함부로 공격하다', '경솔하게 공격하다'라는 의미로 해
석한다.

[2] 併力(병력) '병력을 집중하다'라는 의미이다.

[3] 料敵(료적) '적정을 분석하고 판단하다'라는 의미이다.

[4] 取人(취인) '적에게 승리하다'라는 의미이다.

[5] 文(문) '정치', '도의'라는 의미이다.

[6] 武(무) '군기', '군법'이라는 의미이다.

[7] 素(소) '평소'라는 의미이다.

[8] 行(행) '집행'이라는 의미이다.

리더는 때로는 너그럽고, 때로는 엄격해야 한다
― 문무를 겸비한 황제, 강희제

청나라 강희제(康熙帝)는 청대의 전성기인 강건성세(康乾盛世)를 연 명군이다. 청나라는 만주족이 건국한 나라로 한족을 심히 차별했고, 이에 따라 한족의 반만(反滿) 정서도 극심했다. 강희제는 이러한 반감을 누그러뜨리기 위해 한족을 과감히 등용했다. 이로써 한족 출신 관료도 중앙정부의 요직에 다수 진출할 수 있었다. 한족 출신 유신(儒臣)인 장영(張英)은 그림자처럼 늘 강희제와 함께했다.

강희제는 장영을 비롯한 여러 한족 대신을 금원(禁苑)으로 초청해 학문을 논하고 놀이와 낚시를 함께 즐기기도 했다. 강희제는 수십 년을 독서와 학습에 열중하여 가히 대학문가(大學問家)라 할 정도였으며, 어떤 한족 학자도 그와 논쟁하여 이길 수 없었다.

한편 강희제는 한족 포용책과 함께 엄격한 통제책도 병행했다. 그 대표적 수단이 바로 밀주(密奏)였다. 밀주는 각지에서 공무를 처리한 관원이 조정에 돌아와 황제에게 직접 비밀 보고를 올리도록 하는 제도였다. 강희제는 대신은 물론 총독, 순무, 제독, 총병관 등에게도 밀주를 허용했다. 이를 통해 황제는 방대한 관료 사회의 동향을 은밀히 파악하고, 공식 보고로는 알 수 없는 문제까지 통제할 수 있었다.

한편 명나라의 유신(遺臣)들은 문자(文字)를 통해 만주족이 세운 청나라에 대한 불만을 끈질기게 표출하며 반청운동을 이어갔다. 이에 강희제는 혹독한 탄압으로 대응해 관련자뿐 아니라 구

문무를 겸비한 강희제 청나라 제4대 황제 강희제가 책을 읽는 모습과 갑옷으로 무장한 모습을 담은 그림이다. 그는 학식이 뛰어났고 직접 군사를 지휘하여 전쟁에 나서기도 했다. 중국 역사에서 가장 긴 62년의 재위 기간 동안 청나라를 다스렸다.

족(九族)까지 처벌했다. 이른바 청대의 혹독한 문자옥(文字獄, 글로 지식인을 탄압하는 방식)은 바로 강희제로부터 본격화되었다.

이처럼 강경함과 온건함을 동시에 운용한 강희제의 강온(剛溫) 양면 정책은 "상과 벌은 분명히 하고, 은혜와 위엄은 아울러 베푼다"는 '상벌분명, 은위병시'(賞罰分明, 恩威併施)라는 말로 요약할 수 있다.

『손자병법』 또한 "문(文)의 수단, 즉 정치와 도의로써 사졸을 교육하고, 무(武)의 수단, 즉 군율과 군법으로 보조를 맞춰나가면, 반드시 전쟁에서 승리할 수 있다"[令之以文, 齊之以武, 是謂必取 영지이문 제지이무 시위필취]라고 말한다. 강희제가 운용한 '은위'(恩威)의 원리는 손자가 강조한 '문무'(文武)의 원리와 일치한다고 볼 수 있다.

믿음을 주면 사람은 절로 따른다
– 신의로 다스린 제갈량의 군대

『삼국지연의』에 전하는 이야기다. 위나라의 사마의가 30만 대군을 이끌고 촉나라를 기습했다. 당시 촉나라는 병력을 삼분하여 12만 명 중 8만 명은 귀가시켜 휴식을 취하게 하고, 4만 명만이 전선을 방어하고 있었다. 이들은 단 4만 명으로 30만 대군을 막아야 하는 절체절명의 위기에 처했다.

장수들은 제갈량에게 즉시 휴식 중인 8만 군사를 다시 소집할 것을 건의했다. 그러나 제갈량은 이렇게 답했다.

"무릇 군대는 신의(信義) 위에서만 설 수 있다. 오늘 우리는 신

전쟁에 나서는 제갈량 유비를 도와 촉한을 세운 인물로, 중국을 대표하는 군사 전략가로 알려져 있다. 유비가 세상을 떠난 뒤에는 국정 전반을 다스리는 역할을 했다.

의를 굳게 지킬 것이다. 이미 그들에게 휴식을 허락했으니, 우리가 책임지고 전투에 임해야 한다. 쉬고 있는 이들의 부인과 자식은 남편의 귀환을 얼마나 오매불망 기다렸겠는가? 그들은 이미 갑옷과 무기를 내려놓았다. 이 위기에는 우리가 용감하게 맞서야 한다. 그것이 곧 신의다!"

제갈량의 말이 전해지자 병사들은 모두 크게 감동했다. 모든 병사가 전의를 불태우며 일당십의 각오로 각자 선봉에 서겠다며 다툴 정도였다. 그 용맹무쌍한 기세에 사마의의 30만 대군은 혼비백산 대패했다. 이 전투에서 위나라가 자랑하고 촉나라의 모든 군사가 두려워하던 맹장 장합(張郃)조차 전사하고 말았다.

제갈량이 이끄는 군대의 모습은 『손자병법』에서 말하는 "평소 명령이 제대로 집행되는 것은 장수와 사졸들 간에 상호 신뢰가 형성되어 있기 때문이다"[令素行者, 與衆相得也 영소행자 여중상득야]라는 구절과 꼭 맞아떨어진다.

병사들이 이처럼 죽음을 불사하고 나선 까닭은 제갈량의 인품

에 감동하여 상하 간의 신의가 두터워지고 깊은 융합이 이루어졌
기 때문이다.

믿음을 저버리면 대가가 따른다
- 폭정으로 허망한 최후를 맞은 장비

같은 촉나라의 영웅이지만 제갈량과는 전혀 다른 결과를 빚은 인
물이 있다. 바로 장비이다.

장비는 장판파(長阪坡)에서 홀로 조조의 대군을 막아낸, 용맹으
로 이름 높은 맹장 중의 맹장이었다. 그러나 관우가 오나라에 의
해 죽자 장비는 극심한 슬픔에 빠졌다. 그는 반드시 관우의 복수
를 이루리라 거듭 다짐했고, 주변 참모들은 술로 그를 위로하고
자 했다. 장비는 매일같이 통음(痛飮)하며 술에 흠뻑 취해 통곡하
고 또 통곡했다.

그런데 장비는 술에 취할 때마다 치밀어 오르는 분노에 사로잡
혔고, 그 분노는 점차 부하들에게 향했다. 그는 사소한 허물을 트
집 잡아 부하들을 가차 없이 구타했다. 이 소식을 들은 유비는 직
접 장비를 찾아와 이렇게 충고했다.

"아우, 부하를 자꾸 매질하면 원망이 쌓이게 마련이네. 장수는
법과 예로 군을 다스려야지, 분노로 다스려서는 안 되네. 그러다
보면 적보다 먼저 곁에 있는 사람들이 등을 돌릴 수도 있지 않겠
는가."

그러나 장비는 유비의 충고에도 전혀 개의치 않았다. 그는 부

하들에게 사흘 안에 흰 깃발과 흰 갑옷을 만들라는 엄명을 내렸다. 이에 범강(范疆)과 장달(張達)이라는 두 부하가 간언했다.

"흰 깃발과 흰 갑옷은 단기간에 만들기 어렵습니다. 기한을 늦추어주십시오."

이 말을 들은 장비는 크게 노했다.

"내가 복수를 위해 당장 내일이라도 오나라 역적들을 토벌하지 못해 한이 맺혔거늘, 네놈들이 감히 내 명을 거역하느냐!"

그는 곧 범강과 장달을 나무에 묶고 곤장 50대를 때리게 했다. 두 사람은 온몸이 피로 물들었다. 장비는 그들을 손가락질하며 호통쳤다.

"당장 내일까지 만들어내지 못하면, 네놈들을 죽여 모두에게 본보기로 삼겠다!"

범강과 장달은 장비가 반드시 자신들을 죽일 것이라 확신하고, 그날 밤 장비가 자고 있는 틈을 노려 그를 죽였다. 그러고는 장비의 수급(首級)을 가지고 오나라로 달아났다. 이리하여 장판파의 맹장 장비는 허망한 최후를 맞이하고 말았다.

병사들과 두터운 신의를 나누어 전군이 한마음으로 만든 제갈량과 달리, 장비는 군기와 군법을 엄정히 적용하지 못하고 사사로운 감정에 치우쳐 부하를 함부로 대했다. 결국 그 후과로 비극을 자초한 것이다.

사업은 전쟁이다
- 병법으로 배우는 비즈니스 생존 전략

중국의 저명한 역사가 사마천은 역대 왕조의 역사를 엮은 『사기』(史記)를 마무리하며, 마지막 열전(列傳)으로 「화식열전」(貨殖列傳)을 소개한다.

그는 화식(貨殖)의 화(貨)를 "화자, 활야"(貨者, 活也)라 하여 '끊임없이 변화하는 것'으로 풀이했다. 『설문해자』(說文解字)에서는 "화, 종패화"(貨, 從貝化)라 하여 화(貨)를 고대 화폐인 패(貝)와 화(化)에서 나온 글자로 설명하는데, 이는 곧 '화폐의 변화', '사고파는 활동'을 뜻한다. 결국 화(貨)는 '재물이나 화폐가 거래되며 변동하는 상태'를 의미한다고 볼 수 있다.

이어서 식(殖)은 "식자, 생야"(殖者, 生也)라 하여 '살아가는 것', '불어나는 것'으로 풀이되어 있다. 결국 화식(貨殖)이란 자원의 생산과 교환을 통해 이익을 도모하는 상공업 활동을 의미한다.

그러나 「화식열전」에서 다루는 분야는 상업에 한정되지 않고 농업, 수공업, 어업, 목축업, 광산업, 제련업 등 모든 생산 분야를 포함한다. 마찬가지로 이른바 '화식가'(貨殖家)란 상품 교환에 종사하는 상인뿐 아니라 생산과 유통을 겸하거나, 서비스업과 임대업 등

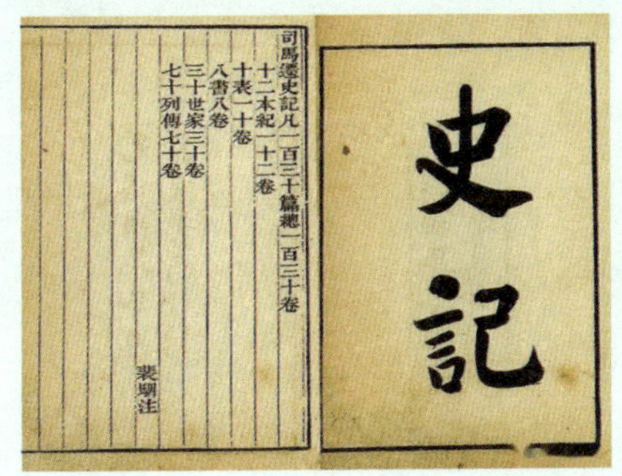

사기 중국 한나라의 사마천이 상고(上古)시대 황제부터 전한시대의 무제(武帝)에 이르기까지, 역대 왕조의 역사를 엮은 책이다. 개인의 전기를 이어가는 기전체(紀傳體)의 효시이며, 역사서와 문학서로서 모두 높은 평가를 받는다.

을 다루는 종합 경제인을 가리킨다.

또한 사마천은 상업과 재물의 운용을 인간 사회를 지탱하는 중요한 기반으로 파악하고, 부(富)는 하늘이 내리는 것이 아니라 시장의 흐름과 인간의 노력에서 비롯된다고 보았다. 따라서 「화식열전」은 단순한 상인들의 전기(傳記)를 넘어, 경제활동의 원리를 탐구한 기록이라 할 수 있다.

전쟁은 전장에서, 상업은 시장에서 결정된다

상업은 국가와 사회를 움직이는 힘이자, 경제라는 무대에서 벌어지는 일종의 전쟁, 즉 상전(商戰)이다. 전쟁과 상업은 모두 본질적으로 '대결'이다. 군사 투쟁이 영토와 권력을 두고 맞붙는 정치적 힘겨루기라면, 상업 경쟁은 시장과 고객 쟁탈을 둘러싸고 벌이는 경제적 힘겨루기다. 전쟁의 승패가 전장에서 갈리듯 상업의 승패는 시장에서 결정된다.

따라서 전쟁과 상업은 유사한 기본 원리를 공유한다. 두 대결의 주체는 모두 인간이며, 전장과 시장은 적자생존(適者生存)과 우승열

부록×사업은 전쟁이다

패(優勝劣敗), 즉 강한 자 혹은 환경에 적응하는 자만 살아남고 그렇지 못한 자는 패하는 냉혹한 세계다.

이 대결에서 살아남아 승리하려면 명확한 가치관과 목표를 세우고, 이를 뒷받침할 전략 수립, 지휘 체계 확립, 조직 관리가 뒤따라야 한다. 상황에 맞는 민첩한 전술과 속도전 역시 중요하다. 또한 상대를 파악하는 일, 즉 적군의 정황과 고객 심리 파악이 무엇보다 중요한데, 이 때문에 상대를 알고 나를 안 뒤 움직이는 지피지기(知彼知己)의 원칙이 필요하다.

예로부터 상인들은 병법의 지혜를 경영에 응용해왔다. 현대에 와서도 마찬가지다. 일본의 손정의는 『손자병법』을 바탕으로 자신만의 경영 전략 '손의 제곱병법'을 만들었고, 빌 게이츠와 마크 저커버그, 일론 머스크, 도널드 트럼프 등 수많은 리더가 손자의 전략을 차용했다.

이처럼 병법의 원리는 시대와 분야를 넘어, 오늘날의 비즈니스 현장에서도 여전히 힘을 발휘하고 있다.

손자처럼 작전하라

사마천의 「화식열전」에는 모두 52명의 화식가가 등장하는데, 그중에서도 가장 주목할 만한 인물은 전국시대 위나라 출신의 백규(白圭)다. 그는 훗날 중국에서 재신(財神) 혹은 상성(商聖)으로 불리며 상업의 본보기가 되었다. 그는 이렇게 말했다.

"나는 경영할 때 이윤(伊尹)이나 강태공(姜太公)이 계책을 실행하듯 하고, 손자와 오기(吳起)가 작전하듯 하며, 상앙이 법을 집행하듯 한다.”

이 벌언은 그의 ‘치생지술’(治生之術), 곧 부를 일구는 방법이 병가(兵家)와 법가(法家)의 전략적 사고와 긴밀히 연결되어 있음을 보여준다. 백규가 주력 사업을 선택한 방식에서도 그의 전략적 면모가 돋보인다. 그는 농업 생산이 급격히 성장하던 시대적 변화를 간파했다. 농산물 무역은 비록 이윤율은 낮지만 교역량이 크기 때문에 장기적으로 막대한 수익을 낼 수 있으리라 예견한 것이다. 이에 그는 농산물을 기반으로 하며, 수공업 원료와 생활에 필요한 각종 재화를 교역 대상으로 넓혀나갔다.

사마천은 백규를 두고 “재산을 움켜쥘 시기가 오면 마치 맹수와 맹금(猛禽)이 먹잇감에 달려드는 것처럼 민첩했다”라고 평했다.

이처럼 기회가 오면 지체 없이 결단하고 과감히 행동에 옮기는 모습은 『손자병법』에서 논하는 전쟁에 능한 자가 지켜야 할 원칙에 꼭 들어맞는다. 손자는 이렇게 말했다.

전쟁에서 귀중함은 신속한 승리에 있으며 결코 오래 끄는 데 있지 않다[兵貴勝, 不貴久 고병귀승 불귀구](「작전」).

거센 물살이 사납고 빠르게 흘러 커다란 바위조차 구르게 하니, 이것이 바로 세(勢), 즉 형세이다. 맹금이 맹렬하고 민첩하게 날아들어 다른 새를 일거에 낚아채 죽이니, 이것이 바로 절(節), 즉 절주(節奏, 박자, 흐름)이다[激水之疾, 至於漂石者, 勢也; 鷙鳥之疾, 至於毀折者, 節也 격수지질 지어표석자 세야 지조지질 지어훼절자 절야](「세」).

 부록×사업은 전쟁이다

손자와 『오자병법』(吳子兵法)을 남긴 오기 등 병가의 대전략가는 세부 전술은 다르더라도 하나같이 마땅한 '때'와 '속도'를 중시했다. 알맞은 때에 속도를 내는 것이 전쟁의 승패를 가를 뿐 아니라, 싸움이 길어지면 백성과 국가가 피해를 입기 때문이다. 따라서 기회를 포착했을 때 민첩하게 움직여 단번에 승부를 내야 한다.

백규가 보여준 경영 방식도 이와 다르지 않다. 그는 변화의 흐름을 누구보다 재빠르게 읽어내고, 마치 맹수가 먹잇감을 낚아채듯 기회를 붙잡아 이익을 얻었다. 전장에서 '세'(勢)를 장악해 주도권을 지배한다면, 시장에서는 '시'(時)를 헤아려 재물을 불려야 한다. 이렇듯 흐름을 파악해 주도권을 쥐는 병법의 지혜는 시세(時勢)를 꿰뚫어 이익을 내는 상업의 지혜와 맞닿아 있다.

승리는 때를 읽는 자의 것이다

사마천은 성공한 상인들은 모두 '지시'(知時)에 능한 자, 즉 때를 잘 아는 자라고 보았다.

백규 또한 흐름을 읽고 자신에게 가장 유리한 시기를 포착하는 데 능했다. 그는 상가(商家)에 있어 때를 안다는 것은 곧 '때의 변화를 즐겨 살피는 것'[樂觀時變낙관시변]이라고 여겼다. 백규는 주로 사물의 내재된 법칙을 읽어 시장 동향을 예측하고, 이를 근거로 상품 매매 시점을 결정했다. 천문학과 기상학을 익혀 풍년과 흉년을 내다보며 경영 방침을 시의적절하게 조정한 것이다.

한편 월나라의 범려(范蠡)도 시기를 읽어내는 눈을 가지고 있었다. 범려는 월왕 구천을 도와 숙적 오나라를 격파하고 천하의 패권을 쥐게 한 뒤 홀연히 그의 곁을 떠났다. 구천이 고난은 함께하되 영광은 나누지 못할 인물임을 간파했기 때문이다. 실제로 구천 곁에 남았던 신하들은 모두 참혹한 최후를 맞았다. 사마천의 「화식열전」에 따르면 범려는 이후 사업에 뛰어들어 탁월한 수완으로 성공을 거두었다.

그는 도(陶) 지방은 천하의 중심으로 각국 제후와 사통팔달하는 물자 교역의 요지라 판단했다. 그래서 그곳에서 산업을 경영하며 물자를 비축하고, 적절한 때에 맞추어 변화를 도모했다. 그는 천시(天時)에 맞춰 이익을 내는 데 뛰어났다.

다른 이가 버린 것을 취하라

백규는 시세를 꿰뚫는 능력을 바탕으로 한 자신만의 독창적인 상술을 지니고 있었다. 그는 자신의 경영 원칙을 '인기아취, 인취아여'(人棄我取, 人取我予)라는 여덟 글자로 요약했는데, 이는 "사람들이 버리면 나는 취하고, 사람들이 취하면 나는 준다"라는 뜻이다. 즉 그의 전략은 상품 공급이 수요를 넘어서서 아무도 구하지 않는 시기에 사들인 뒤, 공급이 수요를 따르지 못해 가격이 오를 때 판매해 수익을 극대화하는 것이었다.

백규가 장사를 이어가던 어느 해에, 면화가 넘쳐난 나머지 가격이 크게 떨어지는 일이 발생했다. 물품을 빨리 처분하기 위해 손해를 봐가며 헐값에 팔아넘기는 이들도 있었다. 그러나 백규는 도리어 부하들에게 시중의 면화를 모두 매입하게 했다. 저장할 공간이 모자라 다른 상인의 창고를 빌려야 할 정도였다.

얼마 지나지 않아 모피가 크게 유행하자, 이번에는 모두 모피를 사들이느라 혈안이 되었다. 그러나 백규는 이미 좋은 모피를 충분히 확보하고 있었기에 재빨리 전량을 팔아 막대한 이익을 챙겼다. 그 뒤 큰 흉년이 들어 면화를 구하기가 어려워지자 다시금 가격이 폭등했다. 백규는 이전에 사들였던 면화를 내다 팔아 또다시 큰 수익을 거두었다.

이러한 백규의 경영 원칙 '인기아취, 인취아여'는 시류를 맹목적으로 좇지 않고 흐름을 내다보는 지혜인 셈이다.

인재를 신임하며 세를 불려라

손자는 전쟁에서 '택인임세'(擇人任勢), 즉 인재를 가려 뽑고 세를 충분히 활용하는 것이 무척 중요함을 거듭 강조한다. 『손자병법』에 등장하는 '세'(勢)는 군사적 대결 속에서 형성되는 전세(戰勢)를 뜻한다.

이를 상업에 비유하면, 상업의 세란 중대한 전략을 세우고 그에 따라 기술 개발, 신상품 출시, 영업 활동 등을 전개하며 시장에서 새롭게 형성되는 상세(商勢)라고 할 수 있다. 사업가는 자신에게 유리한 흐름을 조성하고 인재를 기용해 승리를 거둔다. 이처럼 사업과 전쟁은 본질적으로 같은 원리를 따른다.

『손자병법』에는 전쟁을 지휘하는 장수가 병사를 어떻게 다루어야 하는지 언급하는 구절이 다수 등장한다.

그러므로 작전에 능한 자는 유리한 세(勢)의 형성을 추구하며, 병사들에게 가혹하게 요구하지 않는다. 따라서 그는 인재를 적절히 등용하여 이미 형성된 세를 충분히 활용한다[故善戰者, 求之於勢, 不責於人, 故能擇人而任勢 고선전자 구지어세 불책어인 고능택인이임세](「세」).

장수가 병사를 어린아이처럼 아끼면, 병사들은 기꺼이 장수와 함께 고통을 견딘다. 장수가 병사를 친자식처럼 사랑하면, 그들은 마침내 장수와 생사를 함께한다[視卒如嬰兒, 故可以與之赴深溪; 視卒如愛子, 故可與之俱死 시졸여영아 고가여지부심계 시졸여애자 고가여지구사](「지형」).

사마천 또한 같은 생각이었다. 그는 범려에 대해 설명하며 이렇게 말했다.

그는 고용한 사람을 야박하게 대하지 않았다. 경영에 뛰어난 자는 반드시 신뢰할 수 있는 사람을 잘 선택하고 좋은 시기를 파악할 줄 아는 법이다.

즉 상업에서도 전쟁과 마찬가지로 믿을 만한 사람을 뽑고 함께 세를 불리는 일이 무척 중요하다는 것이다. 범려는 때를 잘 읽었을 뿐 아니라 사람을 다룰 줄도 알았다. 그는 고용인을 후하게 대하고, 사업으로 벌어들인 재물을 이웃과 나누고, 서로 다른 곳에서 사업을 경영해 세 번 모두 성공을 거두었다.

한편 제나라의 탁월한 사업가 도간(刀間)은 노예마저 소중히 여겼다. 그는 인재를 알아보고 그들의 잠재력을 이끌어낸 경영의 귀재였다. 사마천은 도간의 삶을 이렇게 기록했다.

제나라는 풍속에 따라 노예를 비천하게 여겼지만, 오직 도간만은 그들을 아끼고 중시했다. 주인들은 교활하고 영민한 노예를 골치 아픈 존재로 여겼지만, 오직 도간은 그들을 받아들이고 또 활용했다. 고기잡이와 제염을 맡기고 상업에 종사하게 하여 스스로 이익을 얻게 했으며, 관리들과 교류할 수 있도록 도우면서 점차 큰 권한까지 위임했다. 마침내 그는 노예들의 도움으로 집안을 일으키고 치부(致富)하여 수십만 금의 재산을 이루었다. 사람들은 "관직을 받느니 차라리 도간의 노복이 되겠다"라고 말할 정도였다. 도간은 노복이 스스로 부를 쌓게 하고 동시에 자신을 위해 모든 힘을 다하도록 만들었다.

백규 또한 검소한 생활을 하며 종업원들과 동고동락했다.

음식을 탐하지 않고, 욕망을 절제하며 기호를 억제하고 소박한 옷을 입고 매년 그를 위해 일하는 노예들과 동고동락했다.

그의 이러한 모습은 『손자병법』 첫 번째 편인 「계」에서 언급하는 '도'(道)와 맥을 같이한다.

도란 백성들로 하여금 윗사람과 한마음 한뜻이 되어 공생공사하고 두려워하거나 의심하지 않게 만드는 것이다[道者, 令民與上同意, 可與之死, 可與之生, 而不畏危也 도자 영민여상동의 가여지사 가여지생 이불외위야].

백규는 상업이라는 전장에서 유리한 흐름을 만들기 위해『손자병법』의 '도'를 경영의 거울로 삼았다. 그는 일꾼의 어려움을 헤아리고 마음의 벽을 허물어, 그들이 주인과 생사(生死)를 함께하겠다는 각오를 품도록 이끌었다. 이를 통해 상하가 모두 한마음이 되어 하나의 경영 목표를 향해 나아갈 수 있었다.

이처럼 범려와 도간 그리고 백규는 모두 사람을 정확하게 파악하고 적재적소에 기용했으며, 그들과 더불어 부를 쌓는다는 목적을 이루었다. 이러한 경영자는 어려움 속에서도 부하의 신뢰를 얻어 다시 일어설 수 있으며, 성공했을 때도 그 성취를 오래 유지할 수 있다.

비즈니스에서 살아남기 위한 생존 법칙

이처럼 전쟁터와 시장은 변화무쌍한 형세 속에서 승리를 쟁취해야 하는 치열한 경쟁의 장이라는 점에서 본질적으로 같다.

백규가 "사람들이 버리면 나는 취하고, 사람들이 취하면 나는 준다"라고 말했듯이, 뛰어난 경영자는 군사 전략가 못지않게 예리한 눈으로 시장의 변화를 꿰뚫어 보고 기회를 포착한다. 또한 범려나 도간처럼 사람을 알아보고 신뢰하며 함께 고난을 나누는 리더만이 그 승리를 오래 유지할 수 있다.

『손자병법』은 단순히 전쟁의 기술서를 넘어, 사람과 세상의 이치를 꿰뚫는 경영의 지혜서이다. 사람의 마음을 알고, 시기를 놓치지 않으며, 형세를 활용하라는 가르침은 오늘날의 비즈니스 전장에서도 여전히 유효한 생존 법칙이다. 『손자병법』이 시대와 분야를 초월해 지금도 읽히는 까닭이 여기에 있다.

제 10편
지형
地形

지형을 꿰뚫는 자가
전장을 지배한다

앞선 「행군」편에서는 주로 산지와 하천, 양지와 음지, 지형의 고저 등 지형의 자연적 특성이 작전에 미치는 영향을 다루었다. 이어지는 「지형」(地形)편에서는 교통, 거리, 공격과 방비의 난도 등, 전투 수행에 직접 작용하는 조건을 중심으로 지형의 전술적 의미를 한층 깊이 탐구한다.

한편 『손자병법』에는 백성을 위하는 마음, 곧 민본사상(民本思想)이 일관되게 흐르고 있다.

손자는 첫 편인 「계」에서 이미 전쟁은 백성의 삶을 철저히 파괴하는 참화임을 경고하고, "도(道)란 백성들로 하여금 윗사람과 한마음 한뜻이 되게 만드는 것"[道者, 令民與上同意 도자 영민여상동의]이라고 천명했다.

본 편에서는 "그러므로 출전할 때에는 이름을 드러내지 않고, 퇴각할 때에도 죄를 피하지 않으며[비난이나 죄책을 피하려 하지 않으며] 오직 백성을 보전하고자 할 뿐이다"[進不求名, 退不避罪, 唯民是保 진불구명 퇴불피죄 유인시보]라며 전쟁은 백성을 위해 치러야 하는 것임을 다시 한번 강조하고 있다.

　이처럼 『손자병법』은 단순한 전쟁 지침서가 아니다. 지형을 어떻게 활용하고 병력을 어떻게 운용할지를 논하는 데서 멈추지 않으며, 모든 전략의 궁극적 목적은 '백성을 보전하는 일'로 귀결한다. 출전의 명예나 후퇴의 책임보다 우선하는 것은 오직 민생을 지키는 일이라는 점을 일관되게 강조한다. 이는 『손자병법』이 단순한 병법서를 넘어, 국가와 군주가 지향해야 할 정치철학의 깊이를 품고 있음을 보여준다.

내가 있는 곳을 올바로 이해하라

① 손자는 말한다.

지형에는 통(通), 괘(掛), 지(支), 애(隘), 험(險), 원(遠)의 여섯 가지 유형이 있다. 통(通)은 아군도 갈 수 있고 적군도 갈 수 있는 지형이다. 통형에서는 확 트이고 양지바른 고지를 선점해 식량 보급로를 확보하면 작전 수행에 유리하다. 괘(掛)는 들어갈 수는 있지만 돌아오기는 어려운 지형이다. 괘형에서는 적이 미리 방비하고 있지 않으면 돌격해 승리를 거둘 수 있지만, 적이 미리 방비하고 있으면 돌격해도 승리를 거둘 수 없고 더구나 돌아오기도 어려워 불리하다. 지(支)는 아군이 출격해도 불리하고, 적군이 출격해도 불리한 지형이다. 지형에서는 적군이 이익으로써 유인하더라도 섣대 출격해서는 안 되며, 오히려 철수하는 듯 위장해 직을 유인하고, 적이 반쯤 출격했을 때 돌아와 공격하면 유리하다.

② 애(隘)는 좁고 험한 지형이다. 애형에서는 아군이 먼저 점령하고 반드시 충분한 수의 중무장 병사로 좁은 입구를 봉쇄하고 적이 오기를 기다려야 한다. 만약 적이 먼저 점령해 중무장 병사로 입구를 봉쇄하면 무리하게 공격해서는 안 된다. 그러나 적이 중무장 병사로 입구를 봉쇄하지 않았다면 신속히 공략하여 점령한다. 험(險)은 지세가 험준하고 가파른 지형이다. 험형에서는 아군

이 먼저 점령하면 즉시 확 트이고 양지바른 곳을 점거하고 적이 오기를 기다려야 한다. 만약 적이 먼저 유리한 곳을 점령하고 있으면 신속히 퇴각해야 하며 절대 공격해서는 안 된다. 원(遠)은 적군과 아군의 거리가 먼 지형이다. 원형에서는 적군과 아군의 실력이 비슷하면 도발하지 않아야 하며, 만약 출전을 강행하면 불리해진다. 무릇 이 여섯 가지 유형은 용병할 때 지형을 이용하는 원칙으로, 장수의 가장 중대한 임무이니 반드시 세심하게 살펴야 한다.

① 孫子曰: 凡地形有通者·有掛者·有支者·有隘者·有險者·有遠者.
　손자왈　범지형유통자 유괘자 유지자 유애자 유험자 유원자

我可以往, 彼可以來, 曰通. 通形者, 先居高陽, 利糧道, 以戰則利.
아가이왕 피가이래 왈통 통형자 선거고양 이량도 이전즉리

可以往, 難以返, 曰掛. 掛形者, 敵無備, 出而勝之; 敵若有備,
가이왕 난이반 왈괘 괘형자 적무비 출이승지 적약유비

出而不勝, 難以返, 不利. 我出而不利, 彼出而不利, 曰支. 支形者,
출이불승 난이반 불리 아출이불리 피출이불리 왈지 지형자

敵雖利我, 我無出也, 引而去之, 令敵半出而擊之, 利.
적수리아 아무출야 인이거지 영적반출이격지 리

② 隘形者, 我先居之, 必盈[1]之以待敵. 若敵先居之, 盈而勿從, 不
애형자 아선거지 필영 지이대적 약적선거지 영이물종 불

盈而從之. 險形者, 我先居之, 必居高陽以待敵; 若敵先居之, 引
영이종지 험형자 아선거지 필거고양이대적 약적선거지 인

而去之, 勿從也. 遠形者, 勢均, 難以挑戰, 戰而不利. 凡此六者,
이거지 물종야 원형자 세균 난이도전 전이불리 범차육자

地之道[2]也, 將之至任[3], 不可不察也.
지지도 야 장지지임 불가불찰야

1) 盈(영) '충만하다', '가득하다'라는 뜻으로 여기에서는 '충분한 숫자의 중무장 병사들'이라는 의미다.

2) 地之道(지지도) '용병에서 지형 이용의 원칙'이라는 의미이다.

3) 至任(지임) '가장 중대한 임무'라는 뜻이다.

지형을 읽어야 승리할 수 있다
– 제갈량의 읍참마속

제갈량은 유비가 세상을 떠난 뒤, 뒤를 이어 촉한의 황제가 된 유선(劉禪)을 보좌했다. 촉한은 한(漢) 왕조의 정통성을 계승했다는 명분 아래, 중원을 회복하기 위하여 위나라를 무너뜨리는 북벌에 나섰다.

제갈량은 주력 부대를 이끌고 중원의 서쪽 길목인 관중의 중심, 장안으로 가기 위해 기산(祁山) 방면으로 진군했다. 한편 북벌에 성공하려면 반드시 보급로를 확보해야 했는데, 이때 지켜야 할 요충지가 바로 가정(街亭)이었다. 제갈량은 마속(馬謖)에게 가정의 방비를 맡기며, 물길 가까이에 진을 치라고 거듭 당부했다.

그러나 마속은 이를 어기고, 물길을 확보하지 않은 채 산 위에 진을 치는 치명적인 실책을 범했다. 위나라의 장합(張郃)은 곧바로 급수로를 끊고 기습하여 촉한의 군대를 크게 무찔렀다.

결국 촉한의 첫 번째 북벌 시도는 실패로 돌아갔다. 제갈량은 평소 마속을 아꼈으나, 군율을 제대로 세우기 위해 눈물을 흘리며 마속을 처형했다.

손자는 '괘'(掛)라는 지형을 두고 "들어갈 수는 있지만 돌아오기는 어려운 지형"[可以往, 難以返 가이왕 난이반]이며 "적이 미리 방비하고 있으면 돌격해도 승리를 거둘 수 없다"[敵若有備, 出而不勝 적약유비 출이불승]라고 설명했다. 마속은 지형을 제대로 읽지 못하고 지휘관의 명령을 어겨 큰 패배를 자초했고, 결국 목숨을 잃었다.

마속을 처형하는 제갈량 제갈량이 눈물을 머금고 마속을 처형한 이야기에서 '울면서 마속을 베다'라는 뜻의 고사성어 '읍참마속'(泣斬馬謖)이 유래했다. 규율을 지키고 대의를 이루기 위해서라면 아끼는 사람이라도 엄격하게 처분해야 한다는 의미로 쓰인다.

실패에서 배워라

① 군대의 작전 실패에는 주(走), 이(弛), 함(陷), 붕(崩), 난(亂), 배(北)의 여섯 가지 정황이 있다. 이 여섯 가지는 천시(天時)나 지리(地理) 같은 자연조건이 아니라 장수의 과오에서 비롯되는 것이다.

② 주(走)는 양측의 힘이 비슷한데도 하나로 열을 공격하여 실패하는 경우를 말한다. 이(弛)는 사졸은 강인하지만 군관(軍官)이 유약하여 지휘가 제대로 되지 않아 실패하는 경우를 말한다. 함(陷)은 군관은 강인하지만 사졸이 유약하여 전투력 차이로 실패하는 경우를 말한다. 붕(崩)은 부장(部將)이 원한이 있어 지휘에 불복종하고, 적을 만나면 제멋대로 출전하며, 주장 역시 적의 능력을 제대로 알지 못해 실패하는 경우를 말한다. 난(亂)은 장수가 유약하고 위엄이 없으며, 사졸을 훈련하고 교육하는 규율이 명확하지 않아 사졸들이 따르지 않으며, 열병(閱兵)과 포진(布陣)이 무질서하여 실패하는 경우를 말한다. 배(北)는 장수가 적정을 정확히 판단하지 못하여 소수로 다수를 공격하고, 약졸로 강병을 공격하며, 작전 수행 시 정예 선봉 부대도 편성하지 않아 실패하는 경우를 말한다. 무릇 이 여섯 가지는 필연적으로 작전의 실패를 초래하는 원인으로, 장수에게 중대한 책임이 있으니 반드시 세심하게 살펴야 한다.

③　무릇 지형은 용병 작전의 중요한 보조 조건이다. 적정을 정확히 판단하고, 승리할 일정을 세우며, 지형의 험난함과 노정(路程)을 계산하는 것은 장수의 직책이다. 이러한 도리를 이해하고 작전을 지휘한다면 반드시 승리를 거둘 수 있으나 그렇지 못하면 반드시 실패한다. 그러므로 현실에 근거하여 승리한다는 확신이 있다면, 군주가 공격하지 말라고 명하더라도 장수는 주저하지 않고 공격해야 한다. 반면 현실에 근거하여 승리한다는 확신이 없다면, 군주가 공격하라고 명하더라도 장수는 공격을 거부해야 한다. 그러므로 출전할 때에는 이름을 드러내지 않고, 퇴각할 때에도 죄를 피하지 않으며[비난이나 죄책을 피하려 하지 않으며] 오직 백성을 보전하고 국가의 이익에 부합하고자 할 뿐이다. 이러한 장수야말로 국가의 보물이자 재화이다.

①　故兵有走者·有弛者·有陷者·有崩者·有亂者·有北者. 凡此六者,
고 병 유 주 자　유 이 자　유 함 자　유 붕 자　유 난 자　유 배 자　범 차 육 자

非天之災, 將之過也. ②　夫勢均, 以一擊十, 曰走; 卒强吏弱, 曰弛;
비 천 지 재　장 지 과 야　　부 세 균　이 일 격 십　왈 주　졸 강 리 약　왈 이

吏强卒弱, 曰陷; 大吏怒而不服, 遇敵懟而自戰, 將不知其能, 曰
이 강 졸 약　왈 함　대 리 노 이 불 복　우 적 대 이 자 전　장 부 지 기 능　왈

崩; 將弱不嚴, 敎道不明, 吏卒無常, 陳兵縱橫, 曰亂; 將不能料敵,
붕　장 약 불 엄　교 도 불 명　이 졸 무 상　진 병 종 횡　왈 란　장 불 능 료 적

以少合衆, 以弱擊强, 兵無選鋒, 曰北. 凡此六者, 敗之道也, 將之
이 소 합 중　이 약 격 강　병 무 선 봉　왈 배　범 차 육 자　패 지 도 야　장 지

至任, 不可不察也.
지 임　불 가 불 찰 야

③　夫地形者, 兵之助也. 料敵制勝, 計險厄遠近, 上將之道也. 知此
부 지 형 자　병 지 조 야　요 적 제 승　계 험 액 원 근　상 장 지 도 야　지 차

而用戰者必勝, 不知此而用戰者必敗. 故戰道必勝, 主曰無戰, 必
이 용 전 자 필 승　부 지 차 이 용 전 자 필 패　고 전 도 필 승　주 왈 무 전　필

戰可也; 戰道不勝, 主曰必戰, 無戰可也. 是故進不求名, 退不避
전 가 야　전 도 불 승　주 왈 필 전　무 전 가 야　시 고 진 불 구 명　퇴 불 피

罪, 唯民是保, 而利合於主, 國之寶也.
죄　유 인 시 보　이 리 합 어 주　국 지 보 야

공동체에 이로운 길을 따라가라
– 도를 지킨 문공, 명성을 탐한 자옥

오로지 승리만을 추구하고, 모든 수단과 방법을 불사할 것 같은
전쟁터에도 '도'(道)의 가치가 존재한다. 전쟁에도 반드시 '도'가
있어야 한다고 강조하는 손자의 사상은 『손자병법』 곳곳에서 찾
아볼 수 있다. 본 편에서도 이름을 얻으려 하지 않고 백성과 국가
의 이익을 추구해야 한다는 손자의 시각이 잘 드러난다.

춘추시대 진(晋)나라 문공(文公) 중이(重耳)는 천하의 패자 자리
에 오른 인물이다. 그러나 패업을 이루기 위해 결코 순탄치 않은
길을 걸어야 했다. 진나라에서 시기를 받아 망명길에 오른 그는
무려 19년 농안 타국을 떠돌았지만, 고매한 인품 덕분에 여러 나
라의 동정과 지지를 받으며 오랜 망명 생활을 이어갈 수 있었다.

그는 일찍이 초나라에 머무를 때, 성왕(成王)에게서 극진한 대
우를 받았다. 성왕은 중이가 지나치게 겸손한 모습을 보이자 일
부러 농담을 던졌다.

"앞으로 귀국하게 되면 나에게 무엇을 선물하시겠소? 꼭 한 가
지는 받고 싶소."

그러자 중이는 한참을 생각하다가 이윽고 말문을 열었다.

"정 그러하시면 이렇게 하지요. 만일 언젠가 불가피하게 전쟁 터에서 서로 싸울 일이 생긴다면, 제가 삼사(三舍)[1]를 후퇴해 이 은혜에 보답하겠습니다."

이 말에 성왕은 고개를 끄덕이며 웃었다. 그러나 초나라의 장 군 자옥(子玉)은 그 말을 전해 듣고 성왕에게 이렇게 아뢰었다.

"대왕께서는 그자에게 과도한 대우를 해주셨습니다. 그러니 분 수를 모르고 무례한 언동을 서슴지 않는 것입니다. 지금 당장 그 자를 죽이십시오."

그러나 성왕은 자옥을 질책했다.

"그 말은 도리에 맞지 않소. 그는 오랫동안 망명 생활을 하며 무척 고생했고, 그의 부하들 또한 모두 한 나라의 재상감이오. 그 를 죽인다니, 절대 안 될 말이오. 지금 공자의 입장에서 그 밖에 무슨 말을 할 수 있었겠소?"

마침내 중이는 19년 만에 환국하여 진나라의 왕으로 즉위했으 니, 그가 바로 진문공이다. 그때 그의 나이는 이미 예순둘이었다.

문공 5년에 진나라와 초나라 사이에 전쟁이 일어났다. 사실 초 나라 성왕은 문공을 매우 좋아했고, 그를 하늘이 낸 인물이라 여 겨 전쟁하기를 꺼렸다. 그러나 문공이 초나라에 머물 적부터 그 에게 반감을 지녔던 자옥은 철수에 강력히 반대했다. 자옥은 이 렇게 말했다.

---

1 당시 군대가 하루에 30리를 행군하고 야영을 했기에 생긴 용어이다. 30리마다 숙소[舍]가 세워졌기에, 1사(舍)는 30리를 의미하는 용어가 되었다. 따라서 삼사 (三舍)란 3일간 행군해야 하는 거리, 즉 90리를 말한다.

"신이 이번에 반드시 공을 세운다고 장담할 수는 없습니다. 다만 이번 일을 계기로 쓸데없이 헐뜯는 소인들의 입을 막을 수는 있을 것이옵니다."

성왕은 이 말에 노해 자옥에게 적은 군사를 내주었다. 마침내 진나라와 초나라 군대가 성복(城濮) 부근에서 맞서게 되었다.[2] 그런데 이 싸움에서 문공은 적의 공격을 받지 않았는데도 전군을 멀리 후퇴시켰다. 이를 의아하게 여긴 한 장군이 "전하, 왜 후퇴하십니까?"라고 묻자 문공이 대답했다.

"지난날 내가 초나라에 머물 적에, 성왕에게 삼사를 후퇴하겠다고 약속한 적이 있다. 지금 내가 그 약속을 지키려는 것이다."

그러나 초나라 자옥은 가만히 있지 않고 먼저 공격을 개시했다. 이에 문공은 전차 부대를 선두에 세우고, 전차를 끄는 말에는 호랑이 가죽을 씌웠다. 이를 보고 놀란 초나라 군대의 말은 엎어지고 나뒹굴며 달아나기 바빴다. 그리하여 첫날 전투는 싱겁게 끝나고 말았다.

이튿날 진나라 군대는 진격하다가 일부러 패한 척하고 도주하기 시작했다. 이윽고 전차 뒤에 달아맨 나뭇가지 다발이 땅에 끌리며 흙먼지가 하늘 높이 치솟았다. 초나라 군사들은 맹렬히 추격하다가 먼지 때문에 앞이 가려 눈도 뜨지 못하고 당황했다. 바로 그때 매복한 기습 부대가 측면을 찌르고, 전후에서 협공하니

---

2 춘추시대에는 중원의 패권을 노리는 초나라를 여러 나라가 연합해 저지하려는 싸움이 잦았다. 제나라 환공(桓公)이 초나라와 겨룬 전쟁과 이 성복 전투가 대표적 사례이다. 당시에는 초나라의 세력을 저지하는 자가 곧 패자로 인정받았다.

초나라 군대는 속수무책으로 무너졌다.

하지만 이처럼 대승을 거두고도 문공은 탄식을 금치 못했다. 이에 신하들이 물었다.

"초나라를 크게 무찔렀는데도 주군께서 근심하시니, 무슨 까닭이옵니까?"

그러자 문공은 이렇게 답했다.

"내가 듣기로 전쟁에서 이기고도 마음이 편안한 사람은 오직 성인뿐이라 했소. 그래서 두려운 것이오. 하물며 자옥이 아직도 살아 있는데, 내가 어찌 기뻐할 수 있단 말이오?"

자옥은 결국 전쟁에서 패하고 돌아갔다. 초나라 성왕은 그가 자신의 말을 듣지 않고 공적을 탐하여 전쟁을 일으킨 끝에 대패했다고 노여워하며 그를 질책했다. 그러자 자옥은 스스로 목숨을 끊었다.

이 소식을 들은 진문공은 비로소 기뻐하며 말했다.

"우리는 바깥에서 적을 공격하였는데 초나라 왕은 안에서 대신을 주살(誅殺)하였으니, 안과 밖이 상응하였도다!"

문공은 전쟁터에서도 과거의 약속과 원칙을 지키며 '도'를 저버리지 않았다. 반면 자옥은 사사로운 공을 탐하다가 불필요한 전쟁을 일으켜 국력을 소모하고 끝내 파멸했다. 두 인물의 대비는 손자가 말한 "출전할 때에는 이름을 드러내지 않고, 퇴각할 때에도 죄를 피하지 않으며[비난이나 죄책을 피하려 하지 않으며] 오직 백성을 보전하고 국가의 이익에 부합하고자 할 뿐이다"[故進不求名, 退不避罪 唯民是保, 而利合於主 고진불구명 퇴불피죄 유인시보 이리합어주]라는 가르침을 생생하게 증명한다.

허울뿐인 명분은 일을 그르친다
- 송나라 양공의 지나친 인의

춘추시대, 패자의 지위를 차지했던 제나라 환공(桓公)이 세상을 떠나자 제나라는 후계 다툼으로 혼란에 빠졌다. 송나라 양공(襄公)은 새 임금의 즉위를 지원하며 영향력을 키웠다. 나아가 양공은 스스로 천하의 패자가 되겠다는 야심을 품고, 즉위 8년째 되던 해에 남쪽의 강국 초나라를 견제하기 위해 그 속국인 정나라를 공격했다. 그러나 이때 양공의 이복형인 공자 목이(目夷)가 반대하고 나섰다.

"소국은 소국으로서의 위치가 있습니다. 소국이 만용을 부려 패자가 되겠다고 나서면 화를 불러일으킬 뿐입니다."

그러나 양공은 그 말을 무시하고 정나라로 쳐들어갔다. 그러자 초나라는 정나라를 구할 대규모 지원군을 파견했다. 이에 목이는 또다시 전쟁을 중단할 것을 간청했다.

"강력한 초나라의 군대는 우리가 당해낼 수 없습니다. 지금이라도 군대를 거두셔야 할 줄 압니다."

양공은 그 의견 또한 묵살했다.

"초나라 군대는 인의(仁義)를 모르는 야만적인 군대요. 그러나 우리 군대는 인의의 군대이니 어찌 이기지 못하리오!"

그러고는 큰 깃발에 '인의'(仁義)라는 글자를 크게 쓰도록 했다.

마침내 양쪽 군대가 홍수(泓水)의 강가에서 맞닥뜨렸다. 초나라 군대가 강을 채 건너가지 못했을 때, 목이는 이런 계책을 냈다.

"초나라 군사들이 강을 건너고 있는 지금이야말로 우리가 이길 수 있는 절호의 기회입니다. 어서 공격 명령을 내리십시오.”

하지만 양공은 그의 말을 듣지 않고 “인의(仁義)라는 저 깃발이 보이지 않소? 인의의 군대는 어디까지나 인의로써 싸워야 하는 것이오” 하고는 공격을 계속 늦추었다. 이윽고 초나라 병사들이 강을 모두 건너고, 진용을 미처 정비하지 못했을 때 목이는 다시 한번 “지금이라도 공격할 수 있습니다”라고 말했지만 양공은 끝내 받아들이지 않았다.

“전쟁도 정정당당하게 해야 하는 법이오. 적군이 진용을 완전히 정비한 후 싸워야 하오.”

한참 후 초나라가 진용을 갖추자, 양공은 그제야 공격 명령을 내렸다. 이때에도 양공은 전군에게 “부상당한 적병에게는 손대지 말아야 하며, 머리가 희끗희끗한 적병은 죽이지 말라!”라는 명령을 내렸다.

양공은 맨 앞에 서서 긴 칼을 잡고 사기를 북돋워가며 싸웠다. 그러나 송나라는 이 전쟁에서 대패했고, 양공은 다리에 화살을 맞아 큰 부상을 당했다. 여기저기에서 양공을 비난하는 원성이 높았지만 양공은 잘못을 인정하시 않았다.

“군자는 다른 사람이 어려움에 처해 있을 때 그를 곤경에 빠뜨리지 않으며, 다른 사람이 아직 진용을 갖추지 않았을 때 북을 치고 공격해서는 아니 되오!”

이에 목이가 반박했다.

“전쟁에서는 승리가 대공(大功)이 되는 것입니다. 어찌 도의만을 고수한 채 변통을 구하지 않으십니까? 반드시 대왕 말씀대로 해야 한다면 아예 남의 노비가 되면 그만이지, 또 구태여 그와 싸울 필요가 있겠습니까?"

2년 뒤 여름에 양공은 이 싸움에서 입은 상처 때문에 세상을 떠났다.

이 홍수지전(泓水之戰)에서 드러난 송나라 양공의 모습은, 훗날 송나라 양공의 인의라는 뜻의 '송양지인'(宋襄之仁)이라 하여 '쓸데없이 과도한 예의나 인정'을 빗대는 고사성어가 되었다.

양공은 백성과 국가보다 인의를 내세우며 패배를 초래하고 말았다. 그러나 『사기』의 저자 사마천은 예의가 땅에 떨어진 세태에서 양공의 사고방식, 즉 예의를 중시하고 양보하는 마음은 높이 쳐줄 만하다고 평가했다.

적을 알고 나를 알면
승리를 거두는 데 위태로움이 없다

① 장수가 병사를 어린아이처럼 아끼면, 병사들은 기꺼이 장수와 함께 고통을 견딘다. 장수가 병사를 친자식처럼 사랑하면, 그들은 마침내 장수와 생사를 함께한다. 그러나 아끼기만 하고 쓰지 않으며, 잘못을 저질러도 벌하지 않는다면, 병사들은 버릇없는 아이처럼 제멋대로 행동하여 전장에 쓸 수 없게 된다.

② 　장수가 자신의 군대만 파악하고 적의 군대를 파악하지 못하면 승리할 가능성은 반반이다. 적의 군대만 파악하고 자신의 군대는 파악하지 못하면 승리할 가능성은 역시 반반이다. 적의 정황을 파악하고 자신의 정황도 파악했지만 지형이 작전에 불리한 것을 파악아시 못한다면, 승리할 가능성은 절반에 지나지 않는다. 진정으로 용병에 통달한 장수는 행동에 미혹함이 없고, 그 전술과 조치는 무궁무진하다. 그러므로 적을 알고 자신을 알면 승리를 거두는 데 위태로움이 없고, 천시(天時)와 지리(地利)를 모두 터득한다면, 승리는 온전히 나의 것이다.

① 視卒如嬰兒, 故可以與之赴深溪; 視卒如愛子, 故可與之俱死.
시 졸 여 영 아　　고 가 이 여 지 부 심 계　　시 졸 여 애 자　　고 가 여 지 구 사

厚而不能使, 愛而不能令, 亂而不能治, 譬若驕子, 不可用也.
후이불능사 애이불능령 난이불능치 비야교자 불가용야

❷ 知吾卒之可以擊, 而不知敵之不可擊, 勝之半也; 知敵之可擊,
지오졸지가이격 이부지적지불가격 승지반야 지적지가격

而不知吾卒之不可以擊, 勝之半也; 知敵之可擊, 知吾卒之可以
이부지오졸지부가이격 승자반야 지적지가격 지오졸지가이

擊, 而不知地形之不可以戰, 勝之半也. 故知兵者, 動而不迷, 擧[1]
격 이부지지형지불가이전 승지반야 고지병자 동이불미 거

而不窮. 故曰: 知彼知己, 勝乃不殆; 知天知地, 勝乃可全.
이불궁 고왈 지피지기 승내불태 지천지지 승내가전

※ 한자 풀이

[1] 擧(거) '조치'라는 의미로, '취하는 조치가 변화무쌍하여 적들이 알
수 없다'라고 해석한다.

허울이 아닌 진심으로 대하라
– 오기 장군이 병사의 종기를 빨아준 까닭

전국시대 위나라 문후(文侯) 때, 병사 한 명이 종기가 나서 괴로워
하자, 장군 오기(吳起)가 그 고름을 손수 입으로 빨아내었다. 이것
을 안 병사의 어머니는 슬피 통곡해 마지않았다. 어떤 사람이 괴
이하게 여겨 물었다.

"당신의 아들은 일개 병사에 지나지 않는데, 장군이 직접 고름
을 빨아주셨습니다. 그런데 어찌 울고 계십니까?"

이에 어머니가 크게 한숨을 쉬며 대답했다.

"바로 작년에도 오기 장군께서 그 애 아버지의 고름을 빨아주

신 적이 있습니다. 그 뒤 그 사람은 전쟁에 나가, 장군의 은혜에 보답하고자 끝까지 적에게 등을 보이지 않고 싸우다 세상을 떠났습니다. 그런데 이번에는 제 아들의 종기를 빨아주셨으니, 이제 그 아이의 운명도 뻔한 것이지요. 그래서 이렇게 슬피 우는 것입니다."

오기 장군은 언제나 가장 낮은 병사와 똑같은 옷을 입고 똑같은 음식을 먹었다. 잘 때는 자리를 깔지 않았고 행군할 때도 마차에 타지 않았다. 그리고 자기 식량도 직접 가지고 다녔다. 그는 항상 병사들과 함께 지내며 고락을 같이했다.

오기가 장군이 되고 몇 년 뒤, 진나라가 쳐들어왔다. 병사들은 앞다투어 전쟁터에 나가기를 원했다. 오기가 문후에게 아뢰었다.

"지금까지 공을 세우지 못했던 병사 5만 명만 주신다면 적을 충분히 물리칠 수 있을 것입니다."

문후가 의아해하며 물었다.

"아니, 싸움을 잘하는 병사들을 시키지 않고 어찌 그러는가?"

그러자 오기는 이렇게 대답했다.

"아닙니다. 이제까지 공을 세우지 못한 병사는 공이 없음을 스스로 부끄럽게 여겨 목숨을 걸고 싸울 것입니다. 한 사람이 목숨을 아끼지 않고 싸운다면 능히 천 명의 적군을 떨게 할 수 있다고 합니다. 폐하, 저에게 맡겨주십시오."

이 말을 들은 문후는 5만 명의 '공을 세우지 못한' 병사를 오기에게 맡겼다. 과연 그들은 목숨을 걸고 싸워 진나라에 대승을 거뒀다.

『손자병법』은 말한다. "장수가 병사를 친자식처럼 사랑하면, 그

267

들은 마침내 장수와 생사를 함께한다"[視卒如視卒如愛子, 故可與之
俱死 시졸여영아 고가여지부심계 시졸여애자 고가여지구사]. 오기 장군이야말로 이러한
장수의 본보기에 해당한다.

때와 자리를 모르면 승리할 수 없다
- 효산에서 무너진 진목공의 원정

전국시대 진(秦)나라 목공 32년 겨울, 진(晉)나라 문공이 세상을
떠났다.

이때 정나라 백성 가운데 자기 나라를 진나라 목공에게 팔아넘
기려는 자가 나타났다.

"정나라 도읍의 성문은 제가 관리하고 있습니다. 제가 손만 쓰
면, 쳐들어가는 일은 아주 간단합니다."

목공은 실력자인 진문공이 사라진 데다, 정나라를 제 손으로
넘기겠다는 자가 나타난 지금이야말로 정나라를 정복해 천하의
패업을 이룰 절호의 기회라 여겼다. 그는 곧 자신이 가장 신뢰하
는 대부 건숙(蹇叔)과 백리해(百里奚)를 불러 의견을 물었다. 그러
나 두 사람은 반대했다.

"정나라에 가려면 여러 나라의 영토를 통과해야만 합니다. 그
렇게 먼 나라에 쳐들어가 승리를 거둔 예는 없습니다. 게다가 우
리의 움직임을 정나라에 몰래 전해주는 자가 없다고 어찌 장담할
수 있겠습니까? 이 일은 해서는 안 됩니다."

하지만 목공은 이를 물리치며 "그대들은 모르오. 이 일은 이미

내가 결정했소"라고 말했다. 그러고는 백리해의 아들 맹명시(孟明視)와 건숙의 아들 서걸술(西乞述)을 원정군의 장수로 임명했다.

마침내 출정하는 날, 백리해와 건숙은 통곡하며 아들을 배웅했다. 이에 목공이 크게 화를 내며 꾸짖었다.

"내가 병사들을 파견하여 출정하는데, 그대들이 나의 군대를 막아서며 통곡하다니 어찌 된 일이오?"

"폐하의 군대를 감히 막을 수는 없습니다. 다만 군대가 출정하면 저희 아들도 같이 떠나게 되니, 이미 늙은 몸인 소신들로서는 그들이 너무 오래 돌아오지 못해 다시 만날 수 없을까 봐 염려되어 우는 것입니다."

그들은 이렇게 답하고 물러나며 자식들에게 말했다.

"너희 군대는 반드시 효산(殽山)에서 패할 것이다!"

목공 33년 봄, 진(秦)나라는 동쪽으로 출정해 효산을 넘어 진(晉)나라의 변경의 활(滑)읍에 도착했다. 그런데 이 소식을 우연히 들은 정나라 상인 현고(弦高)가 기지를 발휘해, 진나라 장군에게 정나라가 이미 철저한 방비를 갖추었다고 거짓말을 했다. 진나라 군대는 정나라 공격을 단념했다. 그러고는 급히 생각을 바꿔 정나라 대신 활읍을 멸망시켰다.

이때 진(晉)나라는 문공의 상중(喪中)이었고 아직 매장도 하지 못한 처지였다. 그런 와중에 진(秦)나라가 활읍을 공격했다는 소식을 듣자 태자 양공은 크게 분노했다.

"부친이 막 붕어하신 이 틈을 노려 우리 활읍을 점령하다니!"

그는 상복을 입은 채 곧장 전군에 출동을 명하고 직접 군대를 이끌었다. 양공은 진나라 군대가 반드시 효산의 좁다란 길로 회

269

군할 것이라 예측해 골짜기에 군대를 매복시켰다. 과연 얼마 지나지 않아 적군이 나타나자 곧바로 기습했다. 좁은 험로에서 급습을 당한 진나라 군대는 반격할 기회조차 없이 참패를 당했다. 진나라 병사 중 살아남은 자는 거의 없었고, 백리해와 건숙의 아들인 두 장군도 생포되고 말았다.

천시와 지리를 알지 못하고 거기에 인화(人和)까지 깨뜨리며 벌인 전쟁이 잘될 리 만무했다. 부친의 장례를 치르고 있는 상대의 상황은 겉보기에는 유리해 보였지만, 도리어 결사 항전의 의지를 불러일으켰다. 게다가 효산의 좁고 험한 길은 적에게 유리하게 작용했다. 더구나 신하들의 만류를 무시하고 일을 강행했으니, 내부 결속 또한 이뤄질 수 없었다. 천시, 지리, 인화라는 세 가지를 모두 잃은 전쟁은 패배할 조건을 갖추었던 셈이다.

때와 자리를 파악하면 승리는 나의 것이다
– 적벽의 불길이 증명한 원칙

208년 후한 말, 조조는 북방의 강자들을 차례로 격파하고 하북(河北)을 평정한 뒤 천하 통일을 눈앞에 두고 있었다. 그는 수십만 대군을 거느리고 남하해 북방과 남방을 잇는 관문 형주를 손에 넣고, 장강(長江) 이남에 자리한 오나라의 손권을 압박하기 시작했다.

한편 형주에서 세력을 키우던 유비는 형주목 유표(劉表)가 세상을 떠난 뒤 후계 다툼에 휘말려 입지가 좁아진 데다, 장판파 전투에서 조조군에게 패해 간신히 남쪽으로 피신한 처지였다.

손권은 조조의 위세에 눌려 항복 여부를 두고 고민에 빠졌다. 그러나 유비의 책사 제갈량이 몸소 찾아와 설득하고, 주유(周瑜)와 노숙(魯肅) 등 중신들이 항전을 주장하자 마침내 연합군을 결성하여 항전하기로 결심했다. 적벽대전(赤壁之戰)은 바로 이러한 정세 속에서 발발했다.

같은 해 겨울, 두 세력은 마침내 장강 남쪽의 적벽을 사이에 두고 대치했다. 조조군은 북방 출신 병사들로 기마전에는 능했지만 수전(水戰)에는 서툴렀는데, 이를 보완하기 위해 형주에서 투항한 장수 채모(蔡瑁)와 장윤(張允)을 기용하여 수군을 훈련시키고 있었다.

오나라의 주유가 이 상황을 타개하고자 고심하던 차에, 마침 과거에 동문수학하던 장간(蔣幹)이 조조의 사신으로 찾아와 항복을 권했다. 이에 주유는 술자리를 벌이고 취해 잠든 척하며, 채모와 장윤이 오나라와 내통하는 것처럼 꾸민 편지를 탁자 위에 놓아두었다. 장간은 이 편지를 훔쳐 조조에게 바쳤고, 두 장수가 오나라의 첩자라 의심한 조조는 곧바로 그들을 참수했다. 이로써 그는 가장 큰 약점을 보완할 길을 잃고 말았다.

이윽고 벌어진 첫 전투에서 조조 세력은 익숙지 않은 지형과 풍토병 때문에 패하여 장강 북쪽으로 물러났다. 그러나 전세는 여전히 한쪽으로 기울어 있었다. 조조의 수십만 병력에 대항하는 오나라와 유비의 연합군은 수만에 불과했다. 이때 오나라의 장수 황개(黃蓋)가 화평을 주장하며 조조에게 항복하자고 나섰다. 주유는 크게 노하여 곤장형을 내렸고, 황개는 수차례 혼절하고 살점

적벽 풍경 청나라 궁정 화원이 묘사한 적벽 풍경이다. 적벽은 폭이 1킬로미터가 넘는 강으로, 수천 척의 배가 드나들 수 있을 만큼 광대한 수면을 가지고 있다. 너비는 도심을 가로지르는 한강과 비슷하지만, 유량이 훨씬 많고 물살도 거세 전투를 치르기에 까다로운 곳이었다. 관도대전(官渡大戰), 이릉대전(夷陵之戰)과 더불어 삼국지 3대 전투로 꼽히는 적벽대전의 무대로 널리 알려져 있다. ⓒ국립고궁박물원

이 떨어져 나갈 만큼 끔찍한 고문을 받아야 했다. 수하 장수들이 말리지 않았다면 생명조차 위태로웠을 상황이었다. 겨우 목숨을 부지한 황개는 결국 조조 진영에 곧 항복하러 가겠다는 밀서를 전했다.

한편, 장간과 함께 상대 진영으로 넘어온 방통(龐統)은 조조에게 이런 조언을 건넸다.

"북쪽 출신 병사들이 뱃멀미에 시달리고 있으니, 배를 쇠사슬로 묶어 안정시키면 도움이 될 것입니다."

조조가 이를 받아들여 모든 군선을 사슬로 연결하자, 수많은 배가 하나의 거대한 함선처럼 안정적으로 움직였다. 일부에서는 화공을 걱정하였으나, 겨울이라 북동풍이 불어오니 만일 적이 불로 공격해온다 해도 스스로를 태우게 될 뿐이었다.

그러던 어느 날, 마침내 황개가 선단을 이끌고 적벽을 건너오는 모습이 보였다. 조조 진영은 그가 정말 항복하러 오는 줄 알고 크게 기뻐했다. 그런데 거리가 얼마 남지 않았을 때, 황개의 배들이 돌연 일제히 돌진해오기 시작했다. 그는 미리 실어둔 마른 장작에 불을 붙이라고 명령했다. 조조의 의심을 피하기 위해 온몸이 찢겨가며 감행한 고육지책(苦肉之策)이 비로소 드러나는 순간이었다.

마침 이날은 바람의 방향이 바뀌어 동남풍이 불어왔다. 불붙은 배들은 바람을 타고 순식간에 밀어닥쳤다. 방통의 조언에 따라 쇠사슬로 묶어둔 조조의 함선들은 강 위에 떠 있는 거대한 화약고나 다름없었다.

새빨간 불길이 함대를 집어삼키고 적벽은 삽시간에 불바다로

적벽대전 〈삼국지연의도병풍〉 제2폭의 주유가 적벽에서 싸우는 모습을 묘사한 그림이다. 『삼국지연의』(三國志演義)는 선조 연간에 조선에 들어온 이후 민간과 궁중에서 가장 유행한 소설로, 국왕들이 소설 속 일화를 묘사한 그림을 자주 어람(御覽)했다는 기록이 남아 있다. ⓒ국립고궁박물관

변했다. 불길은 곧 강둑의 군영까지 번져나갔다. 조조는 화염에 휩싸인 채 곳곳에서 비명이 터져 나오는 아수라장을 망연히 지켜볼 수밖에 없었다. 천하로 뻗어나가던 그의 위세는 한순간에 무너져 내렸고, 조조는 간신히 패잔병을 수습해 북쪽으로 달아났다.

이로써 유비는 파촉(巴蜀) 지방을, 손권은 강남의 대부분을 차지하며 제갈량이 꿈꾸던 천하삼분지계가 성사되었다.

손자는 말했다. "적을 알고 자신을 알면 승리를 거두는 데 위태로움이 없다"[知彼知己, 勝乃不殆 지피지기 승내불태]. 적벽의 불길은 이 가르침을 가장 극적으로 증명한 사례였다.

조조는 적의 의중을 파악하지 못했으며 스스로의 한계도 돌아보지 못했다. 그는 북방 군대의 약점을 간과했고, 주유와 황개, 방통의 계책에 연이어 속아 넘어간 끝에 패망하고 말았다. 결국 조조는 압도적 강자였음에도 지피지기(知彼知己)를 소홀히 한 대가를 치러야 했다.

반면 오나라와 유비 연합군은 적의 약점을 꿰뚫어 보고 아군의 상황을 냉철히 파악해 치밀한 계책을 쌓아나갔다. 그들은 "천시(天時)와 지리(地利)를 모두 터득한다면, 승리는 온전히 나의 것이다"[知天知地, 勝乃可全 지천지지 승내가전]라는 손자의 말대로, 불패의 조건을 설계함으로써 불가능해 보였던 승리를 쟁취한 것이다.

제 11편

구지

九地

보이지 않는
마음의 지형을 읽어라

'구지'(九地)는 군대가 전쟁을 치를 때 마주하게 되는 전쟁터의 아홉 가지 유형을 가리킨다. 비록 아홉 가지로 나누어 설명했지만, 결국 전쟁에서 맞닥뜨릴 수 있는 모든 상황을 포괄한다.

앞서 언급했듯 「행군」편에서는 지리의 자연적 특성을, 「지형」편에서는 지리의 공간 구조가 지니는 전술적 의의를 논하였다. 이번 「구지」(九地)편에서는 한 단계 더 나아가 지리를 둘러싼 심리와 전략의 차원을 탐구한다.

본 편에서 중요하게 다루는 내용은 적국에 침입한 정도, 주변 국가와의 관계, 아군과 적군의 심리 상태 등이다. 특히 서로 대치하는 양측 지휘관과 병사들의 심리 변화를 세밀하게 관찰하고 적확하게 분석한다. 이로써 물리적 요소를 넘어선 군대의 사기와 장수의 결단력, 심리전 등이 전쟁의 성패를 좌우하는 결정적 요인임을 밝히고 있다.

이 대목에서 우리는 손자가 이미 2,500년 전 서양에서는 20세기에 이르러서야 정립된 '대전략'(Grand Strategy) 개념을 제시하고 있음을 확인할 수 있다. 대전략이란 전쟁을 군사적 충돌에 한정하지 않고, 정치·외교·경제·심리 등 모든 자원을 통합적으로 활용해 목표를 달성하는 것이다. 「구지」편은 바로 이 대전략의 원리가 응축된 장으로, 장수 개인의 전술적 기민함을 넘어 국가적 차원의 종합 전략 사고를 요구한다.

　따라서 『손자병법』은 단순한 병법서를 넘어, 군사 심리학과 대전략 사상의 기원을 집대성한 고전으로서 오늘날에도 여전히 유효한 통찰을 제공한다.

상황이 달라지면 전략도 달라져야 한다

1 손자는 말한다.

용병의 원칙에 따르면 전쟁터에는 산지(散地), 경지(輕地), 쟁지(爭地), 교지(交地), 구지(衢地), 중지(重地), 비지(圮地), 위지(圍地), 사지(死地)의 아홉 가지 종류가 있다. 산지는 제후의 영토 내에서 교전하는 전쟁터이다. 경지는 적국의 영토 내로 진입했으나 그리 깊지 않은 전쟁터이다. 쟁지는 아군이 선점하면 아군에 유리하고 적이 선점하면 적에 유리한 전쟁터이다. 교지는 아군도 갈 수 있고 적군도 갈 수 있는 전쟁터이다. 구지는 여러 제후국과 맞닿아 있고 먼저 도달하는 나라가 제후 열국의 지원을 얻는 전쟁터이다. 중지는 적국 깊숙이 진입해 적의 많은 성읍으로 둘러싸이는 전쟁터이다. 비지는 삼림이 울창하고 산이 험준하고 물길이 거세며 소택지가 많아 통행하기 어려운 전쟁터이다. 위지는 행군할 길은 좁고 철수할 길은 멀어 적이 소수로써 다수를 격파할 수 있는 전쟁터이다. 사지는 신속하게 분전하면 생존할 수 있으나 그렇지 못하면 전군이 몰살되는 전쟁터이다.

2 그러므로 산지에서는 작전을 벌이지 않아야 한다. 경지에서는 섣불리 머무르지 않아야 한다. 쟁지에서는 무리하게 강공하지 않아야 한다. 교지에서는 아군 부대를 긴밀히 연결해 적이 단절하

지 못하게 해야 한다. 구지에서는 제후들과 주도적으로 교류해야 한다. 중지에서는 적지에서 식량과 군수물자를 획득해야 한다. 비지에서는 신속히 빠져나가야 한다. 위지에 빠지면 지체하지 말고 탈출을 도모해야 한다. 사지에 처하면 모든 힘을 다해 싸워 생존해야 한다.

(1) 孫子曰: 凡用兵之法, 有散地, 有輕地, 有爭地, 有交地, 有衢地,
손자왈 범용병지법 유산지 유경지 유쟁지 유교지 유구지

有重地, 有圮地, 有圍地, 有死地. 諸侯自戰其地者, 爲散地; 入
유중지 유비지 유위지 유사지 제후자전기지자 위산지 입

人之地而不深者, 爲輕地; 我得則利, 彼得亦利者, 爲爭地; 我可
인지지이부심자 위경지 아득칙리 피득역리자 위쟁지 아가

以往, 彼可以來者, 爲交地; 諸侯之地三屬[1], 先至而得天下之
이왕 피가이래자 위교지 제후지지삼촉 선지이득천하지

衆者, 爲衢地; 入人之地深, 背城邑多者, 爲重地; 山林·險阻·沮
중자 위구지 입인지지심 배성읍다자 위중지 산림 험조 저

澤, 凡難行之道者, 爲圮[2]地; 所由入者隘, 所從歸者迂, 彼寡可
택 범난행지도자 위비 지 소유입자애 소종귀자우 피과가

以擊吾之衆者, 爲圍地; 疾戰則存, 不疾戰則亡者, 爲死地.
이격아지중자 위위지 질전즉존 부질전즉망자 위사지

(2) 是故散地則無戰, 輕地則無止, 爭地則無攻, 交地則無絕, 衢地則
시고산지즉무전 경지즉무지 쟁지즉무공 교지즉무절 구지즉

合交, 重地則掠, 圮地則行, 圍地則謀, 死地則戰.
합교 중지즉략 비지즉행 위지즉모 사지즉전

※ **한자 풀이**

[1] 屬(촉) '잇다', '연접하다'라는 뜻이다.

[2] 圮(비) '무너지다'라는 뜻이다.

위기에서 새로운 길이 열린다
– 항우의 파부침주

손자는 전략이란 고정된 것이 아니라 지형과 정황에 따라 달라져야 함을 거듭 강조한다. 때로는 지형과 조건을 스스로 조성할 수도 있다.

신속히 싸우지 않으면 생존하기 어려운 사지로 자기 자신을 몰아넣어 승리를 거둔 대표적 사례가 있다. 바로 '파부침주'(破釜沈舟)라는 고사성어가 비롯된 항우의 이야기이다. 이는 "밥 짓던 솥을 깨뜨리고 돌아갈 때 탈 배를 가라앉히다"라는 뜻으로, 죽음을 각오하고 싸움에 임하는 결의를 일컫는다.

항우는 비록 훗날 유방에게 패하여 천하를 눈앞에서 놓쳤지만 그의 용맹함과 무용담은 오늘날까지 많은 이의 입에 오르내린다. 연인 우희(虞姬)와의 사랑과 비극적 이별을 그린 경극(京劇) 〈패왕별희〉(霸王別姬)와 이것을 주요 소재로 삼은 동명의 영화는 여전히 많은 이의 사랑을 받고 있다.

항우는 본격적으로 중앙 무대에 진출하기 전, 진(秦)나라의 대군과 거록(巨鹿)이라는 곳에서 전투를 벌였다. 이때 장하(漳河)를 건넌 항우는 우선 병사들을 배불리 먹인 뒤, 타고 온 배를 모두 부수고 강물 속에 가라앉혔다. 그뿐 아니라 밥을 짓는 솥을 모조리 깨뜨렸으며 막사마저 불태웠다. 병사들은 오직 3일치 군량만 지니도록 했다. 이는 "승리하지 못하면 오직 죽음뿐이며 결코 돌아올 수 없다"는 굳은 결의를 다지게 하려는 것이었다.

그리하여 단 한 명의 병사도 돌아올 생각을 품지 않았다. 항우

패왕별희 패왕별희는 '패왕과 우희가 이별하다'라는 뜻으로, 중국 경극의 대표 레퍼토리다. 항우가 해하에서 한신과 유방에게 포위된 뒤 벗어날 길이 없음을 알고 우희와 작별하는 장면을 극적으로 묘사한다. 천카이거 감독이 제작한 동명의 영화로 전 세계에 알려졌다.

의 병사들은 일당십의 기세로 적진을 돌파했고, 그들의 고함소리는 하늘을 울렸다. 결국 항우의 군대는 거록 전투에서 아홉 번 싸워 아홉 번 모두 승리를 거두었으며 진나라 장수는 대부분 전사하거나 포로가 되었다.

당시 거록에는 열 군데도 넘는 제후국에서 보낸 온갖 군대가 모여 있었으나, 하나같이 진나라의 위세에 겁을 집어먹고 감히 전장에 나서지 못하고 있었다. 그런 가운데 오로지 항우의 군대만이 홀로 나서 진나라 대군을 대파한 것이다. 전투가 끝난 뒤 제후들은 부끄러움에 항우를 똑바로 쳐다볼 수조차 없었다.

이 전투 이후 진나라는 급속도로 몰락했으며, 항우는 반진 세력의 지도자로 우뚝 서게 되었다. 항우와 병사들은 물러설 길 없는 극한 상황을 도리어 전략으로 삼아 대군을 꺾고 승리를 쟁취할 수 있었다.

항우가 장하에서 배수진을 친 것은 『손자병법』이 언급한 사지(死地)의 전형이다. 그는 퇴로를 없애 병사들이 죽음을 각오하지 않으면 안 되는 지형을 조성하여 일당십의 전력을 발휘하게 만들었다. 위기 속에서 길을 열고 죽음 속에서 생존을 이끌어낸 이 이야기는, 병법이란 고정된 법칙이 아니라 상황에 따라 바뀌는 것임을 생생히 보여준다.

심리를 다스려 승리를 차지하라

① 예로부터 작전 지휘에 능한 자는 적군의 수미(首尾)가 서로 호응하지 못하게 하고, 주력 부대와 소규모 부대가 서로 의지하지 못하게 했다. 또한 관병(官兵) 간에 서로 구원하지 못하게 하고, 상하급자 간에 서로 단결하지 못하게 하여, 사졸들이 흩어져 모이지 못하고, 모이더라도 통일된 움직임을 이루지 못하게 했다. 따라서 작전 지휘에 능한 자는 유리하면 군사 행동에 나서고, 불리하면 군사 행동을 멈춘다.

② 사람들은 묻는다. "만약 적군이 많은 병력과 엄정한 진용을 갖추고 공격해온다면 어떻게 대처해야 하는가?" 이에 나는 이렇게 답한다. "먼저 적이 가장 아끼는 곳을 점령하면, 적은 어쩔 수 없이 우리 뜻대로 움직이게 될 것이오." 그러므로 용병의 귀함은 신속함에 있다. 적이 손쓸 수 없는 틈을 노려 적이 예측하지 못한 길로 출격하고, 적의 방비가 소홀한 곳을 공격해야 한다.

③ 적국 영토 내로 진입해 작전을 전개하는 원칙은 다음과 같다. 적국에 깊이 진입할수록 아군의 군심(軍心)은 더욱 견고해지며, 적은 아군을 이기기 어려워진다. 적국의 풍요로운 들판에서 군량을 확보해 아군의 보급을 보장해야 한다. 병사들에게 충분한 휴식을 주어 과로를 막고, 사기를 지켜 전력을 비축하며, 병력을 교

묘히 운용해 적이 아군의 의도를 파악하지 못하게 해야 한다. 병사들은 돌아갈 길이 끊긴 절체절명의 상황에서 죽음을 불사하며 결코 물러서지 않는다. 죽음을 각오한 군대가 못할 일이 무엇이 겠는가? 전군은 모든 힘을 다해 결사 항전을 벌일 것이다.

4   이렇듯 병사들은 사지에 몰리면 오히려 두려워하지 않는다. 돌아갈 길이 없으면 군심은 도리어 굳건해지고, 적국으로 깊이 들어갈수록 응집력은 더욱 강해진다. 절체절명의 상황에 몰리면 모든 병사가 끝까지 분전한다. 이러한 상황에서는 군대를 단속하지 않아도 스스로 경계를 강화한다. 격려하거나 독려하지 않아도 적극적으로 임무를 수행한다. 통제하지 않아도 서로 친밀히 단결한다. 명령하지 않아도 능히 규율을 준수한다. 점복(占卜)과 미신을 금해 마음속 의혹을 없애면, 병사들은 비록 죽음에 이르더라도 결코 달아나지 않는다.

5   병사들이 여분의 재물을 남기지 않는다고 해서 재물을 싫어하는 것이 아니듯, 생사에 연연하지 않는다고 해서 오래 살기를 바라지 않는 것도 아니다. 작전 명령이 내려지면 앉은 이는 눈물을 흘려 옷깃을 적시고, 누운 이는 눈물로 얼굴을 적신다. 그러나 일단 돌아갈 길이 없는 막다른 처지에 몰리면 병사들은 전저(專諸)[1]와 조귀(曹劌)[2]처럼 용감해진다.

---

1   오나라 왕 합려를 도운 자객.
2   노나라의 대부(大夫). 또 다른 노나라 대부인 자객 조말(曹沫)과 동일한 인물인지를 두고 논란이 있었으나, 오늘날에는 별개의 인물로 파악하고 있다. 조말은 제나라 환공(桓公)이 노나라를 침략하고 노나라 장공(莊公)과 회맹할 때, 환공의 목에 비수를 겨눠 노나라 땅을 돌려받는 데 일조했다.

① 所謂古之善用兵者, 能使敵人前後不相及, 衆寡[1]不相恃, 貴賤[2]
소위고지선용병자 능사적인전후불상급 중과 불상시 귀천

不相救, 上下不相收, 卒離而不集, 兵合而不齊. 合於利而動, 不
불상구 상하불상수 졸리이부집 병합이부제 합어이이동 불

合於利而止. ② 敢問;『敵衆整而將來, 待之若何?』曰:『先奪其
합어리이지 감문 적중정이장래 대지약하 왈 선탈기

所愛, 則聽矣』故兵之情主速, 乘人之不及, 由不虞之道, 攻其所
소애 즉청의 고병지정주속 승인지불급 유불우지도 공기소

不戒也.
불계야

③ 凡爲客之道, 深入則專, 主人不克. 掠于饒野, 三軍足食. 謹養而
범위객지도 심입즉전 주인불극 약우요야 삼군족식 근양이

勿勞, 倂氣積力, 運兵計謀, 爲不可測. 投之無所往, 死且不北. 死
물노 병기적력 운병계모 위부가측 투지무소왕 사차불배 사

焉不得, 士人盡力. ④ 兵士甚陷則不懼, 無所往則固, 深入則拘,
언부득 사인진력 병사심함즉불구 무소왕즉고 심입즉구

不得已則鬪. 是故其兵不修而戒, 不求而得, 不約而親, 不令而信.
부득이즉투 시고기병불수이계 불구이득 불약이친 불령이신

禁祥去疑, 至死無所之. ⑤ 吾士無餘財, 非惡貨也; 無餘命, 非惡
금상거의 지사무소지 오사무여재 비오화야 무여명 비오

壽也. 令發之日, 士卒坐者涕沾襟, 偃臥者淚交頤. 投之無所往者,
수야 영발지일 사졸좌자체점금 언와자누교이 투지무소왕자

則諸·劌之勇也.
즉제 귀지용야

※ 한자 풀이

[1] 衆寡(중과) '주력 부대와 소규모 부대'를 말한다.

[2] 貴賤(귀천) '장교와 사병' 또는 '관병'(官兵)을 가리킨다.

신뢰가 사람을 움직이게 만든다
— 목숨 바쳐 약속을 지킨 전저

춘추시대에 초나라는 진나라와 나란히 강국으로 꼽혔다. 그러나 평왕(平王)이 세상을 떠나고 국정이 흔들리자, 오나라 왕 요(僚)가 틈을 노려 초나라를 공격했다. 하지만 초나라의 맹렬한 반격으로 오나라는 퇴로를 잃고 포위되었으며, 이로 인해 국내가 텅 비게 되었다.

이때 오나라에는 왕위를 두고 경쟁하던 공자 광(光)이 남아 있었다. 그는 오랫동안 오자서가 추천한 자객 전저를 후하게 대접하며 때를 기다려왔고, 전저는 그에게 고마워하며 죽음으로 보답하겠다는 생각을 품고 있었다. 공자 광은 마침내 전저를 불러 말했다.

"기회를 놓쳐서는 안 된다. 구하지 않는다면 무엇을 얻을 수 있겠는가?"

이에 전저가 답했다.

"지금 요왕을 제거해야 합니다. 지금 오나라는 밖으로는 초나라와 싸우느라 지치고, 안으로는 병력이 비어 있습니다. 누구도 우리를 막지 못할 것입니다."

공자 광이 고개를 끄덕이며 말했다.

"좋다. 그대의 몸은 곧 나의 몸이다. 그대의 아들은 내가 책임지겠다."

그리하여 공자 광은 자신의 거처에서 잔치를 열고 요왕을 불러들였다. 지하실에는 미리 숨겨둔 무장 병사들이 대기하고 있었다. 한편 요왕도 경계를 늦추지 않고 연회장 곳곳에 장검을 든 경비병을 배치했다.

잔치가 한창 무르익자, 공자 광은 발이 아픈 척하며 지하실로 내려가 전저에게 구운 생선을 올리게 했다. 그 생선의 뱃속에는 날카로운 단검이 숨겨져 있었다.

전저는 구운 생선을 왕의 식탁 위에 바치자마자 생선 배 속에서 단검을 꺼내 왕을 찔러 죽였다. 전저 또한 경비병들에게 붙잡혀 죽임을 당했다. 한동안 큰 소동이 벌어졌으나, 공자 광이 숨겨 놓았던 병사를 풀어내자 전세는 단숨에 뒤집혔다.

결국 공자 광은 왕위에 올랐으니, 그가 바로 오나라의 합려이다. 비록 전저는 죽음을 맞이했지만, 합려는 약속대로 그의 아들을 경(卿)에 임명하고, 전저를 추천한 오자서를 행인(行人)[3]으로 기용해 국가 대사를 맡겼다.

꾸준한 신뢰를 보여주던 합려가 아들의 미래까지 책임지겠다고 약속하자, 전자는 죽음의 두려움마저 지우고 그의 뜻을 완수했다.

심리를 읽으면 판세를 뒤집을 수 있다
- 적의 사기까지 다스린 조귀

제나라 환공 때, 노나라 장공(莊公)은 공자 규(糾)를 도와 제나라

---

3 외교 장관에 해당하는 벼슬.

장공 노나라의 16대 왕이다. 조귀의 조언을 받아들여 약소국 노나라를 이끌고 강대국 제나라와의 전투에서 승리를 거두었다.

의 제위를 탈취하려 했다는 혐의를 받았다. 이 때문에 제나라는 노나라를 공격하기로 결정했다. 강대국 제나라가 침략해온다는 소식에 노나라 장공과 신하들은 크게 놀라 어찌할 바를 몰랐다.

이때 조귀가 노나라 장공을 찾아와, 전쟁의 승패는 조정의 대부들에게 달린 것이 아니며, 천지신명에게 달린 것도 아니고, 오직 백성의 지지와 군사들의 사기에 달려 있다고 설파했다.

노장공은 조귀의 말에 감복하여, 함께 마차를 타고 전쟁터로 나갔다. 제나라 군대가 북을 한 번 치자, 장공은 즉시 군대를 출동시키려 했다. 그러나 조귀는 만류하며 이렇게 말했다.

"아직은 때가 아닙니다."

제나라 군대가 북을 다시 쳤을 때, 장공이 다시 출동 명령을 내리려 하자 조귀는 "아직 안 됩니다"라고 말했다.

제나라 군대가 세 번째로 북을 울리자, 비로소 조귀가 외쳤다.

"바로 지금입니다. 출동을 명하십시오!"

이에 장공이 명을 내리자, 노나라 군대는 마치 산에서 내려오는 맹수처럼 제나라 군대를 거침없이 무너뜨렸다.

전투가 끝난 뒤, 장공은 조귀에게 물었다.

“왜 북을 두 번 칠 때까지는 안 된다고 하다가, 세 번째에는 출동하라고 한 것이오?”

조귀는 이렇게 답했다.

“작전이라는 것은 병사들의 사기에 달려 있습니다. 제나라가 처음 북을 쳤을 때는 제나라의 사기가 매우 높았습니다. 하지만 우리가 미동도 하지 않자 사기가 꺾이기 시작했지요. 두 번째로 북을 칠 때는 그 사기가 더욱 약해졌고, 세 번째로 북을 칠 때는 이미 기세가 완전히 꺾여 있었습니다. 반면 그 사이 우리 노나라 병사들의 사기는 점점 높아졌습니다. 그래서 그 기세를 타 출동하라고 말씀드린 것입니다.”

조귀는 이때의 공으로 노나라의 대부가 되었다.

이처럼 마음을 읽는 자는 흐름을 바꾸고 전쟁의 판세마저 뒤집을 수 있다.

승리를 이끄는 자의 자질

① 그러므로 작전 지휘에 능한 자는 부대가 서로 간에 마치 솔연(率然)이라는 뱀처럼 움직이게 운용한다. 솔연은 항산(恒山)에 사는 뱀으로, 머리를 치면 꼬리가 즉각 반응하고, 꼬리를 치면 머리가 즉각 반응하며, 복부를 치면 머리와 꼬리가 모두 반응한다. 사람들은 묻는다. "군대를 솔연처럼 움직이게 할 수 있는가?" 이에 나는 "그렇다"고 답한다. 오나라와 월나라 사람은 본래 원수지간이지만, 그들은 한배를 타고 강을 건너다가 큰 풍랑을 만나자 마치 한 사람의 왼손과 오른손처럼 서로 도왔다. 그러므로 적이 공격해올 때 말을 묶어놓고 마차를 땅에 묻어 결사 항전의 의지를 드러내는 것만으로는 신뢰할 수 없다. 전군을 마음을 하나로 모아 마치 한 사람처럼 용감하게 움직이도록 만드는 것은 올바른 지휘에 달려 있다. 강자와 약자 모두가 제 역할을 다하게 만드는 것은 지형의 합리적 이용에 달려 있다. 따라서 용병에 능한 장수는 병사들을 일부러 후퇴할 수 없는 처지에 놓아, 죽기를 각오하고 싸우지 않으면 안 되게 만든다. 그래서 전군이 손에 손을 잡은 듯 일사불란하게 지휘에 따르게 되는 것이다.

② 군대를 지휘함에 있어 장수의 직책은 침착하고 냉정하게 처신해 뜻을 쉽게 드러내지 않고, 엄정하고 공정하게 군율을 세워 흐

트러짐 없이 조리를 갖추는 데 있다.[4] 그리하여 병사들이 작전 의도를 알지 못하도록 하여[5] 작전을 바꾸고 원래의 계획을 변경하더라도 알아채지 못하게 하며, 주둔지를 바꾸고 우회하여 돌아감으로써 작전 의도를 알지 못하게 해야 한다. 병사들에게 명령을 내릴 때는 마치 높은 곳에 올라간 뒤 사다리를 치우듯 전진할 수는 있으나 퇴각할 수는 없게 해야 한다. 병사들을 이끌고 적국 깊숙이 들어가 작전을 벌일 때는 마치 쇠뇌를 당겨 화살을 쏘듯이 오로지 앞으로 나아가게 해야 한다. 배를 불태우고 솥을 깨뜨리듯이 결사 항전의 의지를 다져야 한다. 양 떼를 몰듯이 병사들을 신속히 몰아가되 어디로 가는지 모르게 해야 한다. 즉 전군을 결집시켜 위험한 곳에 처하게 함으로써 필사적으로 싸우게 만드는 것이 장수의 직책이다. 각 지형[九地 구지]과 정황에 따른 상이한 대응, 형편에 따른 전진과 후퇴, 양측 병사들의 사기 관리[6]는 장수로서 반드시 세심하게 살펴야 하는 문제이다.

3   적지에 들어가 작전을 펼 때의 이치는 분명하다. 깊이 들어갈수록 군심은 굳건해지고, 얕게 들어가면 오히려 산만해진다. 적경(敵境)으로 진입해 작전하는 지역을 절지(絶地)라 하고, 사통팔달하는 지역은 구지(衢地)라 한다. 적경 후방 깊숙한 곳은 중지(重

---

4 그러므로 장수에게는 반드시 홀로 깊이 성찰하고 생각에 잠길 시간이 필요하다. 장수가 생각할 틈도 없이 바쁜 것은 바람직하지 않다.
5 원문의 우사졸(愚士卒)이라는 표현을 두고 일부에서는 우병(愚兵), 즉 '우둔한 병사'라는 뜻으로 해석하기도 하나, 이는 잘못된 해석이다. 여기서 우(愚)는 '비밀을 엄수하고 작전을 노출하지 않는다'는 의미이다.
6 원문의 인정지리(人情之理)는 아군의 사기를 관리하는 것만이 아니라 적군 병사의 사기를 좌우하는 것까지 포함한다.

地)라 하고, 적경에서 멀지 않은 지역은 경지(輕地)라 한다. 후방이 험준하고 전방에 좁은 길이 있는 지역은 위지(圍地)라 하고, 되돌아갈 길이 없는 지역은 사지(死地)라 한다. 그러므로 산지에서는 군대의 의지를 통일시켜야 하고, 경지에서는 아군 군영을 긴밀히 연결해야 한다. 쟁지에서는 후속 군대가 신속히 전진하게 하고, 교지에서는 신중히 방비해야 한다. 구지에서는 제후 열국과의 결맹을 공고히 하고, 중지에서는 군수물자 보급을 확보해야 한다. 비지에서는 신속히 행군해야 하고, 위지에서는 좁은 길을 메워야 하며, 사지에서는 반드시 결사 항전의 의지를 드러내야 한다. 병사들의 심리가 변화하는 이치는 포위되면 합심하여 방비하고, 부득이한 상황에 몰리면 목숨을 걸고 싸우며, 극도의 위기에 빠지면 지휘에 전심으로 따른다는 것이다.

4　　그러므로 제후 열국의 전략 의도를 알지 못하면 그들과 교류해서는 안 되고, 삼림이 울창하고 산이 험준하고 물길이 거세며 소택지가 많은 지형을 알지 못하면 그곳으로 행군 작전을 펼쳐서는 안 된다. 또 지리에 밝은 향도를 활용하지 않으면 지형의 이점을 얻을 수 없다. 이들 중 하나라도 알지 못한다면, 결코 강대한 패왕(覇王)의 군대가 될 수 없다. 진정으로 강력한 패왕의 군대는 대국을 공격할 때 신속히 행군해 적국이 백성을 대피시키거나 군대를 집결시키지 못하게 한다. 또한 적에게 아군의 위세를 과시하여 적의 동맹국이 협력하지 못하게 한다. 그러므로 천하의 제후국과 동맹을 맺으려 애쓰거나 자기 세력을 심어놓을 필요도 없다. 단지 자신의 전략적 의도를 드러내 아군의 위세를 과시하기만 하면, 곧 적의 성읍을 획득하고 적의 수도를 파멸시킬 수 있다.

관례가 없는 특별한 상을 내리고, 특별한 규율을 반포해 전군을 지휘하면 마치 한 사람을 움직이듯 군대를 지휘할 수 있다. 부하에게 임무를 내릴 때는 의도를 설명하지 않고, 다만 유리한 조건을 알려 움직이게 하되 불리한 조건은 알리지 않는다. 병사들을 위험한 망지(亡地)에 처하게 하면 모든 힘을 다해 분전하고, 사지에 빠뜨리면 비로소 생존을 위해 결사 항전하게 된다. 결국 군대는 절체절명의 위험에 놓여야 비로소 승리할 수 있다.

① 故善用兵者, 譬如率然. 率然者, 常山之蛇也. 擊其首則尾至, 擊
고선용병자 비여솔연 솔연자 상산지사야 격기수즉미지 격

其尾則首至, 擊其中則首尾俱至. 敢問:『兵可使如率然乎?』曰:
기미즉수지 격기중즉수미구지 감문 병가사여솔연호 왈

『可. 夫吳人與越人相惡也, 當其同舟而濟. 遇風, 其相救也, 如左
가 부오인여월인상오야 당기동주이제 우풍 기상구야 여좌

右手.』是故方馬埋輪¹⁾, 未足恃也; 齊勇如一, 政²⁾之道也; 剛柔
우수 시고방마매륜 미족시야 제용여일 정 지도야 강유

皆得, 地之理也. 故善用兵者, 攜手若使一人, 不得已也.
개득 지지지야 고선용병자 휴수약사일인 부득이야

② 將軍之事, 靜以幽, 正以治. 能愚士卒之耳目, 使之無知; 易其事,
장군지사 정이유 정이치 능우사졸지이목 사지무지 역기사

革其謀, 使人無識; 易其居, 迂其途, 使人不得慮. 帥與之期, 如
혁기모 사인무식 역기거 우기도 사인부득려 수여지기 여

登高而去其梯; 帥與之深入諸侯之地, 而發其機, 焚舟破釜, 若
등고이거기제 수여지심입제후지지 이발기기 분주파부 약

驅群羊. 驅而往, 驅而來, 莫知所之. 聚三軍之衆, 投之於險, 此謂
구군양 구이왕 구이래 막지소지 취삼군지중 투지어험 차위

將軍之事也. 九地之變, 屈伸之利, 人情之理, 不可不察也.
장군지사야 구지지변 굴신지리 인정지리 불가불찰야

③ 凡爲客之道, 深則專, 淺則散. 去國越境而師者, 絕地也; 四達者,
범위객지도 심즉전 천즉산 거국월경이사자 절지야 사달자

衢地也; 入深者, 重地也; 入淺者, 輕地也; 背固前隘者, 圍地
구지야 입심자 중지야 입천자 경지야 배고전애자 위지

也; 無所往者, 死地也. 是故散地, 吾將一其志; 輕地, 吾將使之
야 무소왕자 사지야 시고산지 오장일기지 경지 오장사지

屬; 爭地, 吾將趨其後; 交地, 吾將謹其守; 衢地, 吾將固其結;
속 쟁지 오장추기후 교지 오장근기수 구지 오장고기결

重地, 吾將繼其食; 圮地, 吾將進其途; 圍地, 吾將塞其闕; 死地,
중지 오장계기식 비지 오장진기도 위지 오장색기궐 사지

吾將示之以不活. 故兵之情: 圍則禦, 不得已則鬪, 過則從[3].
오장시지이불활 고병지정 위즉어 부득이즉투 과즉종

④ 是故不知諸侯之謀者, 不能豫交; 不知山林·險阻·沮澤之形者, 不
시고부지제후지모자 부능예교 부지산림 험조 저택지형자 불

能行軍; 不用鄉導者, 不能得地利. 四五者[4], 不知一, 非霸王之
능행군 불용향도자 불능득지리 사오자 부지일 비패왕지

兵也. 夫霸王之兵, 伐大國, 則其衆不得聚; 威加於敵, 則其交不
병야 부패왕지병 벌대국 즉기중부득취 위가어적 즉기교부

得合. 是故不爭天下之交, 不養天下之權, 信[5]己之私, 威加於敵,
득합 시고부쟁천하지교 불양천하지권 신 기지사 위가어적

則其城可拔, 其國可隳. **⑤** 施無法之賞, 懸無政之令. 犯三軍之
즉기성가발 기국가휴 시무법지상 현무정지령 범삼군지

衆, 若使一人. 犯之以事, 勿告以言; 犯之以利, 勿告以害. 投之
중 약사일인 범지이사 물고이언 범지이리 물고이해 투지

亡地然後存, 陷之死地然後生. 夫衆陷於害, 然後能爲勝敗.
망지연후존 함지사지연후생 부중함어해 연후능위승패

※ 한자 풀이

[1] **方馬埋輪**(방마매륜) '말을 묶고 마차를 땅에 묻다'라는 뜻으로 후퇴하지 않겠다는 의지를 보인다는 의미이다.

[2] **政**(정) '바를 정'(正)의 뜻으로 해석한다.

[3] **過則從**(과즉종) 과(過)는 절(絶)의 의미로 '떨어지다'라고 해석하며, '위기에 떨어지면 지휘에 따른다'라는 뜻이다.

[4] **四五者**(사오자) '구'(九), 즉 '구지'(九地)를 말한다.

[5] **信**(신) 고어에서는 신(伸)과 같은 뜻으로 쓰였다.

패왕의 군대가 갖추어야 할 조건
– 한신이 배수진을 친 까닭

손자는 앞선 내용에서 진정으로 강력한 패왕의 군대가 갖추어야 할 요소를 논하였다. 항우와 유방이 천하를 다투던 시절, 유방이 초패왕 항우를 물리치고 승리를 거둘 수 있었던 데에는 명장 한신의 공이 절대적이었다.

한신이 조나라 군대와 맞서 싸울 때의 이야기다. 당시 조나라는 한나라의 침공 소식을 듣고 무려 20만 대군을 긴급 배치하며 방어 태세를 갖추었다. 이에 한신은 수적 열세를 극복하기 위해, 2천 명의 정예 병사를 산속에 매복시키고 동태를 면밀히 살피게 했다. 또한 그들에게 한나라의 붉은 깃발을 하나씩 나누어 주며 이렇게 명령했다.

"조나라 군대는 우리가 패주하는 것을 보면 반드시 본영을 비운 채 우리를 추격할 것이다. 그때 너희는 재빨리 조나라 본영에 들어가 조나라 깃발을 뽑고 한나라의 붉은 깃발을 세우도록 하라!"

그러고는 병사들에게 간단한 식사를 주며 덧붙였다.

"조나라를 무찌른 뒤에 잔치를 벌이자!"

장수들은 믿기 어려워하면서도 "알겠습니다"라고 답할 수밖에 없었다. 한신은 이어서 말했다.

"조나라 군사들은 이미 유리한 지형을 차지하고 진지를 구축했다. 그들은 깃발이 보이지 않으면 우리가 산중의 험로를 돌아 나올까 두려워 선봉 부대를 공격하지 않을 것이다."

그러고는 1만 명의 병력을 먼저 출발시켜 정형(井陘)의 어귀로 나가 강물을 등진 채 배수진(背水陣)을 치게 했다. 이를 본 조나라 군사들은 "병법도 모르는 자들이군!" 하며 비웃었다.

날이 밝아오자, 한신은 대장의 깃발을 높이 세우고 북을 울리며 총공격을 개시했다.[7] 조나라 군대도 맞서 싸우며 격렬한 백병전이 벌어졌다. 이때 한신은 일부러 패주하는 척하며 강가의 진지로 달아났다. 그러자 강가에 있던 군대는 진영을 열고 조나라 군사를 끌어들인 뒤 전투를 벌였다.[8]

조나라 병사들은 한신의 군대를 쫓아가면서 한나라의 군기를 빼앗으려 했으나, 전군이 죽음을 각오하고 싸우자 이겨낼 수가 없었다. 그 틈을 타 산속에 숨어 있던 2천 명의 선봉대는 텅 빈 조나라의 본영으로 들어가 조나라의 깃발을 모두 뽑고 한나라의 붉은 깃발 2천 개를 세웠다.

조나라 군사들은 한신의 군대를 이기지 못한 채 철수하여 본영으로 돌아가려 했다. 그런데 본영에는 온통 한나라의 붉은 깃발이 꽂혀 있었다. 병사들이 한나라가 이미 조나라 왕과 장수를 모두 사로잡은 줄로 착각하고 혼비백산 달아나 순식간에 아수라장이 되었다. 조나라 장수들이 도망치는 병사를 베어가며 독전했으나 끝내 군세를 수습할 수 없었다.

---

7   이때 한신의 군대를 기(奇)와 정(正)의 측면에서 보면, 한신이 직접 이끄는 주력 부대인 정병과 산속에 숨겨둔 기병, 배수진을 친 기병까지 1정(正) 2기(奇) 체제를 이루었다.

8   이때 한신의 군대는 주력 부대와 배수진을 친 부대가 합류한 정병과 산속의 기병으로 1정 1기 체제를 이루었다.

     제11편×구지

이때 한나라 군대가 앞뒤에서 협공하여 조나라 군대를 대파했다.[9] 결국 수많은 조나라 병사와 말이 포로로 잡혔고, 조나라 왕까지 생포되었다.

전투가 끝난 뒤, 한신의 부하가 물었다.

"병법에 이르기를 '산은 오른쪽에 두어 배후로 삼고, 강은 왼쪽에 두어 앞에 두라'고 했습니다. 그런데 대장군께서는 그와 반대로 저희에게 강가를 등지게 하시고 '조나라를 무찌른 뒤 잔치를 벌이자'고 하셨는데, 그때 저희는 도무지 믿을 수가 없었습니다. 그런데 정말 이리도 큰 승리를 거두셨으니, 이는 대체 무슨 전술입니까?"

한신은 웃으며 대답했다.

"이 역시 병법에 나와 있는 것이네. 다만 그대들이 자세히 살피지 못했을 뿐이지. '망지에 처하게 하면 모든 힘을 다해 분전하고, 사지에 빠뜨리면 비로소 생존을 위해 결사 항전하게 된다'고 하지 않던가? 더구나 우리 군대는 평소에 훈련도 받지 못한 오합지졸이었으니, 이들에게 물러설 길을 열어두었다면 모두 도망쳤을 것이네. 그러니 그들에게 뒤로 물러서면 곧 죽는다는 것을 알게 하여 필사의 각오로 싸우게 한 것이네. 그렇지 않았다면 어떻게 전투가 가능했겠는가?"

"참으로 대단하십니다. 저희는 미처 생각하지 못했습니다!"

---

9 이때 한신의 군대는 산속 부대까지 모두 합류하여 1정 체제가 되었다. 반면 조나라는 기병과 정병의 구분 없이 시종일관 1정 체제로 싸웠기 때문에 한신의 유연한 전술을 따라가지 못했다.

그제야 비로소 모든 장수가 고개를 끄덕이며 감탄해 마지않았다.

한신이 이끈 군대는 훈련을 받지 못했음에도 패왕의 군대가 갖추어야 할 조건을 보여주었다. 패왕의 힘은 무력이 아닌 결속에서 비롯된다. 위기를 시험대로 삼아 전군을 하나로 묶어냈을 때, 비로소 판을 뒤집을 힘이 생겨났다.

위기에서 드러나는 지휘관의 힘
– 반초의 서역 개척

후한 시대, 반초(班超)는 서역(西域) 개척으로 이름을 떨친 인물이다. 어느 날 그는 흉노가 자주 침입하여 주민들을 마구 죽이는 바람에 변경의 성문이 완전히 폐쇄되었다는 소문을 들었다. 이 소문을 접하자마자 반초는 붓을 던지고 분연히 일어나 무관의 길로 나섰다.

반초가 장안에서 약 8천 리 떨어진 서역의 선선국(鄯善國)에 도착했을 때, 선선국 국왕은 그를 국빈으로 극진히 대접했다. 그러나 마침 흉노의 사신이 들어오자 태도가 돌변해 반초 일행을 홀대하기 시작했다. 당시 선선국은 실크로드를 통해 중국과 서역을 연결하는 요충지였고, 사실상 흉노에게 예속되어 있었기 때문에 그들의 눈치를 살피지 않을 수 없었다. 이로 인해 반초와 수행원들은 목숨을 잃을 위기에 처했다. 반초는 침착하게 수행원 36명을 불러 모아 이렇게 말했다.

반초 문인 가문에서 태어나 무관이 된 인물이다. 그의 이야기에서 '붓을 던지고 창을 좇는다'는 뜻의 고사성어 투필종융(投筆從戎)이 유래했다. 이것은 문인이 글을 포기하고 군을 따르는 것을 의미한다.

"옛말에 이르기를 '호랑이 굴에 들어가지 않으면 어찌 호랑이 새끼를 얻겠는가?'[10]라고 했다. 지금 당장 흉노의 사신을 제거하지 않으면 우리의 생명이 위태로울 뿐 아니라, 서역 전체가 흉노의 손에 넘어가고 말 것이다."

그러자 수행원들은 일제히 "지금 우리는 위급한 지경에 몰렸으니, 우리의 생사는 모두 장군께 달려 있습니다"라며 전적으로 반초의 지휘에 따르기로 결의했다.

밤이 되자 반초 일행은 흉노 사신들이 묵고 있는 숙소를 기습하여 화공(火攻)을 가하고, 순식간에 흉노의 사신과 수행원 30여 명의 목을 베었다. 이 소식을 접한 선선국 왕은 크게 두려워하며 한나라에 복속을 맹세했다. 이어 반초는 한나라 황제의 덕과 위엄을 알리며 선선국 왕에게 다시는 흉노와 통하지 말라고 경고했다.

---

10 여기서 '불입호혈 언득호자'(不入虎穴 焉得虎子)라는 성어가 만들어졌다. 목적을 달성하기 위해서는 그만한 위험이 따른다는 의미이다.

한나라 조정은 이 소식에 크게 기뻐하며 반초를 군사마(軍司馬)로 임명했다. 그는 한나라의 공식 사절로 서역 각국을 방문하게 되었다. 그가 우전국(于闐國)에 사신으로 파견됐을 때, 이미 반초의 소문을 전해들은 국왕은 미리 흉노의 사신을 베어 죽이고 곧바로 한나라에 항복했다. 이어서 서역의 여러 나라가 차례로 왕자를 인질로 보내왔고, 왕망(王莽) 이래 단절되었던 서역과의 교통이 다시 열리게 되었다.

『손자병법』은 말한다. "위기에 빠지면 지휘에 전심으로 따른다"[過則從 과즉종]. 반초와 그의 수행원들이 보여준 결의는 이 말에 정확히 들어맞는다. 생사를 걸린 절체절명의 순간, 그들은 장수의 지휘를 전적으로 신뢰하며 뜻을 하나로 모았다. 결국 이 충성심과 단호한 결단이 서역 전체를 다시 한나라의 품으로 되돌려놓았다.

때를 기다려 과감히 실행하라

1 그러므로 용병의 운용은 적의 의도에 넘어가는 척 위장하여 적을 미혹시킨 뒤 병력을 집중하여 일거에 적을 격파하는 데 있다. 이로써 비록 천 리를 원정하더라도 반드시 적장을 벨 수 있다. 이것이야말로 기지(機智)로써 대사를 이룬다는 것이다.

2 그러므로 전쟁을 결심하고 책략을 결정할 때는 국경을 봉쇄하고 통행증을 폐기하며 적국과의 사절 왕래를 중지한 뒤, 종묘에서 비밀스럽고 치밀하게 전쟁에 관련된 대사를 상의해야 한다. 적이 틈을 보이면 신속하게 행동을 개시하고, 무엇보다도 먼저 적이 가장 중요시하는 전략적 요충지를 빼앗아야 한다. 또한 적에게 결전을 치를 시일을 알게 해서는 안 된다. 반드시 적정(敵情)의 변화에 시의적절하게 대응하며 작전 계획을 실행해나감으로써 전쟁의 승리를 추구해야 한다.

3 그러므로 전쟁이 시작되기 전에는 마치 처녀처럼 조용하게 꾸며 적이 방심해 경계를 풀도록 만든다. 그러나 일단 전쟁이 발발하면 마치 내달리는 토끼처럼 신속하고 민첩하게 움직여 적이 미처 저항할 틈조차 주지 않아야 한다.

1 故爲兵之事, 在於順詳[1]敵之意, 併敵一向[2], 千里殺將, 是謂巧能
고 위 병 지 사　재 어 순 상　적 지 의　병 적 일 향　　천 리 살 장　시 위 교 능

成事者也.
성 사 자 야

2 是故政擧之日, 夷關折符, 無通其使; 厲於廊廟之上, 以誅[3]其事.
시 고 정 거 지 일 이 관 절 부 무 통 기 사 여 어 낭 묘 지 상 이 주 기 사

敵人開闔[4], 必亟入之, 先其所愛, 微[5]與之期, 踐墨隨敵[6], 以決
적 인 개 합   필 극 입 지 선 기 소 애 미 여 지 기 천 묵 수 적   이 결

戰事. **3** 是故始如處女, 敵人開戶; 後如脫兔, 敵不及拒.
전 사   시 고 시 여 처 녀 적 인 개 호 후 여 탈 토 적 불 급 거

※ 한자 풀이

[1] 詳(상) 양(佯)의 의미로 쓰여 '위장하다'라고 해석한다.

[2] 併敵一向(병적일향) 병(併)은 '제거하다', 일향(一向)은 '한 방향으로 집중하다'라는 뜻으로, 즉 '올바른 주공 방향을 선정하다', '병력을 집중하여 적을 격파하다'라고 해석한다.

[3] 誅(주) '상의하여 결정하다'라는 뜻이다.

[4] 闔(합) '문짝', '사립문'이라는 뜻이다.

[5] 微(미) '무(無)'의 의미로서 '하지 말라'라는 뜻으로 해석한다.

[6] 踐墨隨敵(천묵수적) 천(踐)은 '실행하다', 묵(墨)은 '계획' 혹은 '원칙', 수(隨)는 '대응하다'라는 뜻이다.

고요하게 다가가 신속하게 공략하라
– 한신의 위나라 기습

초나라 항우와 한나라 유방이 천하를 두고 치열한 쟁탈전을 벌인 초한전쟁 초반에, 유방은 연전연패로 절대적 열세에 몰렸다. 특히 팽성 전투에서 참패한 뒤 한나라 휘하에 있던 여러 나라가 등을 돌리고 항우에게 항복했으며, 제나라와 조나라 역시 한나라를

제11편×구지

버리고 초나라와 연합하였다.

이런 와중에 위나라 왕 표(豹)마저 부모의 병을 살펴야 한다는 핑계를 대고 고향으로 돌아가더니 곧바로 황하 포구와 임진관(臨晉關)의 교통을 차단하고는 초나라와 손을 잡았다. 유방이 사람을 보내 설득하려 했지만 소용이 없었다.

유방은 한신을 좌승상으로 삼아 위나라를 토벌하기로 했다. 위나라가 임진관을 봉쇄하고 버티자, 한신은 의병(疑兵, 적을 속이는 가짜 군사)을 배치하고 배를 띄워 황하를 건너려는 것처럼 꾸몄다. 그러나 사실은 은밀히 정예병을 보내어 나무통과 항아리를 이용해 강을 건너 위나라의 도성 안읍(安邑)을 기습하려는 것이었다.

위나라 표왕은 예상치 못한 공격에 대적하려 했으나 속수무책으로 패배했고 결국 포로가 되었다. 이 승리로 무너져가던 한나라는 다시 항우와 맞설 수 있는 발판을 마련했다.

한신은 『손자병법』의 가르침대로 적이 방심하게 만든 뒤 은밀히 다가가 신속히 타격해 승리를 거두었다.

제 12편
화공
火攻

불을 다스리는 자가
승부를 결정한다

『손자병법』의 마지막 두 편인 「화공」(火攻)과 「용간」(用間)편에서 특수 작전을 다룬다. '화공'(火攻)이란 문자 그대로 불을 이용한 공격을 말한다.

손자는 본 편에서 화공의 전술적 논리를 설명하는 한편, 전쟁의 본질적 위험성을 다시 한번 환기한다. 국가는 한번 멸망하면 재건될 수 없고 생명은 한번 잃으면 되살릴 수 없으므로, 전쟁에 임할 때는 반드시 신중하고 또 신중해야 한다는 신전(愼戰) 사상을 거듭 강조하는 것이다.

이러한 사상은 본 편 마지막에 나오는 '안국전군'(安國全軍), 즉 "국가의 안녕을 지키고 군대를 온전하게 보전한다"라는 구절에서 뚜렷이 드러난다. 이 개념이야말로 손자가 전편에 걸쳐 설파해온 병법의 최종 결론이자 궁극적 목적이라 할 수 있다. 전쟁에서 군대를 지켜내는 것은 병법의 당연한 목표이며, 나라의 안녕에는 백성의 생업 안정과 평안이 포함된다.

결국 『손자병법』이 시종일관 추구한 '리'(利), 즉 전쟁에서 얻어야 할 유리함과 이익은 바로 이 안국전군을 위한 ‘대리’(大利)를 가리킨다. 이러한 의미에서 손자가 말하는 리는 유가에서 중시하는 ‘의’(義), 곧 의로움과 맥락을 같이한다. 손자에게 전쟁의 목적은 정복이나 살육이 아니라, 어디까지나 결국 백성을 지키고 나라를 온전히 보전하는 데 있었다.

흔들리는 불꽃처럼 변화에 맞춰 움직여라

① 손자는 말한다.

화공(火攻) 작전에는 모두 다섯 가지가 있다. 첫째는 적의 인마 (人馬)를 불태우는 것이고, 둘째는 적의 양식을 불태우는 것이며, 셋째는 적의 각종 군용물자를 불태우는 것이고, 넷째는 적의 무기고를 불태우는 것이고, 다섯째는 군량 보급로와 수송 시설을 불태우는 것이다.

② 화공을 실행하려면 반드시 일정한 조건이 갖춰져야 한다. 우선 화공에 필요한 기자재를 미리 준비하고 항상 점검해두어야 한다. 화공을 개시할 때는 천시(天時)를 정확히 살펴 유리한 날짜를 골라야 한다. 여기서 천시는 기후가 건조한 시기를 말하며, 날짜는 달이 기(箕), 벽(壁), 익(翼), 진(軫)의 네 별자리를 지나는 때를 말하는데, 이때가 바람이 많이 불어 화공에 유리하다.

③ 무릇 화공을 운용할 때는 다섯 가지 방식에서 비롯되는 변화에 맞추어 병력을 적절히 배치해야 한다. 적 군영 내부에서 불을 일으키면 외부에서도 즉시 병력을 파견해 조응해야 한다. 적 군영에 불이 났는데도 적군이 여전히 침착함을 유지하고 있다면 조급하게 공격하지 말고 인내하며 기다려야 한다. 불길이 왕성해지면 구체적 상황에 따라 작전을 결정한다. 공격이 가능하면 공격을

311

개시하고 공격이 불가하면 멈춰야 한다. 적 군영 외부에 불을 놓을 수도 있다. 이 경우에는 적 군영 내부의 조응을 기다릴 필요 없이 때와 조건이 맞으면 불을 놓을 수 있다. 화공은 적군 방향으로 순풍(順風)이 불 때 시행해야 하고, 역풍(逆風)이 불 때는 시행해서는 안 된다. 낮에는 바람이 오래도록 불지만, 밤에는 바람이 쉽게 멎는다는 것을 유념해야 한다.

4　군대는 화공의 다섯 가지 운용 방식에 따른 변화를 잘 알고, 조건이 구비될 때를 기다려 화공을 실시해야 한다. 화공으로 공격을 지원하면 승리가 더욱 용이해지고, 수공(水攻)으로 공격을 지원하면 공세가 더욱 강화된다. 다만 수공은 적군의 진형(陣形), 연락망, 수송로를 단절시킬 수 있을 뿐, 화공처럼 적군을 훼멸[1]할 수는 없다.

화공의 사례 화공(火攻)은 불을 이용한 공격으로, 적을 직접 불태우거나 보급로를 끊거나 적군 진영을 혼란에 빠뜨리는 전술 등에 두루 사용되었다. 이 그림은 18세기 청나라 건륭제 시기에 신강 위구르 지역을 평정한 전쟁을 묘사한 그림의 부분도이다.

① 孫子曰: 凡火攻有五: 一曰火人, 二曰火積¹⁾, 三曰火輜²⁾, 四曰火
　　손자왈　범화공유오　일왈화인　　이왈화적　　삼왈화치　　사왈화

庫, 五曰火隊. ② 行火必有因, 烟火必素具. 發火有時, 起火有日.
고　오왈화대　　행화필유인　연화필소구　발화유시　기화유일

時者, 天之燥也. 日者, 月在箕·壁·翼·軫也. 凡此四宿者, 風起之
시자　천지조야　일자　월재기 벽 익 진야　범차사숙자　풍기지

日也.
일야

③ 凡火攻, 必因五火之變而應之: 火發於內, 則早應之於外; 火發
　범화공　필인오화지변이응지　화발어내　즉조응지어외　화발

而其兵靜者, 待而勿攻, 極其火力, 可從而從之, 不可從則止; 火
이기병정자　대이물공　극기화력　가종이종지　불가종즉지　화

可發於外, 無待於內, 以時發之; 火發上風, 無攻下風; 晝風久,
가발어외　무대어내　이시발지　화발지풍　무공하풍　주풍구

夜風止. ④ 凡軍必知有五火之變, 以數³⁾守之. 故以火佐攻者明⁴⁾,
풍 지　　범군필지유오화지변　이삭　수지　고이화좌공자명

以水佐攻者強. 水可以絕, 不可以奪.
이수좌공자강　수가이절　불가이탈

※ 한자 풀이

1) 積(적) '적이 쌓아놓은 군대의 양식', '군량'(軍糧)이라는 의미이다.

2) 輜(치) '수레'라는 뜻으로 여기에서는 각종 군용물자로 해석한다.

3) 數(삭) '기상 변화의 규율'이라는 뜻이다.

4) 明(명) '분명한', '명확한'이라는 뜻이다.

---

1 원문의 탈(奪)은 전통적으로 '적의 비축 물자를 빼앗는다'는 의미로 해석되었으
　나, 이 부분을 '적병의 생명을 포함한 적군 전체를 파괴한다'는 의미에서 '훼멸'
　이라고 해석할 수도 있다.

제12편×화공

수공(水攻), 역사의 물줄기를 바꾸다
– 춘추시대의 막을 내린 조양자의 계책

춘추시대 말엽, 진(晉)나라는 범씨(范氏), 중행씨(中行氏), 지씨(智氏), 한씨(韓氏), 위씨(魏氏), 조씨(趙氏)까지 여섯 가문의 6경(六卿)[2]이 통치하고 있었다. 이들 가운데 범씨와 중행씨가 먼저 멸망하고 나머지 네 가문이 권력을 다투었는데, 그중에서도 지백(智伯)이 가장 강력한 세력을 떨쳤다.

지백은 점점 욕심이 커져 다른 세 가문에게 땅을 바치라고 강요했다. 이에 굴복한 한씨 가문 강자(康子)와 위씨 가문 환자(桓子)에게는 만 호(戶)의 땅을 내주었다. 그러나 조씨 가문의 양자(襄子)는 지백의 요구를 단호히 거절했다.

이에 분노한 지백은 조양자를 공격하기로 결심했고, 한씨와 위씨에게도 군사를 동원하게 하여 세 가문 연합군으로 조양자를 압박했다. 조양자는 진양성(晉陽城)에 틀어박혀 이들과 대치했다.

진양성은 조양자의 부친 조간자(趙簡子)가 다스릴 때 선정을 베풀어 백성들이 조씨를 위해 목숨을 걸고 싸우겠다고 맹세한 곳이었다. 진양성 백성들은 일치단결하여 지백이 이끄는 연합군에 맞섰다.

지백은 성을 포위하고 하천을 막아 물길을 진양성 안으로 돌려 성이 물에 잠기게 하려 했다. 점차 물이 차올라 진양성은 절체절

---

2 춘추시대 진나라에서 정치와 군사 제도를 다스리던 고위 관료 여섯을 이른다.

명의 위기에 빠졌다. 이때 조양자는 계책을 하나 냈다. 그는 한씨와 위씨의 진영에 부하를 보내 이렇게 설득했다.

"만약 우리 조씨가 멸망하면 그다음 차례는 누가 되겠습니까? 입술이 없어지면 이가 시리게 되는 법[3]입니다. 결국 탐욕스러운 지백에게 모두 멸망당하고 말 것입니다. 우리 셋이 힘을 합쳐 지백을 치는 것만이 다 함께 살아남을 수 있는 길입니다."

그러자 한씨와 위씨가 물었다.

"그렇다면 과연 지백을 이길 만한 계책이 있습니까?"

이에 조양자의 부하는 대답했다.

"지금 진양성으로 흘러드는 물길을 지백의 진영 쪽으로 돌린다면 반드시 승산이 있습니다."

그리하여 조, 한, 위 세 가문은 날짜와 시간을 정해 공모했다. 약속된 날, 조양자는 군사를 보내 제방을 지키던 지백의 군대를 공격하여 물길을 지백 진영으로 돌려버렸다. 갑자기 들이닥친 물난리에 지백의 군대가 우왕좌왕하는 사이, 한씨와 위씨 군대가 일제히 협공하고 조양자가 정면으로 공격하자 지백의 군대는 대패했다.

조양자는 지백을 죽이고 지씨 일족을 멸족시킨 뒤, 그 땅을 삼분하여 조, 한, 위 세 가문이 나누어 가졌다. 천하의 패자가 될 수 있었던 지백의 위세는 단 한 차례의 수공(水攻)으로 무너졌고, 정국은 세 가문이 주도하는 새로운 국면으로 접어들었다.

---

3 이를 가리켜 순망치한(脣亡齒寒)이라 한다.

이 사건으로 천하는 진(秦), 초(楚), 제(齊), 연(燕) 그리고 조(趙), 한(韓), 위(魏)의 칠웅(七雄) 구도로 재편되며 그간의 춘추시대는 막을 내리고 전국시대로 들어서게 되었다.

불씨를 지키되, 불길에 삼켜지지 마라

① 전쟁에서 승리를 거두고도 그 성과를 공고히 하지 못하는 것은 매우 좋지 못한 일이다. 이를 가리켜 "승리를 거두고도 정작 성과가 없다"[4]라고 한다. 그러므로 지혜로운 군주는 이 문제를 신중하게 고려해야 하고, 뛰어난 장수 역시 이 문제를 세심하게 살펴야 한다. 분명한 이익이 없다면 행동해서는 안 된다. 승리한다는 보장이 없다면 군대를 일으켜서는 안 된다. 상황이 위급하지 않다면 결코 가볍게 전쟁을 벌여서는 안 된다.

② 군주는 일시적 분노로 전쟁을 일으켜서는 안 되고, 장수는 일시적 원한으로 전쟁에 나가서는 안 된다. 국가의 장기적 이익에 부합하면 비로소 군대를 움직이고, 국가의 장기적 이익에 부합하지 않으면 군대를 움직여서는 안 된다. 분노는 희열로 전화할 수 있고, 원한도 기쁨으로 전화할 수 있다. 그러나 국가는 멸망하면 되돌릴 수 없고, 사람의 목숨은 더더욱 되살릴 수 없다.

---

4 원문의 비류(費留)를 "인색하여 논공행상을 제때 하지 않는다"라고 해석하는 것이 오랫동안 주류였다. 그러나 논공행상은 승리의 성과 가운데 극히 일부에 불과하므로 적절하지 않다. 이어지는 대목이 전쟁의 신중함을 강조하는 맥락과 맞물리는 만큼, "승리를 거두고도 정작 성과가 없다"라는 해석이 전체 문맥상 더 자연스럽다.

③ 그러므로 지혜로운 군주는 반드시 전쟁에 신중해야 하고, 뛰어
난 장수는 반드시 전쟁을 경계하고 조심해야 한다. 이것이 국가
의 안녕을 지키고 군대를 온전하게 보전하는 근본 원칙이다.

① 夫戰勝攻取, 而不修其功者凶, 命曰『費留』. 故曰: 明主慮之, 良
　　부전승공취　이불수기공자흉　명왈　비류　　고왈　명주려지　양
將修之, 非利不動, 非得不用, 非危不戰. ② 主不可以怒而興師,
장수지　비리부동　비득불용　비위부전　　　　주불가이노이흥사
將不可以慍而致戰. 合於利而動, 不合於利而止. 怒可以復喜,
장불가이온이치전　합어리이동　불합어리이지　노가이복희
慍可以復悅, 亡國不可以復存, 死者不可以復生. ③ 故明主慎之,
온가이복열　망국불가이복존　사자불가이복생　　　고명주신지
良將警之, 此安國全軍之道也.
양장경지　차안국전군지도야

유리하면 움직이고 불리하면 멈춰라
- 유대인의 행동 원칙

유대인이 사업을 경영할 때 가장 중시하는 원칙은 바로 "유리하
면 행동하고, 불리하면 멈춘다"는 것이다. 냉철한 이성주의자인
그들이 신뢰하는 것은 오로지 객관적으로 드러난 통계와 숫자뿐
이다. 그래서 그들은 결코 사사로운 감정에 휘둘려 섣불리 결정
을 내리지 않는다.

유대인들에게 기업이란 애지중지 지켜야 할 존재가 아니다. 어
디까지나 돈을 벌기 위한 수단일 뿐이다. 그들은 수십 년간 공들
여 일군 회사라도 전성기에 이르면 과감히 매각한다. 그 순간이

야말로 가장 높은 가치를 실현할 수 있는 절호의 기회이기 때문
이다.

　손자는 말한다. "국가의 장기적 이익에 부합하면 비로소 군대
를 움직이고, 국가의 장기적 이익에 부합하지 않으면 군대를 움
직이지 말아야 한다"[合於利而動, 不合於利而止 합어리이동 불합어리이지]. 손
자에게 있어 전쟁을 통해 실현해야 할 최선의 가치는 국가의 장
기적 이익을 따르는 것, 곧 국가의 안녕을 지키고 군대를 온전하
게 보전하는 일이었다. 무슨 일을 하든 목적이 무엇인지를 잊지
않는다면 길을 잃지 않는다.

헛된 싸움은 제 살 깎아 먹기다
─ 소대의 어부지리 이야기

소대(蘇代)는 합종책을 펼친 소진의 동생으로, 그 역시 진나라에
맞서기 위해서는 나머지 여섯 나라가 뭉쳐야 한다는 합종책을 주
장하며 외교 활동을 펼쳤다.

　어느 날 조나라가 연나라를 공격하려 하자, 소대가 조나라 왕
을 찾아가 그를 설득했다.

　"제가 이곳에 오던 길에 역수(易水)를 건넜습니다. 그곳에서 조
개 한 마리가 먹이를 찾던 도요새에게 살을 쪼이자, 조개는 부리
를 꽉 물고 놓아주지 않았습니다. 그러자 도요새가 말했습니다.
'앞으로 이삼일 안에 비가 내리지 않으면 네놈은 말라 죽을 것이
다.' 이에 조개도 지지 않고 대답했습니다. '아니다. 너야말로 굶

어 죽을 것이다.' 둘이 그렇게 다투고 있을 때, 마침 그곳을 지나가던 어부가 둘 모두를 잡아버렸습니다."[5]

소대는 이어서 말했다.

"지금 조나라가 연나라를 치면, 두 나라는 지칠 때까지 싸우게 될 것입니다. 그러면 이웃 진나라가 어부처럼 그 틈을 타서 이득을 챙기지 않겠습니까? 대왕께서는 이 점을 깊이 고려하시길 바랍니다."

이 말을 듣고 조나라 왕은 연나라 공격을 단념했다.

『손자병법』은 군대를 일으킬 때 반드시 이해득실을 철저히 따질 것을 강조한다. 어부지리 고사가 보여주듯 국가뿐 아니라 개인, 기업, 각종 조직 간 다툼에서도 제3자가 이익을 챙기는 일이 많다. 이처럼 헛되이 다투어 제3자에게 이익을 주는 어리석은 결정은 반드시 피해야 한다.

분노에 휩쓸리면 일을 그르친다
– 수나라 양현감의 반란

수나라 양제 때, 군량 운반을 감독하던 양현감(楊玄感)이 반란을 일으켰다. 양현감은 수나라의 실력자이자 명참모였던 양소(楊素)

---

5 이 이야기에서 '어부의 이득'이라는 의미의 고사성어 어부지리(漁父之利)가 유래했다. 쌍방이 다투는 동안 제3자가 힘을 들이지 않고 이득을 본다는 뜻으로 쓰인다. 정확한 고사성어는 휼방상쟁(鷸蚌相爭), 즉 도요새[鷸]와 조개[蚌]가 서로 싸운다는 단어이지만, 우리나라에서는 어부지리라는 표현이 더 널리 알려졌다.

의 아들이었다. 양소는 수양제를 태자로 세우는 데 결정적인 공을 세웠지만, 양제가 즉위한 후 옛 공훈을 믿고 교만해지자 오히려 미움을 사게 되었다. 결국 양소는 만년에 명예직에 묶인 채 권력에서 소외되었고, 이 때문에 아들 양현감도 양제에 대한 반감을 품고 있었다.

양현감은 결국 친구인 이밀(李密)과 함께 반란을 일으켰다. 그는 군사를 몰아 낙양으로 진격하려 했다. 하지만 이밀은 말했다.

"낙양은 수비 병력이 많아 쉽게 공략할 수 없소. 먼저 관중에 들어가 국고를 열어 백성들에게 재물을 나누어 주면 민심을 얻을 수 있을 것이오."

양현감은 이 말에 동의해 군사를 관중으로 돌렸다. 그런데 관중으로 가기 위해서는 반드시 홍농(弘農)을 지나야 했다. 홍농 태수는 꾀가 많은 인물이었다. 그는 부하들에게 말했다.

"반란군이 관중에 들어가면 승부가 어찌 될는지 알 수 없다. 이곳에서 그들을 묶어두고 조정의 구원군을 기다려 궤멸시켜야 한다."

양현감이 홍농을 통과하려 하자, 홍농성의 높은 성루 위에서 태수 측 병사들이 큰 소리로 양현감을 모욕하며 욕설을 퍼부었다. 이는 그를 자극해 싸움을 일으키기 위한 계략이었다.

이밀 수나라 말기에서 당나라 초기에 활동한 정치가이다. 양현감이 양제와 대립하다 패하자, 이후 자립하여 반란을 주도했다.

  제12편×화공

화가 머리 끝까지 치민 양현감은 즉시 군사들에게 진군을 멈추고 홍농성을 포위해 섬멸하라고 명했다. 이에 이밀은 틀림없이 계략이 숨어 있을 것이며, 홍농성에 발이 묶여서는 안 된다고 극구 만류했다. 그러나 양현감은 듣지 않았다.

"저놈들을 도저히 두고 볼 수 없다. 이 작은 성쯤은 금방 함락시킬 수 있다!"

그리하여 양현감은 계획을 바꿔 홍농성 공격에 나섰으나 며칠이 지나도록 성을 함락시키지 못했고, 시간만 허비하고 말았다.

그사이 수양제가 고구려 원정에서 철군하고 돌아와 양현감의 군대를 추격하기 시작했다. 양현감은 그제야 홍농 포위를 풀고 관중으로 진격하려 했지만 이미 수양제의 대군이 뒤를 쫓고 있었다. 양현감은 반격을 시도했으나 연전연패를 거듭했다. 결국 동생 한 명만 곁에 남게 되자, 그는 이밀의 말에 따르지 않은 것을 한탄하며 스스로 목숨을 끊었다.

이 이야기는 "군주는 일시적 분노로 전쟁을 일으켜서는 안 되고, 장수는 일시적 원한으로 전쟁에 나가서는 안 된다"[主不可以怒而興師, 將不可以慍而致戰 주불가이노이흥사 장불가이온이치전]라는 구절이 그대로 적용되는 사례다. 양현감은 한순간의 분노를 자제하지 못해 홍농성 포위라는 잘못된 결정을 내렸고, 결국 스스로 패망의 길에 들어섰다.

제13편
용간
用間

아는 것이 힘이다

'용간'(用間)은 간자(間者), 즉 간첩이나 첩자를 활용한다는 뜻이다. 『손자병법』의 마지막 편인 「용간」은 일반적으로 간자의 활용 원칙을 기술한 장으로 해석되지만, 궁극적인 초점은 전쟁 전에 적의 사정을 미리 파악하는 '정보전'의 중요성에 맞춰져 있다. 여기서 간(間)은 결국 사람만이 아닌 정보를 매개하는 모든 통로라고 볼 수 있다.

전쟁에서 승패를 가르는 핵심은 다름 아닌 상대방보다 먼저 아는 것, 즉 '선지'(先知)에 있다. 간자는 선지를 얻는 가장 전통적이고 중요한 수단이다.

그러나 반드시 첩자만을 통해 선지가 이루어지는 것은 아니다. 예컨대 이윤과 강태공 같은 인물은 비록 첩자는 아니었지만, 자신의 식견과 판단을 통해 상대국의 상황을 꿰뚫어 봄으로써 선지를 가능하게 했다.

『손자병법』은 이렇듯 정보의 획득과 활용을 전략 개념으로 체계화한 최초의 저작이기도 하다.

『손자병법』이 추구한 네 가지 가치
– 전(全)과 지(知), 선(先)과 선(善)

『손자병법』은 전편에 걸쳐 일관적으로 네 가지 이상적 목표를 추구한다. 「모공」에서 다루었던 '전'(全)과 '지'(知), 그리고 '선'(先)과 '선'(善)이다.

· 지(知)

'지'(知)는 용병의 기초이자 원리이다. 전쟁은 정확히 아는 것에서 출발하며, 이를 놓치면 맹동(盲動)에 빠지거나 주관적 착오를 범해 패망할 수밖에 없다. 실제 교전 상황에서도 양측은 자신이 확보한 '지'를 바탕으로 전략과 전술을 세운다. 결국 승패는 누가 더 깊이, 누가 더 먼저 아는가에 달려 있다.

『손자병법』에는 '지'(知)라는 글자가 모두 79번 등장한다. 그중에서도 가장 잘 알려진 것은 이 책의 사상 전체를 관통하는 핵심 구절, '지피지기 백전불태'(知彼知己 百戰不殆)이다. 적을 모르고 나를 모르면 싸울 때마다 위태롭지만, 적을 알고 나를 알면 결코 위태로워지지 않는다.

여기서 '지'는 조건을 헤아리고 사전에 승패를 계산하는 '계'(計), 판단을 토대로 세운 계책을 가리키는 '모'(謀), 이들을 실행으로 옮기는 통찰을 말하는 지(智)까지 포괄하는 전략적 지혜이다.

그러나 이것만으로는 승리를 담보할 수 없다. '지'의 토대 위에서 적확한 계략이 운용될 때, 정보의 우세가 전투력으로 전환될 때 비로소 승리를 거둘 수 있다.

·전(全)

'전'(全)은 '온전히 보존하다'라는 뜻이다. 『손자병법』에서 '전'은 손자의 이상적 목표가 담긴 개념으로, 불필요한 피해를 최소화하고 국가와 군대를 보존하는 온전함을 의미한다.

손자가 강조하는 '전'은 '지'와도 밀접하게 연결된다. 정확히 알아야(知) 온전히 보존할 수 있고(全), 둘이 결합될 때 비로소 전모(全謀, 온전한 계책)를 세워 전승(全勝, 온전한 승리)을 이룰 수 있기 때문이다. 따라서 '전'은 '지'의 실현이자 귀결이라 할 수 있다.

·선(先)

같은 '지'라도 무엇보다 중요한 것은 먼저 아는 것, 즉 '선지'(先知)이다. 적보다 한발 앞서 아는 것이야말로 승리의 관건이다. 손자는 말한다.

"전쟁을 시작하기 전에 치밀한 묘산(廟算)으로 유리한 조건과 불리한 조건을 충분히 평가하면 전쟁에서 승리한다"[夫未戰而廟算勝者, 得算多也 부미전이묘산승자 득산다야](「계」).

"승자는 먼저 필승의 형세를 갖춘 뒤에야 싸움을 시작하지만, 패자는 싸움부터 벌여놓고서 그제야 승리를 바라본다"[勝兵先勝而後求戰, 敗兵先戰而後求勝 승병선승이후구전 패병선전이후구승](「형」).

·선(善)

마지막으로 『손자병법』에서 '선'(善)은 도덕적 의미의 '착하다'는

제13편×용간

의미가 아니라 '능하다', '탁월하다'라는 의미로 쓰인다. 손자는 말한다. "그러므로 백 번 싸워 백 번 이기는 것이 최선이 아니라, 싸우지 않고도 적을 굴복하게 만드는 것이 최고의 책략이다"[百戰百勝, 非善之善者也; 不戰而屈人之兵, 善之善者也 백전백승 비선지선자야 불전이굴인지병 선지선자야](「모공」).

따라서 『손자병법』의 마지막 편「용간」은 단순한 첩자 운용의 지침이 아니다. 그것은 전쟁이 정보전임을 선언하고, 손자가 추구한 네 가지 가치를 집대성하는 장이다.

『손자병법』은 처음부터 끝까지 "아는 자가 승리한다"는 절대 명제를 관철하며,「용간」편을 통해 '선지', 즉 먼저 아는 것이야말로 승리의 열쇠임을 강조하고 있다.

적정을 꿰뚫으면 승리가 보인다

1 손자는 말한다.

10만 병사를 일으켜 천 리를 출정하면, 백성의 부담과 국가의 지출로 날마다 막대한 자금이 소모된다. 국내외가 모두 동란에 휩싸이고 군수물자를 운반하느라 지친 사람들이 길거리에 쓰러져, 농사를 짓지 못하는 집이 70만 호에 이른다. 이처럼 수년간 전쟁을 이어가는 것은 결국 단 하루의 승리를 얻기 위함이다. 그런데 만약 벼슬과 금전에 인색하여 간자(間者)를 중용하지 않아 적정을 알아내지 못하고 그로 인해 전쟁에서 실패한다면, 이는 인덕이 지극히 없는 일이다. 그런 자는 군대를 이끌 좋은 장수가 아니고, 군주를 보필할 좋은 신하도 아니며, 전쟁에서 승리를 거둘 수 있는 좋은 군주가 아니다.

2 지혜로운 군주와 뛰어난 장수는 한번 출정하면 반드시 승리를 거두고, 그 업적이 뭇사람을 능가하는 까닭은 바로 사전에 이미 적정을 파악하고 있기 때문이다. 적정을 사전에 미리 꿰뚫는 일은 결코 귀신의 계시에 기댈 수 없고, 유사한 사례로 유추할 수도 없으며, 더욱이 일월성신(日月星辰)의 위치에서 얻을 수도 없다. 반드시 사람을 통해 얻어야 하고, 그것도 적정을 잘 아는 사람으로부터 얻어야만 한다.

③   간자를 운용하는 방식에는 인간(因間), 내간(內間), 반간(反間), 사간(死間), 생간(生間)의 다섯 가지 종류가 있다. 이 다섯 종류의 첩자를 동시에 이용하면서 적으로 하여금 내가 첩자를 사용하는 규율을 전혀 눈치채지 못하게 하는 것, 이것이야말로 첩자 활용의 신묘한 방법이자 군주가 적을 제압하고 승리하는 법보(法寶)이다. 인간은 적국의 고향 사람을 첩자로 삼는 것이다. 내간은 적의 관원을 나의 첩자로 삼는 것이다. 반간은 적이 파견한 첩자를 이용해 도리어 나에게 충성하게 하는 것이다. 사간은 거짓 정보를 유포해 적의 첩자가 잘못된 정보를 제공하게 함으로써 적을 속이는 것이다. 이 사실이 폭로되면 죽음[死]을 면하기 어렵기에 사간(死間)이라 칭한다. 생간은 살아 돌아와 적의 정보를 보고하는 첩자다.

① 孫子曰: 凡興師十萬, 出征千里, 百姓之費, 公家之奉, 日費千金,
손 자 왈　범 흥 사 십 만　출 정 천 리　백 성 지 비　공 가 지 봉　일 비 천 금

內外騷動, 怠于道路, 不得操[1]事者, 七十萬家. 相守數年, 以爭一
내 외 소 동　태 어 도 로　부 득 조　사 자　칠 십 만 가　상 수 삭 년　이 쟁 일

日之勝, 而愛爵祿百金, 不知敵之情者, 不仁之至也, 非人之將也,
일 지 승　이 애 작 녹 백 금　부 지 적 지 정 자　불 인 지 지 야　비 인 지 장 야

非主之佐也, 非勝之主也. ② 故明君賢將, 所以動而勝人,
비 주 지 좌 야　비 승 지 주 야　　고 명 군 현 장　소 이 동 이 승 인

成功出於眾者, 先知也. 先知者, 不可取於鬼神, 不可象[2]於事,
성 공 출 어 중 자　선 지 야　선 지 자　불 가 취 어 귀 신　불 가 상　어 사

不可驗於度[3], 必取於人, 知敵之情者也.
불 가 험 어 도　필 취 어 인　지 적 지 정 자 야

③ 故用間有五: 有因間, 有內間, 有反間, 有死間, 有生間. 五間俱起,
고 용 간 유 오　유 인 간　유 내 간　유 반 간　유 사 간　유 생 간　오 간 구 기

莫知其道, 是謂「神紀」, 人君之寶也. 因間者, 因其鄉人而用之;
막 지 기 도　시 위 신 기　인 군 지 보 야　인 간 자　인 기 향 인 이 용 지

內間者, 因其官人而用之; 反間者, 因其敵間而用之; 死間者,
내 간 자　인 기 관 인 이 용 지　반 간 자　인 기 적 간 이 용 지　사 간 자

爲誑事於外, 令吾間知之, 而傳於敵間也; 生間者, 反報也.
위 광 사 어 외　영 오 문 지 지　이 전 어 적 간 야　생 간 자　반 보 야

※ 한자 풀이

1) 操(조) '농사', '경작'이라는 의미이다.

2) 象(상) '유추하다'라는 뜻이다.

3) 度(도) '일월성신의 위치'를 뜻한다.

상대 세력을 포섭해 격파하다
- 첩자를 써 연나라를 몰아낸 전단

제나라의 전단은 뛰어난 명장이었을 뿐 아니라 정보전에도 매우
능한 지략가였다. 특히 그는 첩자 운용에 뛰어났으며, 이를 통해
전황을 유리하게 이끌었다.

낭시 제나라와 전쟁을 벌이고 있던 연나라의 장군은 명장으로
유명한 악의(樂毅)였다. 전단은 그가 계속 연나라 군을 지휘하는
한 악전고투가 이어질 뿐 승산이 없다고 판단했다.

전단은 연나라 왕이 태자였을 때부터 악의와 사이가 틀어져 있
었다는 사실을 활용하기로 했다. 그는 첩자를 연나라에 침투시켜
다음과 같은 유언비어를 퍼뜨리게 했다.

"제나라는 이제 두 개의 성만 남은 일개 소국으로 전락했다. 그
런데 악의는 겉으로는 제나라를 토벌하겠다고 말하면서도, 속으

제13편×용간

전단 제나라 장군 전단은 앞서 소개한 화우지진을 비롯해 다양한 계책을 구사했으며, 악의의 침공에서 제나라를 구해내는 등 많은 공로를 세웠다. 이로 인해 안평군(安平君)이라는 칭호를 하사받았다.

로는 제나라와 연합하여 자신이 제나라 왕이 되려는 음모를 꾸미고 있다. 즉묵 지역도 마음만 먹으면 즉시 평정할 수 있는데 일부러 공격하지 않는 이유가 여기에 있다. 제나라가 지금 가장 두려워하는 것은 연나라가 악의 대신 다른 장수를 파견하는 것이다."

이 소문은 삽시간에 연나라 시중으로 퍼져나갔다. 이를 들은 연나라 왕 혜왕(惠王)은 악의를 의심한 나머지 그를 해임하고, 대신 기겁(騎劫)을 새로운 장군으로 임명했다.

한편 악의는 자신이 혜왕의 의심을 사게 되었음을 알았다. 그는 만약 귀국하면 반드시 죽임을 당할 것이 두려워 결국 조나라에 투항했다.

이렇게 명장 악의가 전쟁의 전면에서 사라지자, 연나라 군대의 전력은 크게 약화되었다. 전단은 이 틈을 놓치지 않고 즉시 반격에 나서 연나라 군대를 몰아내고 제나라를 보위할 수 있었다. 이로써 전단은 정보전으로 적장을 제거하고 승리를 거둔 대표적 인물로 기록되었다.

정보 없이는 작전도 없다

① 그러므로 군대의 인사 가운데 첩자보다 친밀한 사람이 없고, 첩자에게 주는 상보다 더 후한 상이 없으며, 첩자를 운용하는 것[用間용간]만큼 비밀스러운 일도 없다. 가장 지혜로운 장수라도 첩자를 쓰지 않을 수 없고, 가장 인자하고 의로운 장수라도 첩자를 부리지 않을 수 없으며, 아무리 생각이 깊고 계책에 밝은 장수라도 첩자가 제공하는 정보를 얻지 않을 수 없다. 참으로 미묘하고도 미묘하도다! 작전 과정에서 첩자를 쓸 수 없는 시기와 장소란 존재하지 않는다. 만약 첩자의 활동이 시작되지도 않았는데 첩자를 운용한다는 사실이 폭로되면, 첩자뿐 아니라 내부 사정을 아는 사람은 모두 죽음을 면할 수 없다.

② 적군을 공격하거나, 적의 성읍을 점령하거나, 적국의 특정 인물을 척살해야 한다면 먼저 반드시 적의 수비 책임자와 그 측근 인물, 보고 책임자, 성문을 지키는 수문장, 문객(門客), 막료(幕僚) 등의 정보를 파악해야 하므로 첩자에게 이들을 정탐하도록 지시해야 한다.

③ 적군이 파견해 우리 쪽 정황을 정탐하는 첩자는 반드시 잡아내고, 상황에 따라 후한 대우와 금전으로 매수하여 교도(教導)한 뒤 임무를 맡겨 본국으로 돌려보내면 그들을 반간으로 활용할 수 있

다. 또한 반간을 통해 적정을 알아내고 인간과 내간을 얻어 운용할 수 있다. 반간이 제공한 정보를 근거로 사간을 활용해 적에게 거짓 정보를 흘릴 수도 있다. 반간을 통해 얻은 정보 덕분에 위험을 피할 수 있게 된 생간 역시 기한에 맞춰 돌아와 적정을 보고할 수 있다. 이 다섯 종류의 첩자 운용에 대해 군주는 반드시 모든 것을 알고 있어야 한다. 정황 파악의 관건은 반간의 운용에 달려 있으므로, 반간을 가장 후하게 대우하지 않을 수 없다.

4 　옛날에 은나라가 흥성한 것은 성탕이 하나라의 정황을 잘 아는 이윤을 중용했기 때문이고, 주나라가 흥성한 것은 주 무왕이 상나라의 정황을 잘 아는 강태공을 중용했기 때문이다.[1] 그러므로 지혜로운 군주와 현능한 장수는 지모가 뛰어난 인물을 첩자로 활용할 수 있다면 반드시 큰 공업(功業)을 이뤄낼 수 있다. 이것이야말로 용병의 관건이며, 전군 역시 첩자를 통해 얻은 적정에 의거하여 군사 행동을 결정한다.

1 　故三軍之事, 莫親於間, 賞莫厚於間, 事莫密於間, 非聖智不能用
　　　고 삼 군 지 사　막 친 어 간　상 막 후 어 간　사 막 밀 어 간　비 성 지 불 능 용
間, 非仁義不能使間, 非微妙不能得間之實. 微哉! 微哉! 無所
간　비 인 의 불 능 사 간　비 미 묘 불 능 득 간 지 실　미 재　미 재　무 소
不用間也. 間事未發而先聞者, 間與所告者皆死.
불 용 간 야　간 사 미 발 이 선 문 자　간 여 소 고 자 개 사

1　이윤과 강태공은 첩자가 아니었고 적국의 정세를 염탐하기 위해 파견된 인물도 아니었다. 여기서 그들을 언급한 이유는 두 인물을 정보의 원천으로 파악하고 전략적 가치를 평가하기 위함이다. 본래 『손자병법』은 '장'(將)을 위한 저술이다. 여기에서 말하는 '장'이란 최고 지휘자인 왕이나 황제부터 실제 전장 현장에서 지휘를 담당하는 장수까지 모두를 포괄하는 개념이다.

② 凡軍之所欲擊, 城之所欲攻, 人之所欲殺, 必先知其守將·左右·
범군지소욕격　성지소욕공　인지소욕살　필선지기수장　좌우

謁者·門者·舍人之姓名, 令吾間必索知之. ③ 必索敵人之間來
알자 문자 사인지성명　영오간필색지지　　필색적인지간래

間我者, 因而利之, 導而舍之, 故反間可得而用也; 因是而知之,
간아자　인이리지　도이사지　고반간가득이용야　인시이지

故鄕間·內間可得而使也; 因是而知之, 故死間爲誑事, 可使告敵;
고향간 내간가득이사야　인시이지지　고사간위광사　가사고적

因是而知之, 故生間可使如期. 五間之事, 主必知之, 知之必在
인시이지지　고생간가사여기　오간지사　주필지지　지지필재

於反間, 故反間不可不厚也.
어반간　고반간불가불후야

④ 昔殷之興也, 伊摯[1]在夏; 周之興也, 呂牙[2]在殷. 故明君賢將, 能
석은지흥야　이지　재하　주지흥야　여아　재은　고명군현장　능

以上智爲間者, 必成大功. 此兵之要, 三軍之所恃而動也.
이상지위간자　필성대공　차병지요　삼군지소시이동야

※ 한자 풀이

[1] 伊摯(이지) 은나라 공신 이윤(伊尹)으로서 윤(尹)은 재상직에 해당되
는 관직명이고, 원래 이름은 지(摯)이다.

[2] 呂牙(여아) 주나라 공신 강태공으로서 이름은 상(尙)이고, 아(牙)는
자(字)이다.

상대를 꿰뚫어 보는 자가 승리한다
- 성탕을 도와 하나라를 무너뜨린 이윤

이윤은 성탕을 도와 하나라를 무너뜨리고 상나라[2]를 세우는 데
큰 공을 세운 인물이다. 그는 태어나자마자 하나라와 가까운 제
후국 유신국(有莘國)으로 팔려가 궁중의 요리사로 일했다. 그러나

타고난 총명함에 더해 삼황오제(三皇五帝)와 우(禹)임금의 정치 등 나라를 다스리는 도리에 정통하여 그 명성이 널리 퍼져 있었다.

현명한 인재를 백방으로 구하던 성탕은 이윤의 지혜와 식견을 전해 듣고, 여러 차례 귀중한 보물을 보내며 초청했다. 그러나 이윤은 그 부름에 쉽게 응하지 않았다.

성탕은 끝내 유신국 공주를 자신의 비(妃)로 맞이하고, 그녀를 따라온 노비 신분의 요리사 이윤이 자신의 거처로 들어오도록 조치했다. 성탕은 그를 극진히 예우하며 대접했다.

그 무렵 하나라의 폭군 걸왕은 신하 관용봉(關龍逢)이 직언을 올린 데 격노하여 그를 처형했다. 이 소식을 들은 성탕은 크게 슬퍼하며 신하를 보내 조문하게 했다. 그러자 걸왕은 더욱 노하여 성탕을 초대하는 척하며 불러들인 뒤 하대(夏臺)의 감옥에 가두었다. 성탕의 목숨이 위태로워지자 이윤은 걸왕이 미녀를 좋아한다는 점을 이용해 미녀와 많은 보물을 바쳐 성탕을 구해냈다.

그 후 이윤은 성탕을 보좌하는 참모로서 하나라를 무너뜨리고 상나라를 세우는 일에 결정적인 역할을 했다. 성탕은 이윤을 스승으로 극진히 모셨으며, 이윤은 성탕이 세상을 떠난 뒤에도 다섯 대에 걸쳐 상나라 군주들을 섬겨 '제왕의 스승'으로 칭송받았다. 이윤은 후대에 가히 상나라 그 자체와 같은 인물로 평가되었다.

---

2 『손자병법』 본문에는 성탕의 나라가 '은나라'로 표기되어 있는데, 여기서 은나라는 상나라를 가리킨다. 상나라가 후에 은을 도읍으로 정한데서 따와 역사적으로 두 이름이 같이 쓰였다.

손자가 말한 대로 성탕의 은나라가 흥성한 것은 상대의 정황을 꿰뚫어 볼 줄 아는 이윤을 얻었기 때문이다. 이윤은 첩자는 아니었지만, 정보를 매개하고 정세를 꿰뚫어 보는 능력 덕분에 손자가 말한 간(間)의 전형으로 기록된 것이다.

정보를 지배하는 자가 천하를 얻는다
– 문왕을 보좌해 주나라를 세운 강태공

강태공, 즉 여상(呂尙)은 동해 연안 지역[3]의 한 마을에서 태어났다. 그의 선조는 고대 요순(堯舜) 시대에 사악(四嶽)[4]으로서 우임금을 도와 치수 사업에 큰 공을 세웠다. 이후 그 후손들은 우나라와 하나라 시절 여(呂)와 신(申) 지역을 봉지(封地)를 하사받아 대대로 그곳에 살았다. 여상의 본래 성은 강(姜)씨였으나, 봉지(封地)인 여(呂)를 성으로 삼아 여상(呂尙)이라 불리게 되었다.

여상은 학문을 사랑하여 집안일에는 마음을 쓰지 않고 학문에만 열중했다. 본디 가난했던 집안 살림은 살수록 곤궁해져 끼니조차 잇기 어려운 지경에 이르렀다. 그의 아내마저 생활고를 견디지 못해 그를 떠나버렸지만, 여상은 굴하지 않고 계속해서 학문을 닦는 데 힘썼다.

어느 날 여상은 시장에 나갔다가 훗날 주나라 창업의 기초를

---

3 지금의 강소성(江蘇省)과 산동성(山東省) 일대를 가리킨다.
4 요임금 시절 사방을 대표해 임근을 보좌하던 네 명의 중신을 말한다.

제13편×용간

놓은 서백창(西伯昌)이 널리 인재를 구한다는 소식을 들었다. 그 뒤로 여상은 매일 강가에 나가 낚싯대를 드리우며 때를 기다렸다. 그때 여상의 나이는 이미 70세가 넘었다. 그는 며칠이 지나도록 고기 한 마리 낚지 못했다. 여상이 모자를 팽개치고 옷까지 벗어 던지며 화를 내는데, 이를 본 한 어부가 다가와 "서두르지 말고 천천히 해 보시오"라는 조언을 건넸다. 어부의 말대로 하자 과연 잉어가 걸려들었고, 그 잉어의 뱃속에서 "장차 큰 귀인이 될 것이니라"라는 글귀가 나왔다고 한다.

한편 평소 사냥을 즐기던 서백창이 어느 날 사냥에 나서기 전에 점을 쳐보니 "얻을 것은 용도 아니고, 호랑이도 아니며, 곰도 아니다. 천하를 얻는 데 필요한 인재로다"라는 점괘가 나왔다. 하지만 그날 사냥에서는 짐승 한 마리도 얻지 못했다. 저녁 무렵 빈손으로 돌아가려던 서백창의 눈에 멀리 강가에서 낚시하는 사람이 들어왔다. 멀리서 보기에도 풍채가 법상치 않았다. 서백창이 곧바로 달려가 그와 몇 마디를 나눠보고는 곧 그의 비범함을 알아보았다.

서백창은 "아버님께서 머지않아 성인이 나타나 우리가 크게 흥할 것이라 말씀하셨는데, 당신이 바로 그분임에 틀림없습니다"라며 여상을 스승으로 삼았다. 그가 바로 강태공이었다. 서백창은 그에게 태공망(太公望)이라는 호를 지어주었는데, 이는 서백창의 아버지 태공(太公)이 늘 바라던 인재라는 뜻이었다.

이후 서백창과 강태공은 은밀히 계획을 세우고 덕행을 닦으며 상나라, 즉 은나라 정권을 무너뜨릴 준비를 했다. 이 과정에서 강태공은 탁월한 용병술과 기묘한 계략을 구사하여 큰 역할을 했

강태공 훗날 주 문왕이 되는 서백창이 강가에서 낚시하던 강태공을 알아보고 말을 건네는 장면이다. '강태공'은 낚시꾼을 비유하는 말로도 쓰인다.ⓒ국립고궁박물원

339

다. 그는 은나라 주왕의 폭정으로 민심이 흉흉하니, 직접 공격하기보다 먼저 덕을 닦아 제후들의 신뢰를 얻으면 스스로 주나라로 귀의할 것임을 간파했다. 이를 비롯한 통찰과 지략 덕분에 후세 사람들은 용병술이나 주나라의 권모(權謀)를 논할 때마다 반드시 태공망을 거론하며 그를 높이 받들었다.

서백창이 건국을 보지 못한 채 세상을 떠나고 그의 아들 발(發)이 뒤를 이었다. 몇 년 뒤 그는 10만 병력으로 은나라 공격에 나섰다. 총사령관은 바로 강태공이었다.

강태공은 군대를 이끌고 은나라 도읍 근교의 목야(牧野)에 진을 쳤다. 이 소식을 들은 은나라 주왕(紂王)은 코웃음을 쳤다. "아니, 제까짓 놈들이 나를 치겠다니!"

주왕은 17만 대군을 끌고 목야로 진군했다. 그러나 주왕의 군대는 대부분 노예로 이루어져 있어 싸울 의지가 부족했고, 오히려 상대 세력이 승리하면 자신들도 해방될 것이라 기대하는 이가 많았다.

강태공은 정예병 1백 명을 선발해 선제공격을 감행했다. 사기가 충천한 정예병이 일제히 돌진하자 은나라 군사들은 무기를 거꾸로 메고 주나라 군대에게 길을 터주었다. 순식간에 승부가 갈렸고, 주왕은 보석으로 수놓인 화려한 비단 옷을 입은 채 녹대 위에 올라 스스로 불을 질러 목숨을 끊었다.

은나라를 멸망시킨 발은 주나라를 세우고 무왕(武王)으로 제위했으며, 아버지 서백창을 문왕(文王)으로 추존했다. 이렇듯 태공망은 그의 이름대로 두 부자를 도와 왕조 건국이라는 대업을 이루었다.

적진에 숨긴 아군으로 승리를 이끌다
– 비수대전으로 패망한 부견

중국 위진남북조 시대, 천하는 북쪽의 전진(前秦)과 남쪽의 동진(東晉)으로 나뉘어 있었다. 하지만 군사력으로 보자면 전진이 훨씬 우세했고, 더구나 전진의 황제 부견(苻堅)은 국력을 비약적으로 강화한 영민하고 강력한 군주였다.

부견 곁에는 걸출한 참모 왕맹(王猛)이 있었다. 왕맹은 여러 차례 다른 왕조로부터 입궐 요청을 받았지만 응하지 않다가, 부견의 인품을 알아보고 기꺼이 그의 참모가 되었다. 왕맹은 조정에 들어온 지 수십 일도 되지 않아 호족들의 횡포와 부정부패를 단호히 척결했다. 이제까지는 그들의 하늘 높은 줄 모르는 권세에 아무도 시도하지 못한 일이었다. 왕맹은 큰 죄를 저지른 호족 20여 명을 체포해 처형하고, 저잣거리에 목을 걸어놓음으로써 백성들의 신뢰를 얻고 국가의 기강을 바로잡았다. 이어서 그는 군대 개혁, 교육 진흥, 수리 시설 정비, 농업과 양잠 육성 등에 힘썼고, 전진은 순식간에 강대국으로 발돋움했다.

부견은 왕맹이 자신 곁에 있음을 무척 기뻐하며 종종 이렇게 말했다.

"촉나라 유비에게 제갈량이 있었다면, 나에게는 왕맹이 있도다."

이제 전진에게 맞설 세력은 오직 남쪽의 동진뿐이었다. 부견은 천하 통일의 꿈을 품게 되었으나, 이때 왕맹이 병으로 세상을 떠났다. 부견은 "하늘이 내가 천하 통일의 대업을 이루길 원치 않는

구나! 어찌 이리도 빨리 나에게서 왕맹을 빼앗아 간단 말인가!"
하며 통곡했다.

임종 때 왕맹은 부견에게 이러한 유언을 남겼다.

"동진은 비록 중원에서 멀리 떨어져 있지만, 중원의 정통성을 계승한 나라이며 군신 간에 질서가 분명하고 화목합니다. 부디 신이 죽은 뒤에도 동진을 공격하려는 생각은 버리십시오. 그보다는 북쪽의 선비족과 강족(羌族)이야말로 얼마 지나지 않아 반드시 우리의 근심거리가 될 것입니다. 이들을 차근차근 제거해 국가의 기반을 튼튼히 다져야 합니다."

그러나 부견은 이 충언을 따르지 않았다. 그는 백만 대군을 이끌고 동진 정벌에 나섰다. 당시 동진의 군사는 전진의 10분의 1에 불과했다. 전진의 대군은 수로와 육로를 따라 동서 만 리에 걸쳐 진군했고, 그 위용은 천지를 진동시켰다.

이윽고 전진과 동진의 양군은 비수(淝水)라는 강을 사이에 두고 대치했다. 이로써 비수대전이 시작되었다. 전진의 군대는 초반에 수양성을 공략해 승전보를 울렸다. 이때 동진의 선봉 부대는 군량 부족으로 극한 상황에 몰려 있었다. 이를 간파한 부견은 동진군에 항복을 권유하기 위해 주서(朱序) 장군을 보냈다.

그런데 주서는 원래 동진의 장군이었으나, 이전 전투에서 패해 전진의 포로가 되어 부견 휘하로 들어간 인물이었다. 그의 몸은 비록 부견 곁에 있었지만, 마음은 여전히 고국 동진에 있었다. 동진 진영에 도착한 주서는 동진 장군들에게 이렇게 고백했다.

"전진의 백만 군사는 아직 결속력이 약합니다. 이들이 결집하면 승산이 없어집니다. 그러니 지금 기회를 놓치지 말고 기습해야 합니다. 저도 내부에서 호응하겠습니다."

며칠 후 동진군은 기습을 감행했다. 이 전투에서 전진군 5만 명이 크게 패했고, 서로 앞다투어 패퇴하는 과정에서 1만5천여 병사가 물에 빠져 죽고 말았다. 동진군은 이 기세를 타고 계속 진격했다.

이러한 상황을 보고받은 부견은 수양성에 올라 동진 진영을 살펴보았다. 동진의 진지는 정연하여 한 치의 빈틈도 없었다. 부견이 눈을 돌려 팔공산을 바라보니, 바람에 흔들리는 초목조차 모두 동진군으로 보이는 듯했다.

며칠간 대치가 이어졌다. 어느 날 전진 진영에 동진의 서찰이 날아들었다.

"양군이 이렇게 강을 사이에 두고 대치해서야 싸움이 얼마나 길어질지 모를 일이오. 그것은 양군 모두에게 좋지 못하오. 그러니 만약 귀국에서 속전속결을 원한다면, 조금만 후퇴해주십시오. 우리가 강을 건넌 뒤 정정당당히 결전을 벌여 승패를 결정짓는 게 어떻겠소?"

전진의 장수들은 모두 말도 안 되는 소리라고 일축했다. 그러나 부견은 고개를 저으며 이렇게 말했다.

"조금 후퇴하는 척하다가 저들이 강을 반쯤 건넜을 때 기병으로 돌격한다면 승리는 우리의 것이다."

이윽고 전진군은 생각대로 후퇴를 개시했다. 그런데 예상치 못한 사태가 벌어졌다. 고향을 떠나 이국 만리 전쟁터로 끌려온 젊은이들이 앞다투어 도망치기 시작한 것이다. 이로써 동진군이 강을 반쯤 건넜을 때 공격하겠다는 원래의 계책은 단숨에 무너져

버렸다. 동진군이 맹추격해오고, 전진군은 속수무책으로 달아났다. 부견은 군사를 돌이키려고 안간힘을 썼다.

그 순간 "우리는 졌다! 어서 도망쳐라!"라는 고함소리가 사방에서 터져 나왔다. 주서가 부하들과 미리 짜고 벌인 일이었다. 개한 마리가 그림자를 보고 짖으면 뭇 개들까지 덩달아 짖는 법이다. 이 고함소리가 불에 기름을 붓는 격이 되었다.

전진의 군사들은 바람 소리나 학이 우는 소리만 들어도 동진군이 뒤쫓아 오는 소리인 줄 알고 허겁지겁 도망쳤다.[5] 이 와중에 대부분의 병사가 굶주림과 추위에 시달리다가 죽음을 맞았다. 불과 3개월 전에 백만 대군의 위용을 자랑하며 당당하게 진군했던 부견은 불과 십만의 패잔병 속에 묻혀 궁궐로 돌아와야 했다. 이후 엎친 데 덮친 격으로, 왕맹이 예견했듯 선비족과 강족이 반란을 일으켰다. 결국 부견은 살해당하고 전진 또한 멸망하고 말았다.

부견은 수십만 대군을 거느리고도 한 사람의 진심을 꿰뚫지 못해 천하 통일의 기회를 잃었다. 손자는 이렇게 말했다.

"군대의 인사 가운데 … 첩자를 운용하는 것만큼 비밀스러운 일도 없다. … 그러므로 지혜로운 군주와 현능한 장수는 지모가 뛰어난 인물을 첩자로 활용할 수 있다면 반드시 큰 공업(功業)을 이뤄낼 수 있다. 이것이야말로 용병의 관건이다[三軍之事 … 事莫密於間. … 故明君賢將, 能以上智爲間者, 必成大功. 此兵之要 삼군지사 사막밀어

---

5 이를 가리켜 풍성학려(風聲鶴唳)라 한다.

손자는 『손자병법』의 마지막 장에서 첩자 운용을 용병의 관건으로 꼽으며, 정보를 바탕으로 치밀한 계획을 세우고 전쟁에 신중히 임해야 한다는 점을 다시 한번 강조한다.

비수대전은 손자의 가르침이 실전에서 증명된 사건이다. 전진의 포로가 된 주서는 비록 적이 파견한 첩자는 아니었지만, 고국 동진을 위하는 마음으로 반간처럼 움직였다. 결국 그의 존재는 거대한 적군을 허물어뜨리는 불씨가 되었다.

부견은 왕맹의 혜안을 알아보지 못하고, 전쟁을 좌우하는 정보를 제대로 다스리지 못해 몰락하고 말았다. 이는 전쟁의 승패가 무력의 크고 작음이 아니라, 사람의 마음을 꿰뚫고 적의 의도를 통찰하는 힘에 달려 있음을 분명하게 보여준다.

생존의 묘수, 삼십육계
─『손자병법』을 계승한 실천 전략

'삼십육계'(三十六計)라는 말은 오늘날에도 꽤 자주 쓰이지만, 그 정확한 뜻과 연원을 아는 사람은 많지 않다. 과연 삼십육계란 무엇일까?

삼십육계는 어느 한 사람의 창작물이 아니라, 중국 역사 속에서 오랜 세월 여러 인물에 의해 구전되고 집단적으로 다듬어진 전술·전략의 결정체라 할 수 있다. 대체로 명말청초(明末淸初)에 이르러 오늘날과 같은 체계가 완성되었다고 전해진다.

'삼십육계'라는 용어는 남북조 시대 송나라의 명장, 단도제(檀道濟)에게서 비롯되었다고 알려져 있다. 그는 전쟁에서 종종 도망치는 계책을 상책으로 삼았고, 항상 기민하게 승리를 거두었다. 이에 세간에서 "서른여섯 가지 계책 가운데 도망치는 것이 최고의 계책"이라는 의미의 '삼십육계, 주위상계'(三十六計, 走爲上計)라는 말이 널리 퍼졌다.

사실 오늘날 우리가 알고 있는 삼십육계가 세상에 빛을 보게 된 것은 그리 오래되지 않았다. 1941년, 중국 감숙성의 한 헌책방에서 책 뒤에 부록으로 실린 것이 처음 발견되었고, 이것이 1961년

정식으로 출판되어 큰 주목을 받았다. 이후 『삼십육계』는 중국은 물론 전 세계적으로 널리 알려지게 되었다.

손자의 사상에서 싹튼 삼십육계

삼십육계는 궤도(詭道), 즉 '계략'으로 전쟁을 다스린다는 손자의 사상을 후대에 구체화한 지침이라 할 수 있다. 「계편」에서 손자는 "전쟁은 계략이다"[兵者, 詭道也 병자 궤도야]라고 선언하며 승리를 이끌 열두 가지 계책을 소개한다. 이것이 바로 12궤계이다.

　예컨대 "적이 이익을 탐할 때는 이익으로써 유인하여 속인다"[利而誘之 이이수지], "적이 혼란에 빠지면 그 기회에 제압한다"[亂而取之 난이취지], "적의 실력이 상당할 때는 신중하게 방비한다"[實而備之 실이비지] 등의 전략을 네 글자로 간결히 표현했다.

　삼십육계는 이러한 형식을 본떠 만들어진 것으로, 여섯 가지 상황에 따라 각각 여섯 가지 계책을 제시해 모두 36계로 정리했으며, 마지막 '패전계'를 제외하면 모두 네 글자로 이루어져 있다. 즉, 삼십육계는 손자의 사상을 바탕으로 후대의 경험과 사례를 더해 엮은 것이다.

　그렇다면 이 삼십육계에는 어떤 계책들이 담겨 있을까? 각각의 사례와 함께 살펴보자.

승전계(勝戰計)
- 이기고 있을 때 압도하는 계책

·제1계 瞞天過海(만천과해), 하늘을 속이고 바다를 건너다

상대가 준비를 완벽히 갖추었다 여기거나 눈에 익어 나태해지는 것을 이용하는 계책이다. 삼국지에 나오는 후한 말의 명장 태사자(太史慈)는 완전히 포위된 성에 갇혀 있다가 이 계책으로 탈출에 성공했다. 그는 매일 아침 성문을 나와 적군이 보는 앞에서 활쏘기를 연습했다. 처음에는 적병들이 긴장하며 무장하고 방어 태세를 취했지만, 같은 일이 반복되자 차츰 경계를 늦추어 그가 나타나도 쳐다보지 않을 정도였다.

그러던 어느 날, 성문 밖으로 나온 태사자는 아무도 주목하지 않는 틈을 노려 그대로 적진을 빠져나와 무사히 피신할 수 있었다.

·제2계 圍魏救趙(위위구조), 위를 포위하여 조를 구하다

상대방을 직접 공격하지 않고 우회하여 적의 허점을 공격한다는 뜻이다. 전국시대에 위나라가 조나라를 공격하자, 조나라는 제나라에게 구원을 청했다. 이에 제나라의 군사(軍師) 손빈은 군대를 조나라로 직접 보내지 않고 위나라 수도를 향해 진격시켰다. 그러자 위나라는 부리나케 조나라에서 군대를 철수시킬 수밖에 없었다. 그리고 손빈은 그 군대를 기습하여 대파했다.

· **제3계 借刀殺人**(차도살인), 칼을 빌려 적을 죽이다

자신이 직접 나서지 않고 남의 힘을 빌려 적을 제거한다는 뜻이다. 제갈량은 조조가 대군을 이끌고 남하하자 오나라 왕 손권을 찾아갔다. 그는 이대로면 오나라가 흡수될 것이며, 힘을 합쳐야만 승산이 있다고 설득했다. 결국 손권은 적벽에서 조조군을 격파했고, 제갈량은 이후 세력을 확장하며 촉나라 건국의 기반을 다졌다.

· **제4계 以逸待勞**(이일대로), 편안하게 휴식하며 피곤에 지친 적에 맞서다

이일대로는 『손자병법』「군쟁」에 나오는 말이다. 양측의 실력이 비슷하다면, 피곤에 지친 쪽보다 휴식을 충분히 취한 쪽의 승률이 높을 수밖에 없다.

· **제5계 趁火打劫**(진화타겁), 불난 틈에 도둑질하다

상대방이 혼란에 빠져 방비가 허술할 때, 지체 없이 공격하는 계책이다. 적이 내홍을 겪거나 동요하는 등 틈을 보일 때 결정적인 타격을 가한다.

· **제6계 聲東擊西**(성동격서), 동쪽에서 소리치고 서쪽을 치다

말 그대로 겉으로는 어느 한 곳을 치는 듯 요란하게 움직이면서 실제로는 다른 곳을 기습하는 계책이다. 바둑에서도 흔히 사용하는 방법으로, 한쪽 돌을 공격하는 척하나 사실은 옆에 있는 다른 돌을 포위해 잡아내려는 수법이다.

 부록×생존의 묘수, 삼십육계

적전계(敵戰計)
– 세력이 비등할 때 무너뜨리는 계책

·제7계 無中生有(무중생유), 무에서 유를 만들어내다

허와 실을 교묘히 결합해 적을 혼란스럽게 하는 작전이다. 당나라 때 안록산(安祿山)이 반란을 일으켜 옹구성(雍丘城)을 포위했을 때의 이야기이다. 옹구성은 결사 항전했지만 화살까지 모두 바닥나 전멸할 지경에 이르렀다. 이때 성을 지키던 인물은 장순(張巡)이라는 장군이었다.

그는 병사들에게 천 개 정도의 볏짚 인형을 만들게 하고 검은 옷을 입혀 진짜 병사처럼 꾸몄다. 그러고는 깜깜한 밤에 인형들을 새끼줄로 묶어 성벽 밖으로 늘어뜨렸다. 적군은 병사들이 기습해오는 줄 알고 화살을 소나기처럼 퍼부었다. 장순은 볏짚 인형에 꽂힌 수만 개의 화살을 적병들에게 보이며 놀려댔다.

며칠 후 장순은 볏짚 인형 대신 진짜 병사를 새끼줄로 매어 성 밖으로 내려보냈다. 적군은 이번에도 인형이겠지 하며 전혀 신경을 쓰지 않았다. 결국 안전하게 땅으로 내려간 병사들은 적병을 급습하여 여지없이 대파했다.

·제8계 暗渡陳倉(암도진창), 은밀히 진창을 건너다

정면에서는 상대를 미혹시키고 측면에서 적을 기습하는 계책이다. 유방과 항우가 천하를 놓고 자웅을 겨룰 때의 일이다. 비교적 힘이 약했던 유방은 항우에게 중원에는 뜻이 없음을 보여주려고 변두리 한중 지방으로 들어가면서 한중과 중원을 연결하는 유일한 길이었던 잔도(棧道)를 스스로 불태웠다. 그러나 이는 교묘한 위장술이었다. 뒷날 한신 장군은 관중 지방을 공격할 때 그 잔도를 수리하는 체하면서 몰래 샛길을 통해 진창(陳倉)으로 진격하여 항우 휘하의 군대를 격파했다. 암도진창은 이 고사로부터 비롯된 작전이다.

· 제9계 隔岸觀火(격안관화), 기슭을 사이에 두고 강 건너 불을 지켜보다

관망하며 적의 내분과 자멸을 기다리는 작전이다. '행운이란 자면서 기다리는 것이다'라는 말이 있듯이, 때로는 성급히 개입하기보다 적이 스스로 무너지는 순간을 기다리는 편이 더 큰 이익을 가져다준다. 손자가 "작전에 능한 자는 먼저 패하지 않는 조건을 만들어두고, 적이 허점을 드러내어 스스로 무너질 때를 기다린다"[昔之善戰者, 先爲不可勝, 以待敵之可勝 석지선전자 선위불가승 이대적지가승](『형』)라고 한 것과도 일맥상통한다.

· 제10계 笑裏藏刀(소리장도), 웃음 속에 칼을 품다

실상과 다른 태도를 드러내 상대의 판단을 흐리게 하는 계책이다. 송나라의 명장 조위는 기지로 이름난 인물이었다. 어느 날 조위 측 병사 수천 명이 적군에게 항복했다는 소식이 전해졌다. 그는 태연히 웃으며 말했다. "놀라서 떠들 것 없네. 모두 내 명령에 따른 것일세." 이 말이 적군의 귀에 들어가자, 그들은 이것이 조위의 작전이라 여겨 항복한 병사들을 모조리 처형해버렸다.

 부록×생존의 묘수, 삼십육계

·제11계 李代桃僵(이대도강), 자두나무가 복숭아나무 대신 말라 죽다

일부를 희생해 전체적인 승리를 거두는 계책이다. 제나라의 전기 장군은 경마 내기에서 번번이 패하곤 했다. 이때 손빈이 그에게 승리의 비법을 알려주었다. 우선 전기 장군이 가진 하급 말을 상대의 상급 말과 맞붙게 해 일부러 패하게 하고, 이어 전기의 상급 말과 상대의 중급 말을 겨루게 해 승리한다. 마지막으로 전기의 중급 말과 상대의 하급 말을 대결시켜 또 한 번의 승리를 챙긴다. 이렇게 하면 언제나 2 대 1로 승리를 거둘 수 있다는 것이다. 전기 장군은 한 번의 패배를 내어주는 대신 확실한 승리를 가져가는 방법으로 승리를 거두었다.

·제12계 順手牽羊(순수견양), 기회를 맞아 양을 훔치다

뜻밖에 찾아온 작은 기회를 놓치지 않고 반드시 취하는 계책이다.

제나라 장공(莊公)은 여색을 몹시 탐하는 군주였다. 어느 날 그는 대부(大夫) 최저(崔杼)의 집에 들렀다가 절세미인인 그의 아내를 보고 마음을 빼앗겼다. 이후 장공은 기어코 그녀와 관계를 맺었을 뿐 아니라 사람들 앞에서 최저의 관을 빼앗아 다른 이에게 하사하며 그를 공개적으로 모욕하기도 했다. 최저는 기필코 복수하리라 결심했다.

때마침 내시 가거가 작은 실수를 범했는데, 장공이 그를 가혹하게 채찍질하여 원한을 품게 되었다. 최저는 그 사실을 알고 가거에게 접근해 복수를 같이하기로 뜻을 모았다.

얼마 뒤 최저가 병을 앓는다는 소식이 퍼졌다. 이는 사실 장공을 유인하려고 칭병(稱病)한 것이었다. 장공은 최저의 아내와 밀

통할 수 있는 기회라 여기고 서둘러 그의 집으로 향해 곧장 부인의 방으로 들어갔다. 그러나 최저는 이미 그 상황을 예상하고 아내와 함께 방 안에 숨어 아무 기척도 내지 않았다. 장공은 애인이자기가 온 것을 눈치채지 못했다고 여겨 기둥을 잡고 휘파람을 불었다. 바로 그 순간, 미리 짜고 기다리던 가거가 대문을 걸어 잠가 왕의 호위병을 떼어놓았다. 곧이어 옆방에 매복해 있던 최저의 부하들이 무기를 들고 들이닥쳤다.

장공은 그제야 속았다는 것을 깨닫고 정원으로 도망쳤으나 이내 포위당하고 말았다. 그는 절박하게 소리쳤다. "나는 너희들의 군주다. 냉큼 비키거라!" 그러나 부하들은 이렇게 대답했다. "우리가 잡으려는 건 음탕한 도둑놈이다. 우리는 군주 같은 것은 모른다." 그들은 일제히 달려들어 장공을 무참히 죽였다. 이처럼 최저는 우연히 주어진 기회를 놓치지 않고 가거와 손을 잡아 복수를 이루어냈다.

공전계(攻戰計)
– 공격을 감행할 때 활용하는 계책

·제13계 打草驚蛇(타초경사), 풀을 쳐 뱀을 놀라게 하다

본래 한 사람을 처벌하여 다른 이들이 경계하도록 한다는 의미였다. 그러나 후대에는 일이 사전에 누설되어 상대를 놀라게 한다는 뜻으로도 쓰이게 되었다.

당나라 당도(當涂)현의 지사 왕노(王魯)는 뇌물을 무척 밝히는

 　　　부록×생존의 묘수, 삼십육계

인물이었다. 어느 날 고을 사람늘이 연녕(連名)하여 그의 부하가 뇌물을 받은 사건을 고발했다. 그러자 왕노는 자신을 향한 것이 아니었음에도 도둑이 제 발 저린 격으로 크게 놀랐다. 그리고 고소장 위에 "너희는 풀을 쳤다고 하나, 나는 이미 뱀처럼 놀랐다"라고 써놓고는 고소장을 덮어버리고 끝내 문제 삼지 않았다.

· 제14계 借屍還魂(차시환혼), 시체를 빌려 혼을 되돌리다

'차시환혼'은 이미 가치가 없어진 것처럼 보이는 존재를 빌려 새로운 생명력을 불어넣는 전략이다. 직접적으로 얻기 어려운 자원이라면 남이 버린 틀이나 이름 속에서 다시 쓸 수 있는 명분과 힘을 찾아내야 한다는 뜻이다. 겉으로는 죽은 것 같아도, 그 안에는 여전히 작동 가능한 상징과 형식이 남아 있기 때문이다.

조조가 실권이 없던 헌제(獻帝)를 모셔 명분을 세운 것이 대표적이다. 겉으로는 충성과 보호를 내세웠지만 실제로는 황제의 이름을 이용해 정권의 정통성을 확보하려는 계산이 숨어 있었다. 보호하는 척하면서 지배하고, 섬기는 듯하면서 조종하는 것, 이것이 차시환혼의 본질이다.

이 계책은 단순히 남을 이용하는 술수가 아니라 죽은 틀을 빌려 새 질서를 세우는 전략이다. 버려진 제도, 이름, 브랜드, 인물이라도 적절히 활용하면 다시 살아 움직이는 힘이 된다. 사라진 권위 속에서 새로운 가능성을 찾아내는 것이 곧 차시환혼의 지혜다.

· 제15계 調虎離山(조호이산), 호랑이를 다루어 산을 떠나게 하다

견고한 요새에 틀어박힌 강적을 밖으로 꾀어내어 쳐부수는 작전이다. 호랑이는 산중에서는 천하무적이지만, 산을 떠나 들판에 나오면 사냥하기가 훨씬 쉽다. 한신은 조나라를 공격할 때, 군세를 작아 보이게 꾸미고 퇴각하는 척하며 조나라 장수 성안군(成安君)을 성 밖으로 유인했다. 성안군이 성을 떠나자 군심이 흔들렸고, 한신은 이를 틈타 대승을 거두었다.

· 제16계 欲擒姑縱(욕금고종), 사로잡고자 잠시 놓아주다

쥐도 궁지에 몰리면 고양이를 무는 법이다. 적을 압박하면 극렬히 저항하지만, 도망갈 길을 열어주면 오히려 세력이 약화되고 원하는 바를 이룰 수 있다. 촉나라의 제갈량은 남만(南蠻)의 맹획(孟獲)을 칠종칠금(七縱七擒), 즉 일곱 번 사로잡았다가 일곱 번 모두 그냥 놓아주었다. 결국 맹획은 제갈량의 신출귀몰한 작전과 인품에 감복하여 스스로 무릎을 꿇고 진심으로 제갈량을 섬기게 되었다.

· 제17계 抛磚引玉(포전인옥), 벽돌을 던져 구슬을 얻다

작은 미끼를 던져 원하는 것을 얻어내는 계책이다. 본래 이 표현은 당나라 시인 상건(常建)의 이야기에서 유래한 것으로, 그가 벽에 시를 절반만 적어두자 이를 본 조하(趙嘏)가 더욱 뛰어난 대구로 화답했다는 데서 비롯되었다. 후대에는 적을 유인해 의도대로 움직이게 만든다는 전략적 의미로 확장되었다.

유비가 세상을 떠난 뒤, 제갈량은 촉한의 승상이 되어 여러 차

부록×생존의 묘수, 삼십육계

레 북벌을 시도했다. 한 번은 그 과정에서 위나라 총사령관인 사마의와 대치하게 되었다. 제갈량은 수차례 결전을 청했지만, 사마의는 수비만 굳건히 할 뿐 움직이지 않았다. 이에 제갈량은 편지를 보내어 "군량이 부족해 숲의 초목을 베어 충당하려 하니, 부디 숲을 태우지 말아달라"고 청했다.

사마의는 이 말을 곧이곧대로 믿고 숲을 모조리 태워버렸다. 그 결과 복병이나 기습 작전을 활용하지 못하게 된 것은 물론이고, 병력의 배치와 규모까지 고스란히 드러나고 말았다. 제갈량은 크게 웃으며 말했다. "병법에 이르기를, 상대에게 부족함을 드러내면 반드시 그것을 빼앗으려 든다 하지 않았던가. 참으로 어리석구나!" 이처럼 제갈량은 편지 한 장이라는 작은 미끼로 사마의를 움직여 원하던 결과를 얻어냈다.

결국 제갈량은 편지 한 장이라는 작은 미끼로 상대의 의중을 꿰뚫고 주도권을 잡았다. 이 계책은 작은 손해를 감수해 상대를 움직이고, 결국 큰 이익을 얻는 지혜를 상징한다.

· 제18계 擒賊擒王(금적금왕), 적을 잡으려면 왕부터 잡아라

적의 주력 부대나 지휘부를 직접 타격해 분쇄함으로써 전군을 궤멸시키는 작전이다. 대개 왕이나 장수를 비롯한 지휘부가 무너지면 군대는 순식간에 지휘 체계를 잃고 사기가 떨어져 일패도지(一敗塗地)하게 된다. 결국 이 계책은 어떤 일이든 급소를 찌르는 것이 선결 과제임을 보여준다.

혼전계(混戰計)
– 전황이 혼란할 때 활용하는 계책

·제19계 釜底抽薪(부저추신), 가마솥 밑에서 장작을 빼다

가마솥 밑의 장작을 빼내면 불길이 꺼지듯, 적의 근본을 흔들어 격파하는 작전이다. 효웅(梟雄) 조조는 관도대전에서 원소의 대군과 맞섰다. 줄곧 열세였던 조조는 원소의 보급기지를 기습함으로써 일거에 형세를 역전시켰다. 이로써 조조는 천하의 일인자로 발돋움했다.

·제20계 混水摸魚(혼수모어), 물을 휘저어 고기를 잡다

물속이 흐려지면 고기를 쉽게 잡을 수 있듯, 의도적으로 혼란을 일으켜 이익을 얻는 전략이다. 유비는 제갈량의 계책에 따라 오나라 손권을 부추겨 위나라 조조와 맞서게 했다. 적벽대전에서 조조가 대패하자, 유비는 그 틈을 타 형주를 차지했다. 형주를 근거지로 삼은 유비는 촉 지방에 무혈 입성해 세력을 확장했고, 결국 목표한 대로 천하를 삼분하는 데 성공했다. 천하의 형세가 어지러운 틈을 정확히 읽어내어 혼란을 조성하고 결정적인 이익을 얻었던 것이다.

·제21계 金蟬脫殼(금선탈각), 매미가 허물을 벗다

겉으로는 끝까지 싸울 태세를 취해 상대가 움직이지 못하게 만들고, 은밀히 주력 부대를 이동시키는 작전이다. 매미가 허물을 벗어 남겨두고 홀연히 날아가는 모습에서 유래했다.

 부록×생존의 묘수, 삼십육계

유방이 항우에게 완전히 포위되었을 때의 이야기이다. 유방은 어느 날 항우 진영으로 사자를 보내 "성의 동문으로 나가 항복하 겠다"고 전하고는 부녀자와 노약자를 성 밖으로 내보냈다. 항우 의 병사들은 유방이 항복하는 모습을 보고자 모두 동문으로 몰려 나갔다. 유방은 이 틈을 노려 주력 부대를 이끌고 서문으로 탈출 했다. 항우가 성에 들어갔을 때는 이미 속이 빈 껍질만 남았을 뿐 이었다.

· 제22계 關門捉賊(관문착적), **문을 닫아걸고 도적을 잡다**
힘이 약한 적이라고 해서 가볍게 보아서는 안 되며, 반드시 완벽 하게 사로잡아 섬멸해야 한다는 뜻이다. 『도덕경』에도 "적을 가볍 게 여기는 것보다 더 큰 재앙은 없다"라는 구절이 있다. 작은 적 이라도 세력을 키워 훗날 큰 위협이 될 수 있으니, 화근이 될 듯한 싹은 처음부터 철저히 뿌리를 뽑아야 한다.

· 제23계 遠交近攻(원교근공), **먼 나라와 손잡고 가까운 나라를 공격하다**
전국시대 진(秦)나라의 책사 범저가 제안한 외교정책이다. 진나라 는 멀리 있는 나라와는 손을 잡고 가까운 나라부터 각개 격파하 는 방책을 써서, 마침내 천하의 패권을 거머쥘 수 있었다.

· 제24계 假道伐虢(가도벌괵), **길을 빌려 괵나라를 정복하다**
표면적으로는 다른 나라의 도움을 청하는 것처럼 보이지만, 실제 로는 그 나라까지 함께 삼키는 전략이다. 즉, 적이 예측하지 못한 계책을 쓰거나, 겉으로는 우호적인 척하며 의도를 숨기는 계책이다.

춘추시대의 강대국 진(晉)나라는 이웃한 괵나라와 우나라를 병탄하려 했다. 그러나 두 나라는 서로 친밀한 관계였으므려 한 나라를 공격하면 반드시 다른 나라가 도울 것이 분명했다. 진나라는 우나라 왕이 탐욕이 많은 것을 노려 꾀를 냈다. 괵나라를 치려면 반드시 우나라를 거쳐야 했기에, 진나라는 값비싼 보물과 준마를 바치며 괵나라를 칠 테니 우나라를 지나갈 수 있도록 길을 빌려달라고 청했다. 우나라 중신들은 이에 반대했다.

"우리나라와 괵나라는 서로 이웃하며 의지해온 관계입니다. 만약 길을 빌려주면 괵나라가 쓰러지는 날, 우리도 곧바로 무너질 것입니다. 부디 받아들이지 마시옵소서."

하지만 우나라 왕은 이를 묵살하고 길을 내주었다. 결국 진나라는 괵나라를 정벌한 뒤 돌아오는 길에 우나라까지 멸망시켰다.

병전계(幷戰計)
– 교착 상태에서 돌파하는 계책

· 제25계 偸梁換柱(투량환주), 대들보를 훔쳐 기둥으로 바꾸다

계략을 써서 가짜로 진짜를 대신하고, 주요 본질을 바꿔치기하여 승리를 취하는 전략이다.

진시황이 급사하자 환관 조고는 재상 이사와 결탁해 계책을 꾸몄다. 원래는 장자인 부소가 황위를 이어야 했지만, 조고는 조서를 위조해 부소가 스스로 자결하도록 만들었다. 그러고는 아둔한

   부록×생존의 묘수, 삼십육계

아들 호해를 황제로 세워 실권을 장악했다.

· 제26계 指桑罵槐(지상매괴), **뽕나무를 가리키며 회화나무를 꾸짖다**

겉으로는 다른 대상을 겨냥하는 듯 보이면서 실제로는 원하는 상대를 압박하고 제압하는 전략이다. 제나라 재상 관중은 송나라와 노나라를 굴복시키기 위해 먼저 이웃의 약소국 수나라를 공격했다. 이 모습을 본 노나라는 두려움에 사로잡혀 서둘러 제나라와 동맹을 맺었고, 노나라가 제와 손을 잡자 송나라도 뒤처질세라 동맹을 청해 결국 두 나라 모두 제나라의 동맹국이 되었다.

· 제27계 假痴不癲(가치부전), **바보 행세를 하되 미치지는 말라**

어리석은 듯 행동하지만, 실제로는 치밀한 전략으로 적의 경계심을 풀고 기회를 노리는 계책이다. 일찍이 노자는 "지도자는 지략을 깊숙이 감추고 있어 겉으로는 어리석은 듯 보인다. 이런 모습이야말로 가장 이상적인 지도자의 모습이다"라고 갈파했다. 뛰어난 지도자는 자기의 재능을 쉽게 드러내지 않고, 이조차 전략으로 삼는다.

천하를 두고 동진과 전진이 맞붙은 비수대전에서, 동진의 총대장 사안(謝安)은 평소 은자처럼 살아 아무런 재능도 없는 백면서생으로 보였다. 그러나 그는 일부러 후퇴를 가장해 적을 흐트러뜨린 뒤 역공하는 전술을 구사해 강대한 전진군을 꺾고 대승을 거두었다.

위나라의 명장 사마의 역시 마찬가지다. 제갈량의 연이은 북벌을 막아내며 점차 그의 세력이 커지자, 권력을 쥐고 있던 대장군

조상(曹爽)은 그를 몹시 경계했다. 그러자 사마의는 노쇠하여 곧 죽을 것처럼 위장했다. 조상이 마음을 놓는 순간, 사마의는 그 틈을 노려 조상을 제거하고 정권을 장악했다.

·제28계 上屋抽梯(상옥추제), 지붕에 올려놓고 사다리를 치우다

작은 이익이나 허점을 미끼로 적을 끌어들인 뒤, 퇴로를 차단하여 벗어날 수 없는 상황에 몰아넣는 계책이다. 마치 적을 지붕 위로 유인해놓고 사다리를 치워버리듯, 적을 절체절명의 함정에 가두는 것이다.

『삼국지』에는 이 계책의 의미와는 조금 다른 흥미로운 일화가 전한다. 후한 말, 군벌 유표(劉表)의 장남 유기(劉琦)는 아버지의 병세와 계모의 미움을 두려워해 제갈량에게 계책을 묻는다. 제갈량이 답을 피하자, 유기는 높은 누각에 그를 초대해놓고 사다리를 치워 오도 가도 못하게 만들었다. 결국 제갈량은 진문공 중이의 고사를 들어 외지로 몸을 피하라고 조언했고, 유기는 이를 따름으로써 위기를 모면할 수 있었다.

이 사례는 본래 군사적 의미의 "상옥추제"와 다소 차이가 있지만, 퇴로를 차단해 선택을 강제하는 상황이라는 점에서 후대에 자주 비유로 인용된다.

·제29계 樹上開花(수상개화), 나무 위에 꽃을 피우다

없는 세력을 부풀려 적을 물러나게 하거나, 작은 힘을 크게 보이게 하는 계책이다.

초나라 고열왕(考烈王)에게는 후사가 없었다. 재상 춘신군(春申

君)이 여러 차례 부인을 들였지만 번번이 실패했다. 이때 조나라 사람 이원(李園)은 아리따운 누이동생을 바치려 했으나, 왕이 불임이라는 소문 탓에 총애를 잃을까 염려했다. 그는 우선 춘신군의 가신이 되어 신임을 얻은 뒤, 누이를 그에게 소개해 은밀히 아이를 갖게 했다. 그리고 "이 아이를 왕에게 바치라"는 계책을 내놓았다.

결국 누이는 왕후가 되고 아들을 태자로 삼았으며, 훗날 초 유왕으로 즉위했다. 이원은 이를 발판 삼아 권력을 장악했다. 보잘 것없던 존재를 크게 부풀려 권세를 얻은, '나무 위에 꽃을 피운' 전형적인 사례였다.

·제30계 反客爲主(반객위주), 손님이 도리어 주인이 되다

처음에는 손님의 위치에 있었으나, 점차 주도권을 장악하여 주인의 자리에 오르는 계책이다. 자연의 세계에서도 비슷한 예를 볼 수 있다. 뻐꾸기는 자기 둥지를 틀지 않고 개개비 둥지에 알을 낳아 새끼를 키우게 한다. 뻐꾸기는 일찍 부화해 개개비 알이나 부화한 새끼를 둥지 밖으로 밀어내고 둥지를 차지한다. 개개비는 이를 알지 못한 채 먹이를 물어다 뻐꾸기 새끼를 키운다. 마침내 뻐꾸기는 개개비보다 훨씬 크게 자라 둥지를 떠난다.

역사 속에서도 이런 일이 자주 일어난다. 당나라 말기, 주전충(朱全忠)은 처음에는 황소(黃巢)의 난에 가담한 반란군 장수였다. 그러나 곧 당나라 조정에 항복하여 손님으로 들어갔다. 그는 차츰 권력을 장악하며 당 왕실을 무너뜨렸고, 마침내 스스로 황제의 자리에 올라 후량(後梁)을 세웠다.

패전계(敗戰計)

- 패색이 짙을 때 활용하는 계책

·제31계 美人計(미인계), 미인으로 상대를 교란해 파멸시키다

아름다운 여인을 미끼로 삼아 상대를 유혹하고, 국정을 소홀히 하게 만들어 패망에 이르게 하는 계책이다. 대표적인 사례는 오나라와 월나라의 치열한 혈투, 이른바 '와신상담' 과정에서 나타난다. 월나라의 책사 범려는 오나라 왕 부차에게 절세의 미녀 서시를 바쳤다. 부차는 서시에게 완전히 빠져 향락만 좇으며 국고를 탕진했고, 오나라는 월나라의 공격을 버티지 못해 멸망했다. 부차 자신도 나라와 목숨을 함께 잃고 말았다.

·제32계 空城計(공성계), 성을 말끔히 비우다

실제 역량을 은폐하고 허를 드러내는 듯 위장해 상대를 혼란에 빠뜨리는 계책이다. 제갈량이 육출기산(六出祁山)하여 위나라의 사마의와 맞섰을 때의 이야기다. 병력이 턱없이 부족해 적의 대군을 맞이할 방도가 없자, 제갈량은 오히려 성문을 활짝 열어젖히고 도사 차림을 한 채 성루에 올라 거문고를 연주했다. 사마의는 "천하의 제갈량이 저렇게 행동하는 것은 분명 작전이 있어서다"라고 의심해 군사를 물렸다. 덕분에 제갈량은 위기를 모면할 수 있었다.

·제33계 反間計(반간계), 적의 첩자를 이용하다

적의 첩자를 역으로 활용해 허위 정보를 흘림으로써 상대를 속이

 부록×생존의 묘수, 삼십육계

고, 나아가 상대 세력을 이간하여 갈라놓는 계책이다. 적벽대전 당시, 오나라의 장수 주유는 조조의 참모 장간을 속여, 조조 휘하에서 수군을 훈련시키던 채모와 장윤이 오나라와 내통한다는 조작된 정보를 전달하게 만들었다. 조조는 이를 믿고 두 사람을 참수했으며, 결국 약점을 보완하지 못한 채 전투를 치르게 되었다. 비록 장간은 오나라의 첩자는 아니었지만, 적의 의도대로 움직여 패배를 불러오고 말았다.

·제34계 苦肉計(고육계), 제 몸 상해가며 계책을 꾸미다

자신의 몸을 해치는 등 희생을 감수해 상대방의 신임을 얻어내는 작전이다. 적벽대전에서 황개는 조조에게 거짓 투항하며, 그의 의심을 피하기 위해 온몸이 찢기는 고문을 감내했다. 조조가 이를 진심으로 여겨 방심한 순간, 황개는 불붙인 배로 돌진하여 한순간 전세를 뒤집었다.

·제35계 連環計(연환계), 사슬을 엮듯 여러 계책을 결합하다

적의 세력이 우세한 경우에는 하나의 계책으로 돌파하기 어렵다. 이때 여러 계책을 연결해 적의 대응을 막고, 상대를 빠져나갈 수 없는 덫에 가두는 것이 연환계의 핵심이다. 적벽대전에서 황개의 화공 작전이 성공할 수 있었던 것은 방통의 계략 덕분이었다. 그는 조조에게 병사들의 뱃멀미를 핑계 삼아 배를 쇠사슬로 묶어두라고 권했다. 조조가 이를 따르자, 기동력을 잃은 조조의 함대는 순식간에 불길에 휩싸이고 말았다. 결국 적벽에서 참패한 조조는 천하 통일의 대업을 이루지 못했다.

또 다른 예로 송나라 명장 필재우(畢再遇)의 계책이 있다. 당시 송나라는 금나라의 침략을 받아 치열한 전투를 이어가고 있었다. 어느 날 필재우는 한밤중에 삶은 검정콩을 땅에 뿌려놓고, 금나라 군대에게 싸움을 걸었다. 그가 짐짓 패퇴하는 척 물러나자 금나라 군사들이 맹추격했다. 그런데 금나라의 굶주린 말들이 콩 냄새를 맡고는 멈춰 서서 정신 없이 콩을 먹기 시작했다. 이 틈을 노려 필재우가 총공격에 나서자 금나라 군대는 크게 무너졌다.

·제36계 '走爲上計'(주위상계), 달아나는 것이 상책이다

삼십육계 중에서도 최상의 계책으로 꼽히는 원리다. 흔히 '줄행랑이 상책'이라는 말로 요약되지만, 이를 작전으로 삼을 때 하는 후퇴는 항복하는 것과는 완전히 다르다.

남북조 시대, 송나라의 단도제는 전쟁에서 퇴각을 전술로 자주 활용했다. 그는 의도적으로 퇴각하거나 병력을 분산시켜 적의 공격을 피하고, 기회를 기다려 상대를 격파했다.

이 계책은 무작정 달아나라는 것이 아니라 승산 없는 싸움은 결코 해서는 안 되며, 과감히 물러나 힘을 비축하고 유리한 기회를 틈타 싸움에 임하라는 의미이다.

  부록×생존의 묘수, 삼십육계

피할 수 없는 싸움을 맞닥뜨릴 때,
두고두고 꺼내 볼 인생 전략

소준섭

1. 손자, 그는 누구인가?

『손자병법』의 저자인 손자의 본명은 손무(孫武)이고, 자(字)는 장경(長卿)이다. 기원전 545년경 중국 춘추시대의 제나라에서 태어나, 공자와 같은 시대에 활약한 인물이다. 그의 선조는 본래 전(田)씨였으나, 제나라 대부였던 그의 조부가 전쟁에서 큰 공을 세워 손(孫)씨 성을 하사받았다. 손자의 증조부, 조부, 부친 모두가 명장이었기에 그는 어려서부터 자연스레 병가(兵家)의 분위기 속에서 성장했고, 역대 전쟁사에도 밝았다.

　기원전 532년경 제나라에 내란이 일어나자, 손무는 오나라로 건너가 은둔하며 병학(兵學) 연구와 저술에 몰두했다. 이 무렵 『손

손자 조각상 일본의 중국식 정원 엔초엔[燕趙園]에 있는 손자의 동상이다. 동그랗게 말린 죽간본 병서를 들고 있는 모습으로 묘사되었다.

자병법』을 집필했다고 전해지며, 오나라 장군 오자서(伍子胥)와도 교류했다. 그의 진가를 알아본 오자서는 오왕 합려에게 일곱 차례에 걸쳐 손무를 천거했고, 마침내 합려는 손자를 받아들여 장군으로 기용했다.

이후 손자는 오자서와 협력해 뛰어난 병법 운용으로 3만 병력을 이끌고 초나라의 20만 대군을 격파하고, 기원전 506년 초나라 수도 영(郢)을 점령했다. 합려가 세상을 떠난 후 부차가 왕위를 이었고, 손자와 오자서는 계속 부차를 보좌했다. 기원전 494년에는 월나라를 대파하여 구천에게 치욕을 안기고 항복을 받아냈다.

하지만 손자가 50여 세가 되었을 무렵, 오자서가 간신들의 모함과 질투로 결국 스스로 목숨을 끊었고, 중앙 정치에 염증을 느낀 손자는 조정을 떠나 은거했다. 본래『손자병법』은 손자가 장군이 되기 전 이미 상당 부분 집필되어 있었고, 이후 수차례의 수정과 보완을 거쳐 완성되었다. 손자는 병법 연구와 저술에 여생을 바치다가 기원전 470년경 세상을 떠났다.

후세 사람들은 그에게 손자(孫子) 혹은 손무자(孫武子), 병성(兵聖)이라는 명예로운 존칭을 붙였다. 그는 병가(兵家)의 성인이라는 의미의 '병가지성'(兵家至聖), 수백 세대에 걸친 병법의 스승이라는 뜻의 '백세병가지사'(百世兵家之師)로 불리며, 동방 병학의 비조(鼻祖)이자 전 세계를 아우르는 고대의 최고 전략가로 꼽힌다.

사마천은 『사기』「손자오기열전」에서 손자에 대해 다음과 같이 기록했다.

·오나라 궁중에서 직접 병법을 선보이다

손자의 이름은 무(武)이고, 제나라 사람으로 병법에 매우 뛰어나 오왕 합려의 초빙을 받았다. 합려가 말했다.

"그대가 지은 열세 편의 병서[1]를 모두 읽어보았소. 여기에서 실제로 군대를 훈련해 보일 수 있겠소?"[2]

손자가 대답했다. "좋습니다." 합려가 다시 물었다. "여자들로도 가능하겠소?" 손자는 흔쾌히 대답했다. "괜찮습니다."

합려는 곧바로 궁중의 미희 180명을 불러내었다. 손자는 그들을 두 편으로 나누고, 왕이 총애하는 총희(寵姬) 두 사람을 각각 그 대장으로 뽑은 뒤 모두에게 창을 나눠 주고 정렬시켰다. 그리고 자신은 중앙에 섰다.

"여러분은 자기 가슴 쪽과 등 쪽 그리고 좌우의 손이 어디 있는지 알고 있는가?" 그러자 여인들이 "예" 하고 대답했다. 손자가

1　『손자병법』을 말한다.
2　사실 합려는 손자를 시험하고자 했다. 병법 이론은 그럴듯하지만 실제로는 그렇지 못할 것이라는 확신이 있었기에, 일부러 병법에 익숙하지 않은 여자들을 훈련해보라고 한 것이다.

소리쳐 말했다.

"'앞으로!'라고 명령하면 가슴을, '좌로!'라고 하면 왼손을, 그리고 '우로!'라고 하면 오른손을, '뒤로!' 하면 등을 보아야 한다." 그러자 여인들은 다시 "예!"하고 대답했다. 이렇게 손자는 약속한 바를 선포하고 부월(鈇鉞)[3]을 갖추어 몇 번에 걸쳐 군령을 설명했다.

그러고 나서 "우로!" 하고 호령했지만, 여자들은 웃어대기만 할 뿐 움직이지 않았다. 그러자 손자는 "군령이 분명하지 못하고 명령이 제대로 전달되지 못함은 장수 된 자의 죄이다" 하고 반복하여 군령을 설명한 뒤, 다시 큰 북을 울리면서 "우로!" 하고 호령했다. 그러나 여자들은 여전히 웃을 뿐이었다. 이에 손자는 엄숙한 태도로 말했다.

"군령이 분명하지 못하고 명령이 제대로 전달되지 못함은 장수의 죄이지만, 이미 군령이 분명히 전달되었는데도 병졸들이 규정대로 움직이지 않음은 곧 대장 된 자의 죄이다."

그러면서 곧장 두 대장을 참수하려 했다. 누대 위에 앉아 지켜보던 왕이 자기가 총애하는 두 후궁을 참수하려는 광경에 깜짝 놀랐다. 그는 즉시 사자를 보내 명령을 내렸다.

"과인은 이제 장군이 용병에 뛰어남을 잘 알게 되었소. 그 두 여자가 없다면 과인이 밥을 먹어도 그 맛을 알 수 없을 정도라오. 부디 용서해주오."

3　작은 도끼와 큰 도끼를 가리키는 것으로, 군중(軍中)에서 쓰는 형구(刑具)이자 전군에 대한 생사여탈권을 상징한다. 군령에 복종하지 않으면 이것으로 처형한다.

그러나 손자는 말했다.

"신은 이미 임금의 명을 받아 장수가 되었습니다. 장수가 군에 있을 때는 임금의 명령이라도 받지 않을 수가 있습니다."

그러고는 두 총희의 목을 베었다. 그리고 왕이 그다음으로 총애하는 여자를 뽑아 새로이 대장으로 삼았다. 다시 북을 울리고 호령을 내렸다. 그러자 여자들은 왼쪽으로, 오른쪽으로, 앞으로, 뒤로, 꿇어앉고, 일어서는 등의 모든 동작을 구령대로 따랐다. 모두가 각종 요구에 정확히 따랐고[4], 잡담하는 소리 하나 없었다.[5] 그제야 비로소 손자는 왕에게 전령을 보내 아뢰었다.

"이제 부대가 갖춰졌습니다. 내려오셔서 시험해보십시오. 명령만 내리면 물불을 가리지 않고 뛰어들 것입니다."

그러자 왕이 말했다.

"장군, 훈련은 충분하오. 이제 숙소로 돌아가 쉬시오. 과인은 직접 시험해볼 생각이 없소."

손자는 탄식하며 말했다.

"왕께서는 병법의 글귀만 좋아할 뿐, 정작 병법을 운용할 줄은 모르시는구나."

비록 이 자리에서는 손자를 물렸지만, 합려는 손자가 용병에

4 　원문은 중규구승묵(中規矩繩墨)으로 목공이 일할 때 쓰는 도구이다. 규(規)는 원형(圓形) 도구이고, 구(矩)는 방형(方形) 도구이며, 승묵(繩墨)은 직선을 측정할 때 쓰는 묵선(墨線)을 의미한다. 모든 동작이 도구로 잰 듯 정확하다는 평가이다.

5 　이로부터 오궁교전(吳宮敎戰)이라는 사자성어가 나왔다. 이는 '오나라 궁에서 전쟁을 가르치다'라는 뜻으로, 병법의 엄격한 군율과 훈련의 중요성을 표현하는 말이다.

뛰어남을 인정하고 그를 장군으로 임명했다. 훗날 오나라는 서쪽으로 초나라를 무너뜨리고 도읍 영(郢)을 점령했으며, 북쪽으로는 제나라와 진나라를 압박하여 천하에 명성을 떨쳤는데, 이 시기에 손자가 지대한 영향을 미쳤다.

손자가 오왕 합려 앞에서 장수의 명령을 어긴 궁녀를 참하고 왕의 부탁을 거절한 이 일화는, 그가 『손자병법』에 담은 정신을 고스란히 보여준다. 이 이야기는 손자가 거듭 강조한 지휘권의 독립성, 군율의 일관성, 실행하지 않는 이론의 무의미함을 상징하는 것으로, 여러 전략서에서 병법의 운용 원리를 보여주는 실례로 인용된다.

2. 『손자병법』 구성

『손자병법』은 총 13편으로 구성되어 있다.

먼저 손자는 제1편에서 제6편까지 대전략의 중요성을 설명한다.

제1편은 「계」(計篇)이다. 여기에서는 전쟁에 앞서 전체 국면을 어떻게 설계하고 준비할 것인가를 논한다. 또한 전쟁의 원칙이자 전략으로 삼아야 할 '도'(道)와 구체적 전술로서의 '궤'(詭)를 하나로 아우르는 원칙을 제시한다.

제2편 「작전」(作戰)에서는 전쟁 준비를 실제로 어떻게 수행할 것인가를 다룬다. 주의할 점은 여기서 말하는 '작전'이 우리가 일반적으로 이해하는 의미와 다르다는 점이다. '작'(作)은 '시작할

작'(始)과 같은 뜻으로, 작전은 곧 '전쟁 준비'를 뜻한다. 이 편은 전쟁과 경제의 관계를 설명하며, 경제력이야말로 전쟁 승리의 기본 조건임을 강조한다.

제3편 「모공」(謀攻)은 전략 원칙에 관한 인식을 다루며, 전쟁을 어떻게 운용해야 완전한 승리를 거둘 수 있는지를 기술한다. 이 편에서는 군사의 최고 목표가 '불전이굴인지병'(不戰而屈人之兵), 즉 "싸우지 않고도 적을 굴복하게 만드는 것"임을 분명히 밝힌다. 용병의 기본 원칙으로서 아군과 적군의 세력에 따라 어떻게 움직여야 하는지를 설명하고, 무엇보다 전쟁을 벌이기 전에 반드시 적을 알고 나를 아는 '지피지기'(知彼知己)가 선행되어야 함을 강조하고 있다.

제4편 「형」(形篇)에서는 전략적 목표 설정을 설명한다. 적군과 아군의 물질적 조건과 전력의 강약을 비교해, 어떻게 스스로를 보전하며 적을 제압할 수 있는지를 다룬다. 여기서 손자는 "작전에 능한 자는 먼저 패배하지 않는 조건을 만들어두고, 적이 기회를 내주어 패배할 때를 기다린다"[先爲不可勝, 以待敵之可勝 선위불가승 이대적지가승]는 내용을 강조한다. 불패의 조건을 수립해야 한다는 뜻으로, 모름지기 전쟁이란 무엇보다 국가의 안전과 방어를 고려한 뒤 공격의 기회를 엿보아야 한다는 것이다.

제5편 「세」(勢)에서는 병력의 배치와 결합 문제를 다루며, 장수가 강력한 군사력을 바탕으로 기묘한 지휘를 발휘해 적을 무너뜨리는 방법을 제시한다. 핵심은 '기'(奇)와 '정'(正)의 상호 운용과 통일이다.

제6편 「허실」(虛實)은 전쟁의 주도권 문제를 다룬다. 군사 운용

과정에서 허와 실이 어떻게 대립하고 서로 뒤바뀌어 전화(轉化)하는지 설명하며, 이를 장악함으로써 주도권을 쥐는 길을 제시한다.

이어지는 제7편부터는 실제 전쟁에서 반드시 필요한 구체적인 내용을 다룬다.

제7편「군쟁」(軍爭篇)에서는 무엇보다 승리를 거두기 위한 기본 규율을 논하는데, 요지는 어떻게 이익을 취하고 손실을 피하며 기선을 장악할 것인가에 있다.

제8편「구변」(九變篇)은 작전의 기동성과 융통성을 다루며 상황에 따라 유연하게 전술을 바꿔야 승리를 거둘 수 있음을 강조한다. 전쟁은 본디 변화무쌍하므로, 그 변화에 맞게 전략과 전술을 구사할 수 있는 능력이야말로 승패를 가르는 결정적 요소다.

제9편부터 제11편까지는 지리와 작전 지휘를 주로 다룬다.

제9편「행군」(行軍)은 행군과 주둔에서 주의할 점을 다루며, 복병의 징후와 매복 가능성을 읽는 법, 유리한 지형 확보의 중요성을 설명한다.

제10편「지형」(地形)에서는 지형의 여섯 가지 유형과 그에 따른 군사 작전의 기본 원칙을 제시하며, 장군이 반드시 숙지해야 할 사항을 다룬다.

제11편「구지」(九地篇)에서는 아홉 가지 상이한 전략 지형에서 기동작전을 어떻게 운용할지를 설명한다. 또한 병사들이 각 지형에서 보이는 심리적 변화에 주목하여, 이에 맞는 실제적 전술로 승리를 확보하는 방법을 제시한다.

마지막으로 제12편과 제13편은 특수 작전을 다룬다. 또한 손자는 이 병서를 마무리하며, 다시 한번 용병의 최종 목적은 "나라를 안정시키고 군대를 온전하게" 하는 '안국전군'(安國全軍)이어야 함을 강조한다.

제12편 「화공」(火攻)은 화공, 즉 불을 쓰는 공격의 종류와 조건, 실행 방법 그리고 화공 이후의 대응책을 서술한다.

제13편 「용간」(用間)에서는 적정(敵情), 곧 적의 상황을 파악하기 위해 간첩을 어떻게 운용할 것인가를 설명한다. 간첩의 유형, 성격, 운용 방식 등을 자세히 서술하며, 정보 활동이야말로 전쟁 승리의 관건임을 강조한다.

『손자병법』은 이처럼 전쟁의 준비, 전략과 전술, 지형과 형세, 정보와 인재의 운용까지 전쟁의 전 과정을 빠짐없이 다룬다. 각각의 편은 서로 다른 주제를 다루면서도 결국 하나의 원리로 수렴한다. 적을 알고 나를 알라, 형세와 시기를 활용하라, 인재와 민심을 얻으라, 그럼으로써 이겨놓고 싸움을 시작하라. 이 원리는 2,500년 전 전장에서뿐만 아니라 오늘날의 사회에서도 여전히 유효하다.

3. 병서를 넘어선 지혜서

『손자병법』의 저자가 실제로 손자인지를 두고 논란이 이어졌다. 일부 학자는 손자의 실존 자체를 의심했고, 또 다른 쪽에서는 『손자병법』이 손자가 아니라 전국시대의 손빈(孫臏)이나 그를 따르는 학파의 저작일 수 있다고 주장했다.

그러나 1972년 4월, 산동성 임치(臨沂) 은작산(銀雀山)의 전한 시대 무덤에서 죽간본『손자병법』과『손빈병법』이 동시에 출토되면서, 손자가 실재하던 인물이자『손자병법』의 저자이며, 두 책이 서로 다른 저자의 책이라는 사실이 명확해졌다.

현존하는『손자병법』의 가장 오래된 판본은 송대에 간행된『십일가주손자』(十一家注孫子)다. 이는 삼국지의 영웅 조조(曹操)를 비롯한 11명의 학자가 주석을 단 판본으로, 특히 조조는 13편 전체에 주석을 달아『손자약해』(孫子略解)를 편찬했다. 당대의 걸출한 군략가이자 정치가였던 조조가 직접 주석서를 남긴 덕분에『손자병법』은 더욱 널리 알려졌다.

제갈량은 "손자가 천하 사람들에게 승리를 거둘 수 있었던 것은 병법에 밝았기 때문이다"라고 했고, 당 태종 또한 "병법서를 두루 읽었지만 손자를 능가하는 자는 없었다"라며 높이 평가했다.

많은 사람이『손자병법』을 단순히 계략과 책략을 모아둔 책으로 오해한다. 물론『손자병법』에는 계략과 기만 전술이 등장하지만, 그것은 순간의 술수가 아니라 패배하지 않고 힘을 키워 궁극적으로 승리를 거두기 위한 전략적 방법론이다.

『손자병법』은 또한 곳곳에서 도의(道義), 인의(仁義), 정치의 중요성을 강조하고 있다. 예를 들어,『손자병법』「계」에서는 전쟁의 승부를 가르는 다섯 가지 요인 중 '도'(道)를 가장 중요한 첫 번째 요인으로 꼽으며, "어느 군주가 도의(道義)를 지니고 있는가?"라고 묻는다.

또「형」에서는 "뛰어난 장수는 정치를 공정하게 하고 법도를 엄격히 세워, 마침내 승패를 좌우하는 주재자가 된다"[修道而保法, 故能爲勝敗之政 선용병자 수도이보법 고능위승패지정]고 밝힌다. 또한 「행군」에서도 "문(文)의 수단, 즉 정치와 도의로써 사졸을 교육하고, 무(武)의 수단, 즉 군율과 군법으로 보조를 맞춰나가면, 반드시 전쟁에서 승리할 수 있다"[故令之以文, 齊之以武, 是謂必取 고련지이문 제지이무 시위필취]라며, 정치와 도의의 중요성을 역설한다.

이처럼 『손자병법』에는 인간의 마음을 얻는 도(道), 사회와 국가를 운영하는 정치적 통찰, 그리고 전쟁의 형세를 꿰뚫는 전략적 혜안까지 담겨 있다. 전쟁을 넘어 정치, 경제, 인간관계, 자기 수양에까지 응용될 수 있는 보편적 원리를 제시했기에, 이 고전은 시대와 문화를 넘어선 지혜서라 불리는 것이다.

4. 손자의 계승자 손빈

『손빈병법』은 전국시대 제나라의 병가 손빈이 저술한 병서다. 그는 손자의 후손으로, 상앙, 맹자와 같은 시대에 활동했다. 젊은 시절부터 위나라의 방연과 더불어 귀곡자 문하에서 수학했으나, 방연의 모함으로 두 다리를 잘리고 무릎에 글자가 새겨지는 형벌을 당했다. 이후 제나라로 망명하여 자신의 역량을 펼칠 수 있었다. 이러한 비극적 삶의 경험은 그가 병서에서 특히 '도'(道)와 '인심'(人心)의 중요성을 강조한 배경으로 보인다.

『손빈병법』은 선조의 『손자병법』을 계승하면서도, 자신의 실전 경험을 체계화한 전술 지침서의 성격이 강하다. 『손자병법』이 병법의 근본 원리와 전략적 사상을 집중적으로 논술한다면, 『손빈병법』은 공성전, 진법 운용, 병력 배치 등 더욱 구체적이고 실천적인 전술을 다룬다.

1972년 산동성의 무덤에서 발굴된 『손빈병법』은 총 30편, 약 7천 자 분량이다. 그 안에는 손빈이 직접 지휘한 위위구조(圍魏救趙), 마릉지전(馬陵之戰) 등의 전투 경험이 서술되어 있어, 병법이 실제 전장에서 어떻게 적용될 수 있는지를 잘 보여준다.

이처럼 『손빈병법』은 손자의 원리를 이어받아, 전략과 전술의 상호 보완적 관계를 한층 풍부하게 드러낸 후대의 병서라 할 수 있다.

5. 우리 역사 속 『손자병법』

『손자병법』은 한국사에도 깊은 흔적을 남겼다. 조선 왕조 내내 가장 중시된 병서 가운데 하나였으며, 태조 이성계는 창업 초부터 병학(兵學)의 진흥을 적극 장려하여 신하와 군사들이 정기적으로 병서를 학습하도록 했다. 그 가운데서도 『손자병법』은 "모든 병서의 으뜸"으로 평가되며 군사 전략의 근본으로 자리 잡았다.

조선의 여러 임금은 병서 학습을 소홀히 하는 자들을 엄히 경계하거나 처벌했으며, 전란기에는 더욱 그 필요성을 강조했다. 임진왜란 당시 선조(宣祖)는 신하 허목(許穆), 임제(林悌) 등에게 『손자병법』을 하사하며 위기를 극복할 지혜를 구하도록 했고, 정조 역시 정약용 등의 학자와 신하들에게 병서를 내려주며 공부를 장려했다.

무과 시험에서도 단순한 무예뿐 아니라 『손자병법』을 비롯한 병서를 이해하고 논술하는 과정을 필수로 요구했다. 이순신 장군 역시 『손자병법』을 깊이 연구했으며, 그의 해전 전략 곳곳에서 손자의 원칙을 떠올리게 하는 대목이 전해진다.

학자 서거정(徐居正) 또한 이를 애독했다고 전한다. 조선 후기 명신 채제공(蔡濟恭)은 정조의 명으로 '반드시 읽어야 할 책 100권'을 정할 때 『손자병법』을 포함시켰다. 『손자병법』이 조선시대에 여러 차례 간행되었다는 기록이 『조선왕조실록』 등에 남아 있다.

이처럼 『손자병법』은 조선의 정치, 군사, 학문의 전통 속에서 시대를 관통하는 지혜서로 자리매김했다.

6. 다시, 『손자병법』을 읽어야 할 때

오늘날 우리는 직장에서, 인간관계에서, 인생의 크고 작은 갈림길에서 보이지 않는 전쟁을 치르며 살아간다. 『손자병법』은 이런 우리에게 싸움이 시작되기 앞서 승부를 결정짓고 온전한 승리를 거두기 위한 "이겨놓고 싸우는" 지혜가 필요함을 일깨워준다.

가장 큰 승리는 싸우지 않고도 이기는 것이지만, 피할 수 없는 싸움이라면 반드시 이겨야 한다. 이 단호한 명제는 고대의 전장뿐 아니라 현대사회를 살아가는 우리에게도 그대로 적용되는 생존 법칙이다.

역사 속에서 펼쳐진 97가지 이야기로 만나는 손자의 지혜는, 삶의 전장에서 우리를 지켜주고 위기 앞에서도 흔들림 없이 나아가게 하는 든든한 무기이자 길잡이가 되어줄 것이다.

옮긴이 **소준섭**

한국외국어대학교 중국어과를 졸업하고, 상하이 푸단復旦 대학교에서 국제관계학으로 석사·박사 학위를 받았다. 한국외국어대학교에서 대우교수로 강의했고, 국회도서관 중국 담당 조사관으로 일했다. 오랫동안 쌓아온 풍부한 지식과 연구를 바탕으로 경제경영, 정치, 역사, 인문 등 다양한 분야에 걸쳐 여러 저서를 펴냈으며, 다수의 한·중 매체에 폭넓고 깊이 있는 글을 꾸준히 기고하고 있다. 『소준섭의 정명론』, 『우리가 몰랐던 중국 이야기』, 『중국을 말한다』, 『중국인은 어떻게 부富를 축적하는가』, 『왕의 서재』, 『사마천 경제학』, 『중국사 인물 열전』, 『사마천 사기 56』, 『십팔사략』, 『논어』, 『도덕경』 등 여러 책을 쓰고 엮었다.

현대지성 클래식 69

손자병법

1판 1쇄 발행 2025년 10월 14일
1판 5쇄 발행 2025년 11월 25일

지은이 손자
옮긴이 소준섭
발행인 박명곤 **CEO** 박지성 **CFO** 김영은
기획편집1팀 채대광, 백환희, 이상지, 김진호
기획편집2팀 박일귀, 이은빈, 강민형, 김유선, 박고은
기획편집3팀 이승미, 김윤아, 이지은
디자인팀 구경표, 유채민, 윤신혜, 권지혜
마케팅팀 임우열, 김은지, 전상미, 이호, 최고은

펴낸곳 (주)현대지성
출판등록 제406-2014-000124호
전화 070-7791-2136 **팩스** 0303-3444-2136
주소 서울시 강서구 마곡중앙6로 40, 장흥빌딩 10층
홈페이지 www.hdjisung.com **이메일** support@hdjisung.com
제작처 영신사

"Curious and Creative people make Inspiring Contents"
현대지성은 여러분의 의견 하나하나를 소중히 받고 있습니다.
원고 투고, 오탈자 제보, 제휴 제안은 support@hdjisung.com으로 보내 주세요.

이 책을 만든 사람들
편집 백환희, 채대광 **디자인** 권지혜

현대지성 클래식 살펴보기